耶路撒冷女主人

[英] 凯瑟琳·潘戈尼斯 著　姚军 译

Queens
of
Jerusalem

◎　Katherine Pangonis　◎

文化发展出版社
Cultural Development Press

·北京·

图书在版编目（CIP）数据

耶路撒冷女主人／（英）凯瑟琳·潘戈尼斯著；姚军译. — 北京：文化发展出版社，2023.10（2025.1重印）
ISBN 978-7-5142-3681-1

Ⅰ．①耶… Ⅱ．①凯… ②姚… Ⅲ．①人物－列传－世界－中世纪 Ⅳ．① K812.3

中国国家版本馆 CIP 数据核字 (2023) 第 039722 号

著作权合同登记号：01-2022-5550

耶路撒冷女主人

著　者：[英]凯瑟琳·潘戈尼斯
译　者：姚军

出 版 人：宋　娜
责任编辑：尚　蕾　　　　　　　责任校对：侯　娜
封面设计：郭　阳　　　　　　　图　片：视觉中国
责任印制：杨　骏　　　　　　　营销编辑：张　宁　崔　烨　贾思雨
出版发行：文化发展出版社（北京市翠微路 2 号 邮编：100036）
发行电话：010-88275993　010-88275711
网　　址：www.wenhuafazhan.com
经　　销：全国新华书店
印　　刷：唐山楠萍印务有限公司

开　　本：880mm×1230mm　1/32
字　　数：231 千字
印　　张：12
版　　次：2023 年 10 月第 1 版
印　　次：2025 年 1 月第 2 次印刷

定　　价：98.80 元
ＩＳＢＮ：978-7-5142-3681-1

◆　如有印装质量问题，请与我社印制部联系　电话：010-88275710

谨以本书献给我的两位祖母，她们都是坚强的女性

目　录

耶路撒冷王室族谱

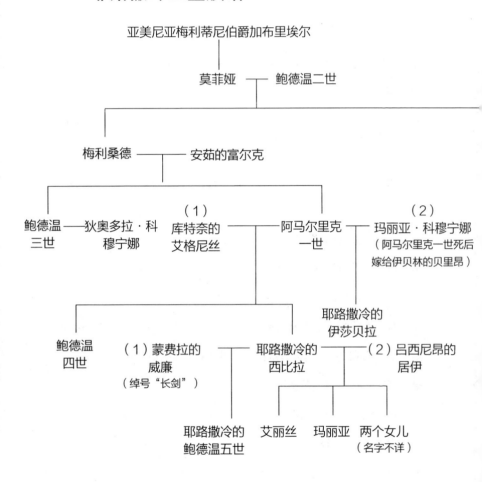

亚美尼亚梅利蒂尼伯爵加布里埃尔

莫菲娅 —— 鲍德温二世

梅利桑德 —— 安茹的富尔克

鲍德温 —— 狄奥多拉·科穆宁娜
三世

（1）
库特奈的 —— 阿马尔里克
艾格尼丝　　　一世

（2）
玛丽亚·科穆宁娜
（阿马尔里克一世死后
嫁给伊贝林的贝里昂）

耶路撒冷的
伊莎贝拉

鲍德温
四世

（1）蒙费拉的 —— 耶路撒冷的 —— （2）吕西尼昂的
威廉　　　　　西比拉　　　　　居伊
（绰号"长剑"）

耶路撒冷的　　　艾丽丝　玛丽亚　两个女儿
鲍德温五世　　　　　　　　　　　（名字不详）

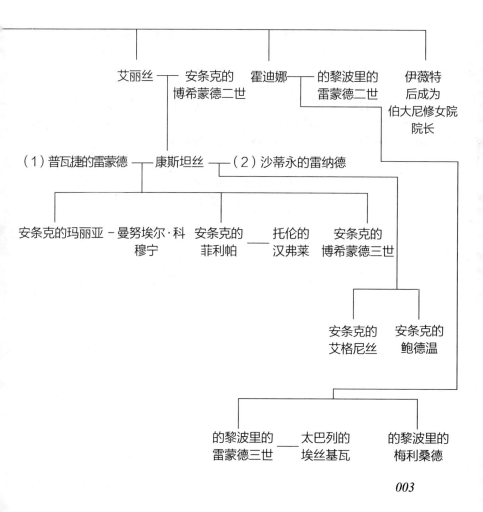

埃德萨统治家族

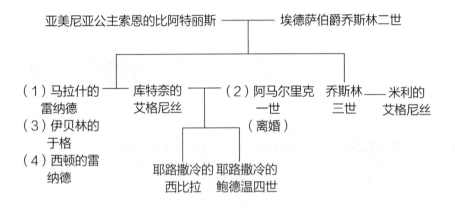

亚美尼亚公主索恩的比阿特丽斯 ——— 埃德萨伯爵乔斯林二世

（1）马拉什的　　库特奈的　　（2）阿马尔里克　乔斯林　米利的
　　雷纳德　　　艾格尼丝　　　　一世　　　　三世　　艾格尼丝
（3）伊贝林的　　　　　　　　　（离婚）
　　于格
（4）西顿的雷
　　纳德

　　　　　　　　　耶路撒冷的　耶路撒冷的
　　　　　　　　　西比拉　　　鲍德温四世

大事年表

这个年表中的许多日期都是尽可能精确的约数，存在争议。我们的目的是提供一种年表的感觉，而不是精确数字。

公元30—33年　　基督教开始在中东传播

70年　　　　　罗马皇帝提图斯攻陷耶路撒冷

285年　　　　　罗马帝国分为东罗马（拜占庭）和西罗马两个帝国

312年　　　　　拜占庭皇帝君士坦丁皈依基督教

614年　　　　　波斯萨桑王朝征服耶路撒冷
　　　　　　　　对耶路撒冷的"基督教圣战"开始
　　　　　　　　拜占庭皇帝赫拉克利乌斯重夺耶路撒冷

638年　　　　　阿拉伯哈里发征服耶路撒冷

1071 年	塞尔柱土耳其人从法蒂玛哈里发手中夺取耶路撒冷
1081 年	阿历克塞·科穆宁成为拜占庭皇帝
1096 年	第一次十字军东征开始
1098 年	布洛涅的鲍德温成为埃德萨伯爵 十字军攻占安条克 塔兰托的博希蒙德成为安条克亲王
1099 年	十字军攻占耶路撒冷 布永的戈弗雷宣布成为圣墓的保护人
1100 年	戈弗雷去世，布洛涅的鲍德温继任，成为首位耶路撒冷国王 达尼什曼德土耳其人俘获安条克的博希蒙德一世 坦克雷德被册封为安条克摄政
1101 年	布尔克的鲍德温成为埃德萨伯爵，迎娶梅利蒂尼的莫菲娅
1103—1105 年	图卢兹的雷蒙德围攻的黎波里

	鲍德温一世征服阿科
1104 年	哈兰战役，埃德萨的鲍德温和库特奈的乔斯林被塞尔柱土耳其人俘获
1105 年	埃德萨的鲍德温与莫菲娅的女儿梅利桑德出生
1108—1109 年	埃德萨的鲍德温获释 梅利桑德的妹妹艾丽丝出生
1109—1110 年	法兰克人占领的黎波里 梅利桑德的妹妹霍迪娜出生
1112 年	坦克雷德去世 的黎波里的庞斯迎娶法兰西的塞西尔 鲍德温一世与西西里的阿德莱德·德尔瓦斯托成婚
1113—1115 年	埃德萨的鲍德温征服东西里西亚
1118 年	鲍德温一世去世，埃德萨的鲍德温即位，称耶路撒冷国王鲍德温二世，与莫菲娅共同加冕
1119 年	萨勒诺的罗杰死于血地之战，鲍德温二世开始担任安条克摄政

1120 年	梅利桑德的妹妹伊薇特出生
1123 年	鲍德温二世为巴拉克所囚
1124 年	十字军占领提尔 鲍德温二世获释
1126—1127 年	艾丽丝与安条克的博希蒙德二世结婚 莫菲娅去世
1128 年	艾丽丝的女儿安条克的康斯坦丝出生
1129 年	梅利桑德与富尔克结婚
1130 年	梅利桑德与富尔克的儿子鲍德温三世出生 博希蒙德二世去世 安条克的艾丽丝第一次发动叛乱
1131 年	鲍德温二世去世，梅利桑德、富尔克和儿子 鲍德温三世继位
1131—1133 年	安条克的艾丽丝第二次叛乱 霍迪娜与的黎波里的雷蒙德二世结婚（确切 日期不详）
1134 年	雅法的于格反抗富尔克失败，被判流放 于格去世

1136 年	鲍德温三世的弟弟阿马尔里克一世出生 安条克的艾丽丝第三次叛乱并最终失败 普瓦捷的雷蒙德与安条克的康斯坦丝成婚
1137—1139 年	的黎波里的庞斯去世 梅利桑德创立伯大尼修女院
1143 年	富尔克去世，13 岁的鲍德温三世继位，梅利桑德成为摄政
1144 年	赞吉夺取埃德萨
1145 年	梅利桑德拒绝在鲍德温三世成年后辞任摄政 教皇尤金三世呼吁发动第二次十字军东征
1146 年	赞吉去世 努尔丁继承埃德萨
1147 年	第二次十字军东征开始
1148 年	路易七世和阿基坦的埃莉诺抵达安条克，未能从穆因纽丁手中夺取大马士革
1149 年	安条克的雷蒙德死于伊纳伯战役
1152 年	鲍德温三世在内战中击败梅利桑德 阿基坦的埃莉诺与路易七世取消婚约 埃莉诺与亨利·普朗塔热内（金雀花）结婚

1154 年	安条克的康斯坦丝与沙蒂永的雷纳德结婚 努尔丁从穆吉尔丁手中夺取大马士革控制权 并与伊斯玛丁·可敦结婚
1157 年	阿马尔里克一世与库特奈的艾格尼丝结婚
1158—1160 年	鲍德温三世与曼努埃尔·科穆宁皇帝的侄女 狄奥多拉·科穆宁娜结婚 阿马尔里克一世和艾格尼丝的女儿西比拉出 生（1157—1160 年之间）
1161 年	西比拉的弟弟鲍德温四世出生 安条克的玛丽亚与曼努埃尔·科穆宁结婚 梅利桑德去世 大马士革的祖姆鲁德在麦地那去世
1163 年	鲍德温三世去世，他的弟弟阿马尔里克一世 继位，后者为了成为国王而与艾格尼丝离婚
1164 年	努尔丁进攻哈里姆，击败基督徒军队并俘 获的黎波里的雷蒙德三世、安条克的博希 蒙德三世、库特奈的乔斯林三世
1165 年	博希蒙德三世获释

1167 年	阿马尔里克一世与曼努埃尔·科穆宁的侄女玛丽亚·科穆宁娜结婚 狄奥多拉·科穆宁娜与安德洛尼卡·科穆宁私奔
1169 年	萨拉丁成为埃及维齐尔（宰相） 安条克的玛丽亚和曼努埃尔·科穆宁的儿子阿历克塞·科穆宁二世出生
1170 年	法兰克人与穆斯林停战
1172 年	玛丽亚·科穆宁娜和阿马尔里克一世的女儿伊莎贝拉出生
1174 年	阿马尔里克一世去世，鲍德温四世继位 努尔丁去世 萨拉丁控制大马士革，并与努尔丁的遗孀伊斯玛丁·可敦结婚
1176 年	塞尔柱土耳其人在密列奥赛法隆战役中击败拜占庭军队 西比拉与蒙费拉的威廉（绰号"长剑"）结婚

1177 年	蒙费拉的威廉去世 西比拉与蒙费拉的威廉的儿子鲍德温五世出生 鲍德温四世在蒙吉萨尔战役中战胜萨拉丁 伊贝林的贝里昂与玛丽亚·科穆宁娜结婚
1179 年	萨拉丁在泉水谷战役和雅各布津渡战役中击败基督徒军队
1180 年	西比拉与吕西尼昂的居伊结婚 曼努埃尔·科穆宁去世，阿历克塞二世继位 安条克的玛丽亚与其情人阿历克塞·普洛托塞巴斯托斯代儿子执政
1182 年	鲍德温四世指定吕西尼昂的居伊为摄政 安条克的玛丽亚被处死
1183 年	伊莎贝拉与托伦的汉弗莱结婚 卡拉克之围 萨拉丁攻取阿勒颇 鲍德温四世企图罢黜摄政吕西尼昂的居伊 鲍德温五世加冕为共同执政的国王

1185—1186 年	萨拉丁同意与耶路撒冷停战 鲍德温四世去世，鲍德温五世继任 艾格尼丝去世（1184 年初到 1186 年晚秋之间的某个时间） 鲍德温五世去世 西比拉加冕女王 伊斯玛丁·可敦去世
1187 年	五年的停战协议遭到破坏，战争爆发 萨拉丁在哈丁战役中击败十字军主力，囚禁吕西尼昂的居伊，处死沙蒂永的雷纳德 教皇呼吁发动第三次十字军东征
1188 年	被俘的吕西尼昂的居伊获释
1190 年	西比拉和她的女儿们在阿科之围中死去
1205 年	伊莎贝拉去世

作者说明

　　这是一本关于女性和权力的书，论述的是"海外国家"贵族妇女为之奋斗的权力、限制她们权力的势力，以及男性作家和历史学家对其遗产施加的影响。本书讲述了女性统治者建立的一个非凡王朝的故事，研究了她们生命中面临的挑战和取得的胜利。

　　海外国家特有的不稳定性和几乎持续不断的危机创造了一种环境，出身贵族的女性在这种环境中有可能被推到显赫的地位，真正掌握权力。耶路撒冷、安条克、的黎波里和埃德萨的贵族妇女代表着中世纪中东地区的一股重要政治势力。尽管如此，历史学家仍常常认为，这一时期拥有如此地位的女性只不过是土地的传递者和下一代国王的哺育者。人们记住的只是权力拥有者的妻子、母亲、女儿和姐妹，而不是独立自主的个人和具有自身政治作用的活跃领导人。近年来，这一评价已经得到很大纠正，但大部分的工作仍仅限于学术范畴。本书的目的是纠正这种错误的观点，让耶路撒冷女王、安条克女亲王（亲王夫人）和的黎波里以及埃德萨的女伯爵（伯爵夫人）走出阴影，进入公众的视野。

历史学家，甚至是女性历史学家的工作，都不是将每个被历史污名化或者贬斥的女性人物变成英雄，而是提出相关证据和分析，尽可能让读者理解这些人物是谁，她们在社会、政治和宗教框架内发挥的作用。本书将在必要时权衡证据和原始资料，阐明某些不清晰的情况，向读者提供原始资料的摘录，请他们就争议性的话题得出自己的结论，验证中世纪流言是否正确。本书的意图是成为一本叙事驱动的传记作品，而不是针对女性政治作用或历史学的学术分析。

本书的写作使作者走出大英图书馆、伯德雷恩图书馆和马萨林图书馆的阅览室，穿越欧洲和中东。大部分文字都是在耶路撒冷旧城，以及土耳其、黎巴嫩、约旦和法国的旅馆房间、咖啡屋和凉风习习的遗迹里写就的。有机会以这种方式旅行，站在那些杰出女性曾屹立过的地方，踏着曾在她们脚下的石头，放眼她们曾遍赏的景色，这种喜悦深入人心。

致　谢

在本书的创作过程中，许多人给予了帮助和鼓励，对此我深表感谢。在这么多个国家里，我几乎每次都能感受到善意和慷慨的帮助，真是莫大的幸运。首先必须感谢的是我的编辑和出版人艾伦·萨姆森，没有他的信任和指导，我就会陷入自己极不适应的企业工作中无法自拔，更遑论写作了。他让这本书成为可能，并在写作全程中都提供了宝贵的支持。

我第二个要感谢的是我在中学和大学的老师们，他们教会我热爱中世纪时期，尤其是戴维·达夫雷教授和贾尔斯·布朗博士。他们给了我著书立说的工具、信心和热情。在耶路撒冷，我很感谢亚美尼亚历史学家格奥尔基·欣特利安，他在我的研究之旅中竭尽全力地提供帮助，使这些工作取得了最大的成果。在莫菲娅的亚美尼亚血统对其女儿们的影响，以及中世纪和当下耶路撒冷的多元文化特性上，他对我教益颇多。他还保障我的安全和饮食，让我有地方工作并获得原始资料，还带着我遍览伯大尼修女院的遗迹。海法大学的阿德里安·博阿斯教授也非常友善，与我会面并带我游览露天市场，后来还耐心地回答我的问题、审阅本书草稿。我还要感谢圣方济会修士阿梅代奥·里奇兄弟，他慷慨地分享了有关圣墓教堂的博士论文，从基督徒的角度全面、深入地介绍了这一空间。在英国，我特别感谢牛津大学的克里斯托弗·泰尔曼教授，他与我进行了很有价值的讨论，促使我考虑权力与权威之间的区别，此外还花时间阅读和更正我的最终手稿。我要感谢皇家霍洛威大学历史研究所十字军和拉丁东方研讨会的召集人和参与者，他们让我加入发人深省的讨论活动，并与我分享资料。皇家霍洛威大学的安德鲁·乔蒂希奇教授回答了我在各方面研究中遇到的问题，尽管这些问题常常表达得并不清晰。

最后要感谢的是我的父母和朋友，没有他们的支持，我就不可能写出这本书。我的父母给了我受教育的机会，使我能够书写历史，妈妈还无数次地阅读了手稿。我的许多朋友也耐心地帮助我，从阅读草稿、拍摄照片到辨认笔迹（中世纪和现代），巨细靡遗。我要特别感谢南希·赫－巴瑟斯特阅读初稿并鼓励了我，感谢弗雷德·山、塞萨尔·马尼维特和斯科特·穆瓦尼昂对终稿提出的批评意见。玛莎·贝莉不知疲倦地帮助我在大英图书馆的研究，并在我外出时审阅了拉丁语翻译，更在耶路撒冷和纳布卢斯的研究之旅中伴我同行。在黎巴嫩，路易斯·普罗塞尔和卢埃·卡卡尼慷慨地奉献他们的时间和好脾气，开车带我游历提尔和的黎波里之间的各处遗迹。莱昂·洛佩斯·布伦南和奥坎·奇梅克在安条克和埃德萨之旅中协助我，并帮助拍摄了这些美丽的地方的照片。猎户座出版集团的乔·惠特福德出色地帮助我将手稿和辅助材料整理成最终的稿件，而乔纳森·菲利普斯教授在最后时刻介入，做了关键的更正。

毋庸置疑，在本书写作中出现的错误完全归咎于我，如果我在书中放任自己，受到戏剧性或浪漫故事的迷惑，那都是违背了冷静的历史学家们的建议所致。

序

……这片海岸长久以来一直是全世界争论的焦点……

——爱德华·吉本①

在地中海的最东端，清澈的海水拍打着色泽鲜亮的石质断墙，那是一个被遗忘的王国留存已久的遗迹。这些废旧的城墙是曾经傲立于此的众多要塞仅存的遗迹，它们曾在将近一千年里，守卫着从土耳其南部到埃及北部的海岸线和峭壁高山。海水在这里触及的陆地，也就是承载这些城堡的土地，是神圣的。这是世界史上最为人垂涎的一块土地，三大亚伯拉罕宗教（基督教、伊斯兰教和犹太教）为此争战不休，它们都将这里视为

---

① 爱德华·吉本（1737—1794），英国历史学家，著有《罗马帝国衰亡史》。——译注

自己的灵魂所在。这片土地横跨巴勒斯坦领土、以色列、约旦、黎巴嫩、土耳其和叙利亚，最为丰富的不是别的，正是信仰，在炎热的夏日下，它从古至今都是血腥战争的目标。由于变化无常的边界和敏捷机智的统治者，这一地区引发了全球一代又一代人的想象。

这场冲突的焦点在距离地中海大约 40 英里（1 英里 ≈1.61 千米）的内陆地区。吸引人们几个世纪的努力、修建沿岸城堡和港口予以保护的珍宝，就是宗教圣地耶路撒冷。这是现在位于以色列中部的一座鲜活城市。今天，旧城的街道大体上仍与中世纪时相似。空气中充满了香料的味道，毫无疑问还有烤蔬菜的香味。小贩们争夺顾客的喧闹声，对小饰品讨价还价的叫声，与竞相响起的钟声和阿拉伯人的祈祷声交织在一起。蜂拥而来的朝圣者和游客也像千年前一样。宗教游客总是堵住这座城市的大动脉，但同时又是它赖以生存的血液。各个教派的基督徒、犹太教徒和穆斯林争先恐后地挤进各自的圣所，这些圣所都在方圆一英里的同一区域内。

街道的布局和地标与中世纪时期相比也没有太大的变化，中世纪的朝圣者今天也能毫不困难地找到从雅法门到圣墓教堂的路。在各个圣所周围，蜿蜒曲折的露天市场街道上仍然是同样的十字军式拱顶店面，出售皮革手工艺品、草药和宗教象征物等传统商品。这些古老的街道上传来阵阵祈祷声和店铺的喧闹，就和一千年前一样。士兵们也和中世纪时一样在此游荡，提醒人们注意这一地区持续的不稳定局势。长剑在身的骑士已换成了携带机枪的以色列青年，他们一边享用石榴汁，一边发着短信。

圣城的建筑见证了它几个世纪的历史，也是城墙内众多政权兴衰的证明。十字军时期的拱顶和斜线压花石墙与马穆鲁克和奥斯曼时代的设计并肩而立。天际线上十字架、圆顶和尖塔混杂在一起。每当旧城的太阳落下，它的光芒在基督教堂的金色穹顶上闪耀，随后让位于尖塔上照亮夜空的绿光。

圣墓教堂是基督教最神圣的地方，也是基督在尘世中的陵墓，那里君士坦丁时代的圆柱和基座与中世纪及现代增添的结构比邻而立。在亚美尼亚礼拜堂中，华丽的现代壁画遮盖了十字军时期的拱顶天花板，支撑它们的是拜占庭和罗马风格的柱顶，上有花篮和莨苕叶的装饰图案。在通往"发现十字架"教堂的墙上，刻着数以千计粗糙的十字架图案，这是十字军骑士和朝圣者们为纪念使命完成而留下的印记。

在一个感觉像大教堂地下室的地方，有一座岩石切割而成的小礼拜堂，是君士坦丁皇帝的母亲圣海伦娜声称找到"真十字架"的地方。她下令在这里修建大教堂，圣墓教堂正是由一位女性奠基的。这座小礼拜堂是圣墓教堂中最安静、最被人忽视的一部分，却是中世纪朝圣之路的终点。它空旷、朴素，几乎没有什么装饰，墙壁上满是12世纪壁画的痕迹。这里没有耶稣的塑像，没有君士坦丁的塑像，也没有后来与建筑相关的任何大人物的纪念物，只有一尊安详的高贵女性雕像，倚靠着简陋祭坛上方的十字架，在许多信徒奉献的烛火中闪着微光。

今天，圣墓的钥匙在一个穆斯林家族的手中，他们是中立的守卫者，可以平息不同基督教派的纷争。这把钥匙由父亲传给儿子，儿子传给孙子，历经了许多代，每天凌晨4时，阿迪普·贾乌德都要穿过破旧、宁静的街道，送来开门的钥匙。这是一把箭头形状的大铁钥匙。

这座城市及其充满争议的街道，还有围绕它的其他土地，一直都是激烈冲突的主题。几代人以前，欧洲人将这片土地称为"东方"（The Orient）或者"黎凡特"（The Levant）。法国人仍然将这里称作"Moyen-Orient"，字面意思是"中东"——当今英语国家喜欢使用的术语。"Levant"和"Orient"都起源于对日出的想象，追溯其各自的词源，它们在拉丁语和法语中的意思分别是"破晓"或"日出"：这是西方人对东方土地的称呼。它们带着神秘的光环，让人联想起古时候的男男女女眯着眼睛看着地平线上迸发出的新鲜亮光，想象着外面的世界：沐浴在阳光下的土地，遍布着红色和金色的光芒，总是遥不可及。阿拉伯语中也使用类似的词语"Mashriq"，它来源于"Sharaqa"一词，含义同样是"日出"或"照耀"。

尽管"中东"甚至"近东"这些术语目前很流行，但它们对于本书所要研究的狭窄地域来说太宽泛了。这部作品中的故事发生在从土耳其南部延伸到埃及北部的海岸线上，在它被称为中东甚至黎凡特之前，欧洲人就知道它的另一个名字：海外国家（Outremer）。

"海外国家"这个名称与初升的太阳没有任何关系，但同样表明了发明这个词的人心中那片土地遥不可及的感觉。它来源于法语，字面翻译是"海上"或者"海那边的土地"。它以异国情调来定义这片土地，并与中世纪成千上万的男人女人从西欧前往圣地的旅程联系了起来。

数千年来，基督教、伊斯兰教和犹太教的信徒都到耶路撒冷朝圣。时至今日，信徒也仍在进行朝圣活动。然而，在11、12和13世纪，前往"海外国家"的基督教朝圣者打的是不同的旗号，他们全副武装、有组织，是由教皇本人召集的。1095年，乌尔班二世在克莱蒙镇举行的法兰西教士与世俗精英会议上发表了振奋人心的讲话。当他呼吁人们集合起来，放弃家园、拿起武器，到东方的海外国家去，从异教徒手中解放圣地，到场的听众深受鼓舞。随着这一次演讲，基督教和平的朝圣传统被对军事冒险的渴望所取代，几个世纪后，这些冒险活动被称作"十字军东征"。

令许多人愕然的是，第一次十字军东征取得了相当大的成功。1099年7月15日，经过多年艰苦作战和横跨欧洲及安纳托利亚的长途行军，十字军占领了耶路撒冷。由于这次胜利，西欧人在将近200年中占据着"海外国家"。他们在那里建立了基督教邦国，修建了至今仍屹立不倒、夺人眼球的要塞，并在80年的时间里以耶路撒冷作为基督教的都城。

这一时期男性在"海外国家"取得的功业是一个极为活跃的研究领域，但对女性功绩的研究相对沉寂。女性在十字军本身和耶路撒冷王国的治理中起到了关键作用。当大军从欧洲向东行进时，妇女们也紧紧跟随。有能力的男性往往带上家人，而较为贫穷的妇女也随军出征。这些妇女洗衣做饭、护理伤员、收集柴火，也成了士兵们的情人。在少数情况下，她们甚至前往战场为士兵们送水，进而亲自上阵厮杀。在"海外国家"中确立的领土上，贵族妇女组织被围城市的后勤、与敌人谈判，而较低阶层的妇女则与男性一起不辞辛劳，加固城防。她们经受了难以想象的艰辛，与男性同生共死，有的甚至遭到强暴、囚禁和奴役。12世纪，有数以千计的欧洲妇女在阿勒颇和大马士革的奴隶市场上被出售。当"海外国家"的男性统治者玩火自焚、深陷敌人的地牢，他们的妻子就会将其赎回。

尽管这些作用都有清晰的文件记录，但绝大多数研究十字军的（中世纪和现代）历史学家都忽视了女性在这段历史中的作用。本书旨在揭示身居"海外国家"权威地位的女性的一些事迹，在一定程度上弥补这种研究不平衡的现象，特别是由首位加冕的耶路撒冷女王——梅利蒂尼的莫菲娅——所建立的强大女性统治者王朝。莫菲娅的女儿和孙女以耶路撒冷女王、安条克亲王夫人和的黎波里伯爵夫人的身份施政，还担任了许多其他的职务。她们代表着历史上最勇敢、虔诚和忠诚的女性。与其丈夫和父亲相比，关于这些女性的原始资料尽管很稀少，但足以生动地刻画出这些杰出女王和亲王夫人的形象。

本书中最著名的女性不是耶路撒冷女王，也不是安条克亲王夫人，而是先后成为法兰西和英格兰王后的"阿基坦的埃莉诺"。在本书中，她是首位参加十字军东征的欧洲王后，与安条克亲王的关系也曾流言四起。与"海外国家"中的同辈人相比，埃莉诺得到的声誉或许过高了。这样说并不是为了贬低她的影响力或者重要性，而是将其与其他许多东方女性统治者加以对比，后者的男性亲属和对手时而兴风作浪。安条克的水中或许有什么令人血脉偾张的东西，但当埃莉诺的叛逆天性在那座传奇之城的城墙里得以发挥时，却几乎没有打破传统。在前往"海外国家"的旅程中，埃莉诺遇到了破坏规则的强大榜样。在耶路撒冷，迎接她的是令人畏惧的梅利桑德女王——首位在耶路撒冷摄政的王后，同时代权力最大的女性。毫无疑问，与一位最能体现女性雄心与领导才能的女王相遇，影响了埃莉诺此后的生涯。

初看"海外国家"的历史，男性似乎有着压倒性的优势，其中充斥着男性的愤怒、狂热和杀戮。这可能是事实，但女性的愤怒和智慧同样在塑造这一地区命运中发挥了作用。现在是时候通过女性的角度，重新审视这个地区和这一时期了。本书研究的是从 1099 年到 1187 年萨拉丁征服耶路撒冷时为止，"海外国家"女性统治者的生活。

导言：“海外国家”的诞生

我们本是西方人，现在却成了东方人。他本是罗马人或法兰克人，在这块土地上却变成了加利利人或者巴勒斯坦人。他本是兰斯人或沙特尔人，现在却成了提尔或者安条克公民。我们已经忘记了自己的出生地。不仅有人娶了本民族的妻子，还有人娶了叙利亚人或亚美尼亚人，甚至是蒙恩受洗的萨拉森人。在外地出生的人，现在就和在这里出生的人一样；生来就是异族，而今却成了土生土长的本地人。

——耶路撒冷居民、沙特尔的富尔彻

十字军用手中的长剑，一个城市一个城市地征服“海外国家”。虽然有时候会通过谈判和平受降，也常常抓走俘虏，但在他们穿越东欧、安纳托利亚和中东时，仍然屠杀了成千上万当地人，令同样多的人流离失所。穆斯林、犹太人和非天主教基督徒都成了他们狂热暴行的受害者。“海外国家”中的基督教邦国是由一系列被依次征服的贵族领地和公国成长起来的，耶路撒冷始终是它们的目标。十字军克服重重困难，最终征服了耶路撒冷——基督被钉上十字架的地方，也是基督教最神圣的一座城市。当他们最终占领这座圣城时，将其变成了一座鬼城。这些人的杀戮欲望达到了疯狂的地步，他们越过城墙，杀光了城里的居民。

在第一次十字军东征留下的灰烬、血腥和污秽中，锻造了耶路撒冷王国。十字军主张的领土被分割成四个不同的邦国：埃德萨伯国、安条克公国、的黎波里伯国和耶路撒冷王国。这些领地的统治者控制并以基督之名占有各邦国之间的圣地。十字军东征实现了目标，并使较为幸运的骑士们大发横财。

这一胜利的消息在基督教和伊斯兰世界引起了极大反响。耶路撒冷还未出现在大军的视野内，许多人就已放弃了东征。沿途多次遭到失败和挫折后，夺取圣城的理想似乎是一件"傻瓜的差事"。东西方的行吟诗人和史家都以前所未有的热忱描绘了这次征服的故事。歌曲、故事和诗词都成了第一次十字军东征冒险、英雄主义和残暴行径的写照。最重要的或许是，人们也书写了历史，只是当时历史与文学之间的边界尚未开始厘清，编年史作者经常自由地运用艺术手法。

"海外国家"的历史是中世纪世界历史中记录最完备的领域之一，为今天的历史学家提供了丰富的信息宝藏。本书中使用的全部原始资料清单可在"参考书目"一节中找到。对于这一政治与军事较量最为激烈的时期，我们拥有不同民族的编年史：法兰克人、亚美尼亚人、拜占庭人、叙利亚人、库尔德人、阿拉伯人和波斯人。我们拥有那些权力者签署的宪章，它们提供了关于不同时代统治者以及他们如何运用权力的可靠信息。我们还拥有留存至今的文物、"海外国家"中尚存的要塞以及考古记录提供的证据。

我们虽然幸运地拥有了如此丰富的信息，却又不幸地身处这些叙事来源共同存在的偏见之中。留存至今的大部分编年史都是神职人员撰写的，他们都是信奉父权、宗教和禁欲主义的男人。这些男人不与女性共同生活，也不热爱女性，他们的生活中与女性来往甚少。这方面有一个显著的例外，那就是拜占庭公主安娜·科穆宁娜所著的《阿历克塞传》，安娜是当时受教育程度最高、最富野心的女性之一。她所著的史书提供了一些关于第一次十字军东征和"海外国家"创立的信息，但即便是她的手笔中，也充满着那个时代重男轻女的思想：安娜·科穆宁娜当然绝非女权主义者。这一切都归结于作品的体裁，她选择的是一部编年史，这必然与男性编年史作家的传统和态度相结合。

同样，记录这一时代的穆斯林历史学家尽管不是教士，也同样出生于有深厚父权传统的社会，不认为记录女性活动有多么重要。因此，女性在战争、围城、国家治理和日常生活中所起的作用一直都被忽视和贬低。中世纪男性编年史作者似乎都不愿承认和谈论女性的重要性，尽一切可能忽视她们。

"厌女症"和"父权制"这两个词在现代人考虑女性的表现和待遇时是至关重要的，在描述"海外国家"女性统治者的生活时，我们很想随意地使用它们。然而，将它们用在中世纪世界听起来很不合时宜。因此，我将保守地使用这两个词。对于一个消亡已久、时空上与我们相隔遥远的社会，将充满现代价值观判断的词语应用到它的成员和态度上总是很难的，但如果我们能够理解，中世纪的"海外国家"是在一个与发展这些术语的现代社会大相径庭的框架中运作的，那么结合使用它们就是很有益的。当时的人们将男女不平等当成一个法定事实，融入由基督教会和骑士精神定义的社会结构中，女权主义是一个闻所未闻的概念。

"厌女症"一词的现代用法指的是不合理地厌恶或害怕女性，并歧视她们。中世纪对女性的歧视颇为严重。女性在继承法和个人自由上的权利较少，当时通行的世界观认为这样做是合理的。当时如果有人否认男人和女人在生活中的不同角色，就会遭到嘲笑，就像现在的人否认气候变化一样。这是一个重要的区别。而且，作为现代读者，我们对中世纪妇女所受待遇的很多看法是通过神职人员的著作得到的，这可以归结为一个体裁的问题。编年史中介绍女性的方法，可能并没有真实地反映她们在社会中的现实地位。考虑到这一点，"厌女症"一词用在中世纪社会上可能算不上合适，但用在中世纪编年史上可能更合适一些。

提尔的威廉所著的编年史《大海彼岸的历史往事》毫无疑问是耶路撒冷王国和海外基督教诸邦中所发生事件最重要、最详尽的记录。它是由中世纪较为机敏、缜密的一位历史学家写成的。提尔的威廉肯定是同代人中最伟大的历史学家，他大约1130 年生于耶路撒冷，早年在圣墓教堂天主教学校接受教育。因此，他的性格是在耶路撒冷旧城中心、基督教宗教中心形成的。1145 年，他离开"海外国家"前往欧洲，在巴黎和意大利游学十余载。1165 年，他返回"海外国家"，被当时的国王耶路撒冷的阿马尔里克任命为驻拜占庭大使。从这一职位，他先后升任提尔副主教、耶路撒冷书记长和提尔大主教。担任这些职务期间，他还成为了阿马尔里克的儿子的老师，以及耶路撒冷王国的宫廷历史学家。有了这样多彩多姿的经历和教育，他对自己记录的"海外国家"事件的文化和政治细节有着独一无二的理解。他的研究全面且丰富多彩，不仅引用了已有的编年史，还亲自采访目击者，也见证过他所描述的许多事件。

尽管威廉在编史时展现出了罕见的睿智和相对现代化的方法，在叙事中穿插了全局分析，但他的编年史仍不免受到时代思潮的影响而表现出一些"厌女症"的迹象，也不乏政治上的偏见。在一千多页的编年史中，他只将百分之五的篇幅用于讲述女性的事迹。因此，我们必须以批判的眼光看待他的历史，如果落入陷阱，认定他所写的一切都是可靠的事实，那是相当危险的。威廉在作品中对女性的看法和描述更是如此,和大部分中世纪编史者一样,他喜欢将女性归入两个阵营之一:要么是罪人,要么是圣徒。他不愿意相信笔下的女性是和男性一样复杂的个体,更愿意将她们当成文学中的一个隐喻,而不是把她们描写成活生生的人。

耶路撒冷王国和其他海外基督教邦国是生活在袭击、入侵和灭绝威胁阴影下的边陲之地。欧洲移民对中东的习俗、地形和气候并不熟悉。这个社会是由在战争中取胜的军事精英、骑士、领主、男爵、伯爵、亲王和国王及其封臣组成的,他们治下主要是土生土长的基督徒。

"海外国家"的女性统治者生于一个不同文化交融的世界,身处一个被危机撕裂的地区。海外基督教诸邦是"法兰克人"创立的,这是对领导第一次十字军东征的欧洲人的统称。穆斯林编年史家称他们为"Faranj"或"Franj",也有人将他们称为"拉丁人";"拉丁东方"(Latin East)与"海外国家"是可以互换使用的两个词。法兰克人主要来自西欧和南欧,因此他们向东方输出的是天主教、封建和军事文化。然而,由于该地区的不稳定,以及中东本地居民的文化差异,"海外国家"中发展起来的文化与西欧有很大的不同,也明显不那么单一。耶路撒冷对远至爱尔兰和印度、文化各不相同的民族来说都有着强大的吸引力。"圣地"诸城在中世纪也是独特的民族文化中心,不同信仰的人们都陷入了一场又一场激烈的战争,以及夹杂其间那令人不安、通过谈判达成的和平。在地区冲突的背景下，这也是一个艺术繁荣、文化交融的时期。

中东本地土生土长的基督徒主要是亚美尼亚人、希腊人、叙利亚人、雅各布派教徒和马龙派教徒。这些群体往往按照种族和宗教界限区分，有着不同于西欧的文化和语言。在拉丁东方，十字军给予他们的权力少于欧洲天主教移民，而且，虽然他们在社会和法律层级上高于犹太人和穆斯林，但许多人仍被视为异教徒。尽管如此，在最高和最低的社会阶层中，合作和通婚都是得到鼓励的，特别是在埃德萨伯国的边疆区。

这样的合作对海外基督教诸邦的生存至关重要。占领军规模很小，许多十字军战士在夺取耶路撒冷之后返回西方，尽管鲍德温一世在位期间新一波十字军战士东行补充了"海外国家"中的法兰克人，但不足以占据和充满他们所主张的全部土地。第一次十字军东征中征服"海外国家"的得胜之师并没有为刚赢得的土地构建一个族群。他们主要是士兵，虽然有许多女性与大军随行，但在穿越欧洲和小亚细亚的艰苦行军中已大大减员。移民并不仅限于东征的主力军。不过，本地的基督徒逐步回归：亚美尼亚人和叙利亚基督徒与天主教徒一同在耶路撒冷组成各自的社群，他们都得到了减税的待遇，这是为了鼓励新夺取土地上的殖民和贸易。

法兰克人逐渐开始适应新的环境，并在自己的文化中融入了当地文化的元素。关于这一点最流行的趣闻之一是：一位特别热心的法兰克骑士听说一些阿拉伯人有剃阴毛的习惯，于是要求一位男性浴室服务员以同样的方式为他和妻子剃毛，深感蒙羞的服务员将此事告知了编年史作家乌萨马·伊本·蒙奇德，后者也颇为震惊。毫无疑问，此事也令那位困惑不解的妻子蒙羞。

尽管人们倾向于将穆斯林和基督教徒视为"海外国家"中的死敌，一旦相遇就必定决心杀死对方，但事实并非如此。在"海外国家"的各个城市中，特别是处于重要贸易路线的城市，基督教徒和穆斯林相对自由地混居一处，穆斯林只需要支付税费，就可以得到在基督教领地上贸易和生活的权利。双方的领导人也经常进行外交谈判。

男女之间的关系遵循西欧的模式。在制定法律的男性眼中，贵族妇女的主要作用是生儿育女，并将土地和封号传给丈夫和儿女。然而，由于"海外国家"局势不稳定，缺乏军事安全，她们的作用和能力显得更为突出。"海外国家"的作战人员预期寿命很短，即便没有被疾病或意外事故击倒，也可能在战场上或意外的突袭中遇害。贵族妇女通常比她们的丈夫、父亲和兄弟更安全：她们生活在十字军时期中东兴起的城堡和修女院的高墙之后。我们没有找到任何贵族妇女在作战中身亡的记录：上阵杀敌的任务很少落到她们头上，但她们确实要面对分娩的挑战。

"海外国家"的女性比正常情况下控制这些邦国的男性亲

属活得更久，并开始通过自己的身份，成为了权力和政治忠诚度的关键。除此之外，耶路撒冷的国王们发现上天赐给自己的是女儿，而非他们极度渴望的儿子，这当然纯属偶然，但也迫使"海外国家"中的社会适应了"女王统治"的概念，吞下女性统治的苦果。

本书的两位核心人物是耶路撒冷女王梅利桑德和西比拉。这祖孙俩都曾是统治耶路撒冷的女王，因此关于她们的原始资料比"海外国家"的其他贵族妇女都要多。不过，她们的母亲、姐妹、侄女和表姐妹的生活也值得一提，她们各自以耶路撒冷王后、安条克亲王夫人等不同身份施政，在"海外国家"的内政中起到了关键作用。

第 1 章　莫菲娅和四位公主

1118 年圣诞节，一对王室夫妻在伯利恒的圣诞教堂登基。丈夫一头金发，长着一双深邃的蓝眼睛，蓄着长须。妻子来自于不同的种族，是一位黑发、黑眼睛的东方人。他们身着华丽的刺绣加冕长袍，面料是东方最好的丝绸，上面镶满了宝石，在烛光下熠熠生辉。他们坐在拜占庭教堂大殿的穹顶之下等待加冕，穹顶上的马赛克闪闪发光，犹如熔炉中炽热的黄金。在肃静的教众面前，这个男人向基督和他的天使们起誓，为教会和臣民捍卫耶路撒冷王国的法制与和平。他的手指戴上了象征王权的戒指，腰间则束上长剑，代表着王国军队捍卫者的身份，最后，他的手中多了圆球和权杖，那代表着他要在地上行公义，以及上帝所赐予他的俗世权力。他旁边的女子则发誓，要支持丈夫的使命。

这对夫妻非常庄重地跪了下来，耶路撒冷牧首将圣油涂抹在他们身上，将他们从凡人变成了上帝在人间的代表。牧首庄严地举起两顶镶嵌着宝石的金色王冠，戴在了他们头上。这个男子曾是离开法兰西冒险的骑士，是家中的次子，因此不太可能继承任何家业。为了这一刻，他横跨欧洲和小亚细亚，参加了无数的战役，并忍受了多年的牢狱之苦。他越过了一个又一个障碍，抓住一次又一次机会，终于得到了这个至高无上的地位。他的名字是鲍德温，也是埃德萨伯爵。与他一起下跪的是近二十年来与他相伴，维护他的利益并为他抚养孩子的女人。她为他生了三个女儿，并在他被因于萨拉森监狱时守卫他的领地。不久之后，她将为他生下第四个女儿，也就是他们成为耶路撒冷国王和王后之后的第一个孩子。这个谜一样的女子是古老的亚美尼亚王国的一位公主，生性内敛，坚强而忠诚。她就是梅利蒂尼的莫菲娅，是第一位加冕耶路撒冷王后的女性。

他们选择在圣诞节于伯利恒加冕，有着非常深远的意义。这一天不仅是基督诞生的日子——基督教历上最神圣的日子之一，也是鲍德温一世选择的加冕日期，以及查理大帝公元 800 年加冕神圣罗马帝国皇帝的日子。伯利恒也不仅是基督诞生的地方，还是大卫受膏成为以色列国王的地方。新任国王和王后选择这一天加冕，象征性地将自己与三位神界和俗世中最重要的王联系到了一起：耶稣基督、大卫王和查理大帝。

在中世纪，尤其是新建立的耶路撒冷王国，加冕是头等大事。那时候还没有印刷机，统治者手中没有几种大众传播和宣传手段，硬币上的头像和公开仪式都是向臣民表现权力的主要方法。

新王加冕就是后一种方法的最佳时机。宏大的加冕典礼将为君王的统治定下基调，也是赢得新臣民的钦敬、对贵族们表现他（她）的权威和高贵地位的机会。这是一项高度仪式化、精心策划的活动。附近的民众涌向圣诞教堂周围，希望能在这对新加冕的夫妻步出教堂时一睹其丰采。

对鲍德温和莫菲娅加冕典礼前后的庆祝活动，我们没有找到任何同时代的记述，但我们知道拉丁东方的法兰克人知道如何举办奢华的聚会，也喜欢抓住机会展示财富和成就。对"海外国家"其他庆祝活动的描述提到过杂技演员在亚美尼亚音乐家伴奏下大展身手、街上的舞蹈、令人垂涎的宴会，以及长枪比武。

这里的环境无疑十分优美：伯利恒的圣诞教堂是在基督诞生地上建成的，那是一个千年前曾有过马厩的洞穴。四个世纪之前，当罗马皇帝君士坦丁的母亲圣海伦娜前往圣地旅行时，在这个原本很简陋的地方建起了一座教堂大殿。此次远行中，她"发现"了"真十字架"，并建立了无数的礼拜场所。公元6世纪，罗马皇帝查士丁尼以他惯用的华丽手法重修了海伦娜的教堂。

查士丁尼以雄心勃勃的建筑工程著称，圣诞教堂也不例外，它有一座高耸的穹顶大殿，饰以明亮的小块大理石贴面和多幅壁画。这些装饰描述了三位贤士为新生的圣婴耶稣献上黄金、乳香和没药的故事。这一画龙点睛之笔带来了好运：当信奉拜火教的波斯人于614年征服圣地时，看到画中贤士们身穿的传统东方服装与自己的衣着非常相似，入侵者深受触动，因而保留了这座教堂。

为新国王鲍德温二世和莫菲娅王后而发出的欢呼声在教堂的中殿回荡。王国中的显贵和贤达都前来观礼，宗教界和周围诸邦的领袖也都到场。当这对不可思议的夫妇得到君权时，观者满怀无比敬畏，其中有三位姐妹：梅利桑德、艾丽丝和霍迪娜。她们是莫菲娅的女儿，时年分别是13岁、8岁和7岁，随着双亲加冕，她们也都成了耶路撒冷的公主。她们和"海外国家"的命运都永久地改变了。

梅利桑德公主带着妹妹们目睹了双亲的加冕典礼，她将成为这个王国历史上最强大的女王。艾丽丝和霍迪娜也将成长为这一时代最显赫的政治活动家，震撼整个地区。莫菲娅和她的女儿们是"海外国家"强大的女性统治者谱系的开端。

不过，莫菲娅是耶路撒冷王后，而不是当朝女王。这意味着，她的王后身份源自与鲍德温二世的婚姻，而不是继承权。因此，她的作用主要是支持丈夫的统治，而不是发挥她本人在政治事务上的权威或影响力。王后的权威与当朝女王大不相同，后者表面上拥有和当朝国王相同的权威。然而，我们必须区分权威和权力。王后或者当朝女王是否拥有权力，取决于她的个性力量，以及在时代环境下参与政治博弈的能力。莫菲娅比耶路撒冷的任何一位王后都更有权力，或许只有50年后的玛丽亚·科穆宁娜王后可以比肩。

莫菲娅是第一位以王后身份治理耶路撒冷（1118—1127）的女性。她最先在这个王国中发挥了影响力，也是第一位提供继承人的女性。然而，从字面意义上讲，莫菲娅只是第三位耶路撒冷王后。

鲍德温二世是十字军中第三位统治耶路撒冷的法兰克人。第一位是布永的戈弗雷，他率领第一次十字军东征中的各路大军攻克了这座城市。由于基督是唯一真正的"耶路撒冷之王"，他拒绝"国王"的称号，而且也没有结婚和生育子嗣。接替他的是他诡计多端的弟弟鲍德温一世，此人可能也没有后代，因此将王位传给堂弟，也就是莫菲娅的丈夫鲍德温二世。

在莫菲娅之前，耶路撒冷王后是鲍德温一世的几位不幸的妻子：其中一位和莫菲娅一样是亚美尼亚公主①，另一位则是很有权势的西西里女伯爵阿德莱德·德尔瓦斯托。鲍德温一世的名字与其继任者相同，但性格却大相径庭。他至少结过三次婚，每次都比上一次更随意，也更短暂。即使对中世纪的军阀来说，他抛弃妻子的速度也堪称纪录了，他更痴迷于从新娘身上榨取

---

① 传统上，历史学家称她为"阿尔达"（Arda），但没有任何已知的原始证据。苏珊·艾丁顿认为"阿雷特"（Arete）可能更准确，这种说法令人信服。——原注

财富，而不是向她们求爱和培养继承人。

就个人关系而言，鲍德温一世一直以自私和欺骗闻名。在第一次十字军东征中，他凭借相当无耻的诡计夺取了埃德萨。他受到了该城统治者埃德萨的索罗斯的欢迎，后者没有子嗣，对这位魅力过人、全副武装的西方十字军战士喜爱有加。索罗斯将鲍德温一世收为养子并授予继承权，鲍德温一世于是参加了一个颇有些尴尬的仪式，在一件毛皮衬衣掩盖下，赤身裸体地与人到中年的养父母拥抱，完成了收养的过程。通过这一仪式，鲍德温一世成为了这个富裕伯国的继承人。几周之后，他的养父索罗斯在一次平民起义中遭到残杀。暴民逼近时，索罗斯曾向鲍德温呼救，后者却袖手旁观。埃德萨人民在满足了嗜血的欲望后，允许按照法律条文决定继承人，鲍德温在索罗斯死后几天就成为埃德萨伯爵。

这只是鲍德温政治生涯的开始。他不仅是索罗斯的继承人，还是哥哥戈弗雷的继承人，戈弗雷在被选为耶路撒冷统治者后不到一年就去世了。一位编年史作者写道，当鲍德温得知戈弗雷的死讯，"他对哥哥的死并没有感到多么悲痛，更多的是对得到继承权的喜悦。"对鲍德温一世来说，权力和荣耀比家庭关系更有意义，这在他对待妻子的方式上也表现得很明显。

鲍德温一世的首任妻子戈德希尔德是一位诺曼贵族妇女，在第一次十字军东征的行军途中去世。她与鲍德温短暂的婚姻中充满了冒险和阴谋。她是第一次十字军中获准随夫出征的极少数贵族妇女之一。在最初的远征热潮中，她曾和丈夫一起被扣留在匈牙利作为人质，以保证十字军不会劫掠匈牙利诸王的领地。这一处境不太可能危及生命，但这对夫妻对被迫成为人质提出了强烈抗议。他们很快获释，戈德希尔德最终来到了小亚细亚。她在君士坦丁堡金碧辉煌的宫殿里受到了接待，这次宴会是由目光凶狠的阿历克塞·科穆宁主持，在他的女儿安娜警惕的目光下举行的。戈德希尔德的耶路撒冷远征注定是短暂的，她在1097年离开小亚细亚的战役（发生于今土耳其马拉什）前死去。关于戈德希尔德和丈夫的关系没有太多值得称道的地方，但肯定比鲍德温后来的婚姻更成功：她在这次东征中陪伴丈夫，而后者本没有义务带上她。这可以说明，鲍德温希望与她继续一起生活，并定居在东方。

鲍德温一世似乎没有被戈德希尔德去世带来的悲痛击倒。得到埃德萨伯国之后，他很快在东征途中再次结婚。十字军召集了一次会议，建议鲍德温迎娶一位与亚美尼亚统治者有联系的当地贵族女子，以加强他在新领地的地位。鲍德温听从了这一建议，选择当地亚美尼亚贵族女子阿雷特作为自己的新娘。阿雷特是一位名叫塔夫托克的领主之女，也是实力更强的领袖康斯坦丁的侄女，康斯坦丁占据着托罗斯山脉中一个战略地位十分重要且固若金汤的要塞，手下有一支精锐的大军。康斯坦丁和塔夫托克凭借其巨大的财富和权力成为该地区最重要的亚美尼亚领主，与国王无异。

正是这种财富和权力使鲍德温一世注意到阿雷特。这是一场政治婚姻，新娘带来了 6 万枚拜占庭金币的巨额嫁妆。拜占庭金币是在拜占庭帝国铸造的，在那个年代是很宝贵的货币，使用的材料是约 4.45 克 20.5K 黄金。这笔巨额嫁妆可以轻松地供养一支军队，或者重建一座城市的防御体系。然而，它从没有全额付清，只有第一期 7000 枚金币流入了鲍德温的金库。这种侮辱性的举动给阿雷特带来了进一步的问题。

婚后不到三年，鲍德温一世成为耶路撒冷国王，并前往该城即位。因此，阿雷特名义上是首任耶路撒冷王后，但实际上并非如此。当鲍德温前往耶路撒冷时，将阿雷特留在了埃德萨。这桩婚姻没有留下孩子，此时两人的关系已十分紧张：阿雷特的父亲已在战争中失去了领地，逃往君士坦丁堡，再也没有支付阿雷特嫁妆的余款。因此这桩婚姻既没有带来承诺中的财富，也没有人们孜孜以求的忠贞。

分开几年之后，鲍德温终于召唤阿雷特相聚，这无疑是因为受到贵族们的压力，至少要为王国留下一个继承人。阿雷特经陆路抵达安条克，然后从圣西米恩港乘船到雅法。当她抵达耶路撒冷，没有迹象表明鲍德温一世在长久缺位的妻子身上花过多大精力。

关于鲍德温是否曾为阿雷特加冕没有任何记录，不久之后，他就启动了与之决裂、取消婚约的进程。当鲍德温一世以阿雷特在前往耶路撒冷与他相聚途中有过不忠行为为由提出离婚时，两人的婚姻已持续了八年。法国编年史作家诺让的吉贝尔讲述了一个精彩刺激的故事，称阿雷特在这次旅程中曾遭到海盗强暴。尽管吉贝尔说得津津有味，但这个故事不太可能是真实的，因为如此丑闻肯定会广泛传播。

尽管所谓不忠的说法很荒谬，但不管双方是否达成一致，这都成了鲍德温一世抛弃阿雷特的理由。这些理由都站不住脚，鲍德温希望摆脱她的真实原因很可能是她父亲没能支付承诺的嫁妆，她又没能生下一儿半女。除此之外，与塔夫托克结盟在有部分亚美尼亚人口的埃德萨伯国是个战术上的优势，但在耶路撒冷王国中没有任何政治上的用途。中世纪的人们都希望新娘能给丈夫带来丰厚的嫁妆、实际的支持和子嗣。阿雷特在这些方面上毫无作为，因而被迫带上面纱进入一家修女院——这是被抛弃的妻子们唯一体面的选择。

这里提到的修女院格外阴森，它是新近成为神址的圣安妮修女院，虽然是今天耶路撒冷城中最宁静、最美丽的修女院，但在 12 世纪初远不是令人愉快、生机勃勃的地方。由于刚成立不久，又没有太多富裕的寡妇来此，这所修女院里只住着其他几位修女，对耶路撒冷首位王后而言，生活艰苦而又孤独。看起来，阿雷特将在一座鲜有人陪伴的辉煌监狱里度过余生。圣安妮修女院也属于天主教机构，而非亚美尼亚或希腊正教机构，这让阿雷特显得更加格格不入。她自小就是东方的基督徒，虽然可能在结婚时接受了丈夫的信仰，但在被抛弃之后，还被囚禁在专为天主教所建的房子里，对她来说又是一层伤害。

果不其然，阿雷特对这一前景感到不快，最终将被压抑的意志力发挥出来，为自己争取到了更为光明的未来。她设法从前夫那里得到离开修女院、到君士坦丁堡与父亲团聚的许可。或许是为了最大限度地利用刚得到的自由，唯恐再度失去，阿雷特一离开丈夫充满控制欲的目光，就在希腊宫廷开启了一段多彩多姿的生活。提尔的威廉断言，当她抵达那座城市，就"向高层和低层男子出卖自己的肉体"。多方资料都微妙地暗示鲍德温一世是个同性恋者，在他的床上躺了三年，随后又被禁锢在修女院里，使阿雷特在性方面变得饥渴难耐。

这次难堪的婚姻失败和离异之后，鲍德温一世在1112年第三次结婚。这一次的新娘是西西里的阿德莱德·德尔瓦斯托。这桩婚姻显然非常有利，这或许是宫廷和教会成员愿意忽视如下事实的原因：当阿雷特还活着的时候，鲍德温一世的任何婚姻都犯了重婚罪。国王埋头推进这一婚事，因为耶路撒冷王国历经最初几年的坎坷，持续受到境外敌人的骚扰，急需一位富裕的新王后。阿德莱德·德尔瓦斯托是一位富有的寡妇，也是西西里国王的母亲，能很好地填补这个空缺。

鲍德温一世此时是耶路撒冷的在位国王，而不是默默无闻的埃德萨伯爵，作为新郎，他的身份远比过去更引人注目。因此，他有能力争取到一位地位显赫、家世富裕的西方贵族妇女。对于尚无子嗣、需要一位继承人的国王而言，阿德莱德是个奇怪的选择，她的儿子已经长大成人，自己也已是半老徐娘。但是，她是带着黄金和战士前往耶路撒冷的，这正是鲍德温治下的海外国家中缺乏的资源。提尔的威廉称阿德莱德是"一位势力强大的富裕女性……堪称应有尽有"。他还将阿德莱德的富有与国王的贫穷做了对比："相反，鲍德温十分贫困，他的财力几乎无法应付日常开支和骑士们的薪俸。因此，他渴望用她的巨额财产补充自己微薄的资源。"

亚琛的阿尔贝特①同样描述了阿德莱德带来的财宝，以及她出行的不凡气派：

她有两艘三层划桨战船，每艘上各有500名久经战阵的士兵；7艘满载金银布匹、大量珠宝和名贵服饰的船；各式武器、锁子甲、头盔、金光闪闪的盾牌以及强壮的士兵们守卫船只惯用的其他兵器……【在伯爵夫人的船上】桅杆上包着一层纯金，远处看如同日光般耀眼，船的两端覆以金银，工艺之精美令人叹为观止……七艘船中的一艘运送非常强壮的萨拉森弓箭手，他们和身上那闪着金光的华服都是送给国王的礼物，人们认为，他们的箭术在耶路撒冷地区难觅对手。

鲍德温一世渴望染指阿德莱德的财富，因此同意了一项不

---

① 亚琛的阿尔贝特，11世纪末十字军东征及耶路撒冷王国历史学家，曾任亚琛教会修士及监督人。——译注

同寻常的条件：如果他们的婚姻没有留下子嗣，耶路撒冷王位将传给阿德莱德第一次婚姻中所生的儿子——西西里的罗杰。达成协议后，阿德莱德带着黄金、粮食和一群精壮的西西里－诺曼士兵启程前往海外国家，两人很快成婚。

鉴于鲍德温的情史，这段关系果然像以前的婚姻一样，以灾难性的方式结束了。阿德莱德没有生下继承人，由于阿雷特仍然在世，这段婚姻也被普遍（也是正确地）批判为重婚。面对贵族们的压力，鲍德温一世经历重病之后，担心自己的生命和"不朽灵魂"的命运，仅过了五年就同意撤销这段婚姻，召唤阿雷特返回耶路撒冷。阿雷特没有理会他的召唤，但阿德莱德还是被送走了。她"满怀愤慨"地回到西西里，"为所受的侮辱和白白浪费的财富而悲伤难过"。鲍德温一世当然不会放过她的财富和西西里士兵，以此来充实耶路撒冷国王的军队和金库。

对于西西里的统治家族而言，这是公开的侮辱，是不可原谅的。阿德莱德的儿子、年轻的"西西里的罗杰"因母亲蒙羞而愤恨不已，拒绝在活着的时候向海外国家中的十字军诸邦提供援助，一代又一代的继任者也保持着这个政策。提尔的威廉对阿德莱德表示了极大的同情，将其称作"高尚、值得尊敬的女士"。他声称，在这场冒险中，阿德莱德被诡计所骗，设计者是邪恶、放荡的耶路撒冷牧首阿努尔夫。

鲍德温一世尽管拥有领袖气质，但最终没能将王位传给自己的后代。他建立了一个稳定的王国，去世时却没有子嗣，耶路撒冷王位传给了他的堂弟埃德萨伯爵鲍德温。

莫菲娅与鲍德温二世

　　莫菲娅生于亚美尼亚的梅利蒂尼地区，是当地统治者加布里埃尔和妻子所生。梅利蒂尼现称马拉蒂亚，是土耳其东部一个默默无闻的城市，在人们心目中，它只是这个杏子种植区的首府。它位于安纳托利亚高原南部，靠近幼发拉底河岸，是世界上最早持续有人居住的地区之一，是"肥沃月湾"的边缘。马拉蒂亚对游客没有多大的吸引力，在它的现代化建筑中，几乎没有留下中世纪的辉煌印记。这里一度是中世纪小亚美尼亚王国的都城，在莫菲娅出生的时代是个繁荣的重镇，具有战略地位，周围得到了塔尔苏斯山脉和幼发拉底河的保护。

　　莫菲娅的双亲是希腊正教基督徒，但在民族、文化和语言上都是亚美尼亚人。莫菲娅从小讲亚美尼亚语，读的《圣经》则可能是希腊语版本的。十字军东征时期，奇里乞亚的亚美尼亚王国是一个极其重要的地区。它横跨安纳托利亚高原南部，控制着穿过小亚细亚进入圣地的山隘。除了战略重要性之外，亚美尼亚人在埃德萨和安条克的基督教居住区中占据多数，在耶路撒冷也有相当的存在感。当基督徒试图鼓励在海外国家的偏远地区（如荒凉的约旦河东岸领地）定居时，有证据表明他们鼓励亚美尼亚人前往那里定居。鲍德温二世最终也通过了一项法律，授予亚美尼亚人在耶路撒冷的贸易特权，以便促进他们定居。证据显示，海外国家的每个重要基督教城市中，都有兴旺的亚美尼亚社区。除此之外，他们还是专家，是专业的士兵。亚美尼亚人在几个世纪里一直与中东的穆斯林共存和交战，事实证明，在接下来的两个世纪的不同时期，他们的专业知识和建议对十字军非常宝贵，可以这么说，他们是"第一次十字军东征时期黎凡特最有成就的军事建筑师"。[①]

亚美尼亚人在耶路撒冷也有很强的存在感和影响力。亚美尼亚使徒教会于公元 1 世纪创立，亚美尼亚王国也是第一个正式接纳基督教为国教的国家。从教会诞生时起，亚美尼亚朝圣者就一直前往耶路撒冷拜谒各个圣所。耶路撒冷城中有亚美尼亚铭文的马赛克地板可以追溯到公元 5 世纪，而亚美尼亚人在这座城市的存在记录显然更早。而且，亚美尼亚教会和基督徒拥有不同于君士坦丁堡希腊教会的身份和影响力，即便在伊斯兰教统治下，仍然保持着在耶路撒冷城内的影响力和地位。

当时的莫菲娅，是一位拥有骄傲遗产的公主。她的父亲加布里埃尔十分富有，1101 年，25 岁的莫菲娅与布尔克的鲍德温强强联姻，后者是第一次十字军东征中的英雄之一，一年后受

---

① George Hintlian, *The History of the Armenians in the Holy Land.*——原注

封埃德萨伯爵。埃德萨是海外国家最重要的领地之一，与加布里埃尔在梅利蒂尼的领地接壤。此外，这个城市在基督教历史上地位显要，在西方基督教军队中颇具分量。

埃德萨位于底格里斯河和幼发拉底河之间，过去，那一带被称为美索不达米亚，意为"两河之间的土地"。它在现代土耳其–叙利亚边界偏北方，处于"肥沃月湾"的中心。根据提尔的威廉描述，在十字军时代，埃德萨的边界"【始于】马里姆森林，向东【延伸】直到幼发拉底河彼岸"。十字军在这块领地上留下印记之前，它已经拥有了丰富多彩的悠久历史。埃德萨是第一个皈依基督教的城市，占据了欧亚之间十字路口上一个重要的战略位置，曾是东方基督教地区最重要的城市之一。今天，拜占庭时代的墓穴就在一大片现代房屋下面的岩石中，考古博物馆里收藏着世界最早的真人大小的雕塑。离城不远就是考古遗址哥贝克力石阵，这是已知最早的人造庙宇，比英国的巨石阵要早约 7000 年，为农业发展与宗教崇拜之间的关系提供了新的线索。许多亚伯拉罕宗教的信徒认为，埃德萨是历史上亚伯拉罕的出生地，也是宁录试图烧死他的地方。传说中，那些火焰变成了水，形成了著名的"亚伯拉罕池"，今天仍存在于市中心，是穆斯林的朝圣之地。

对中世纪的人们而言，这座城市最令人感兴趣的，肯定是矗立于城内卫城之上、俯瞰大地的巨大堡垒。一条深深的护城河环绕着这座在城市所处的玄武岩上开凿而成的堡垒，上方是暖色的石墙，这些城墙是在现代得以修复的，而公元 9 世纪的阿巴斯王朝修建它时，是以远古的旧建筑为基础的。这座城堡是梅利桑德、艾丽丝和霍迪娜出生的地方，也是鲍德温二世和莫菲娅的婚房。

现在，埃德萨一座基督教堂都没有——全部都改建成了清真寺。这座城市今称"乌尔法"（Urfa）或者"尚勒乌尔法"（Sanliurfa，意为"光荣的乌尔法"），因为它在一战后的土耳其独立战争中起到了重要的作用。不过，这座现代城市尽管拥有诸多遗产，却感觉不到光荣。虽然它是重要的朝圣之所，但许多居民都陷于贫困之中。而在 12 世纪，埃德萨是一座熙熙攘攘的城市，多种文化的中心，来自不同信仰、民族的人们在这里居住，它也处于一条重要的贸易路线上。因此，它是一座富庶的城市，统治者自然也有着很强的势力。

因此，鲍德温是海外国家中最为显赫的贵族，嫁给他无疑是极好的结合。莫菲娅的父亲为这桩婚事和带来的宝贵盟约花费不菲，给出的嫁妆达到 5 万拜占庭金币，这足以赎回一位国王了。提尔的威廉强调了这些金币的重要性："与她结婚，使鲍德温得到了一大笔嫁妆，那正是他急需的。"在整部编年史中，威廉只提到莫菲娅两次，每次都强调她带来的大笔嫁妆，对她的钱和亲戚们的描述超过了她本人。

说到人际关系，鲍德温二世与他的堂兄恰恰相反。他是莫菲娅忠诚的丈夫，也是以四个倔强女孩为豪的父亲。当妻子显然不能给他带来儿子时，他从未选择抛弃她。

鲍德温二世带着第一次十字军的其他王子一路向东，参加了传奇的尼西亚和安条克围攻战，并曾强攻圣城。他以虔诚而著称，膝盖都因为祈祷而长出了老茧。他治理有方，捍卫了自己的边境，在位期间应对了许多次挑战。

鲍德温是一名活跃的战士，曾两次被敌人俘虏，每次妻子莫菲娅都来到离他被囚之地较近的地方，并亲自助力释放他的谈判。除了被俘的次数略多了一点之外，鲍德温二世作为统治者，唯一的"不足之处"就是对这位未能提供男性继承人以延续王朝的妻子真诚相待了。没有儿子，并没有成为他与莫菲娅婚姻的绊脚石，历史记载给人的印象是，他可能是中世纪世界里所能找到的最忠诚的丈夫了。

堂兄去世、耶路撒冷王国的权力突然交到手中时，鲍德温二世正舒舒服服地当着他的埃德萨伯爵，从堂兄在耶路撒冷即位并将这个位置让给他以来，已经 18 年了。

莫菲娅的父亲给予的黄金和亚美尼亚盟约无疑是吸引鲍德温的原因，按照中世纪的标准，莫菲娅当时 25 岁，已经属于大龄女子了。然而，黄金很快就花在了士兵、建筑工程和其他资源上，这对夫妻婚后统治埃德萨的最初一段日子过得远谈不上顺利。

婚后不久，莫菲娅的父亲加布里埃尔在梅利蒂尼的领地被达尼什曼德土耳其人夺走，他不久后也去世了。就在这种打击之下，莫菲娅还是于 1104 年怀上了未来的梅利桑德女王。妻子怀孕后不久，鲍德温二世就披挂上阵，前去围攻哈兰要塞，试图扩大和确保自己的领地。尽管有安条克的支持，鲍德温二世的手还是伸得太远了。基督教军队几乎遭到全歼，鲍德温和他的亲戚库特奈的乔斯林一起被俘，后者是新近刚在埃德萨与他会合的。这对海外国家的基督徒是个决定性的打击，使埃德萨和安条克两个邦国陷入混乱之中。

鲍德温二世被囚禁了四年，这段时间里莫菲娅留在埃德萨度过孕期、生下孩子并抚养幼女。这是她的第一个孩子，父亲新丧、丈夫不在身边，加上埃德萨的局势因他的缺位而岌岌可危，这几年无疑使莫菲娅学到了很多。1108 年，鲍德温在缴纳赎金后回家与妻子和女儿团聚。梅利桑德三岁才第一次见到父亲，但这对夫妻的关系更亲密了，从此之后，鲍德温一直为妻子而奋斗。莫菲娅也将成长为他心目中理想的女性：兼具坚强、睿智且不计后果。

莫菲娅和鲍德温的分别并没有使他们的婚姻偏离正轨，获释大约一年之后，他们迎来了第二个女儿艾丽丝，不久之后又有了三女儿霍迪娜。

从鲍德温二世不间断给予妻子和女儿们的荣耀和尊重可以看出，这个不寻常的中世纪家庭里有多么强大的纽带。1118 年 4 月即位成为耶路撒冷国王时，他将加冕仪式推迟到 12 月，就是因为那时妻子和女儿们才能被安全地送到他身边。莫菲娅和鲍德温二世于 1118 年圣诞节在伯利恒的圣诞教堂一同加冕。

选择莫菲娅为妻是明智之举，她既是彻头彻尾的基督徒，也是彻头彻尾的东方人，这给鲍德温带来了前任君主所缺乏的合法性和宗教上的联系。他的孩子们有一半的亚美尼亚血统，是十字军骑士和东正教会的女儿，这使她们在治理多元文化的耶路撒冷王国时有着独特的优势。

被囚的国王

虽然鲍德温很关心孩子，但她们的成长并不顺利。即便在他获释之后，担任埃德萨伯爵期间局势也仍然动荡。鲍德温不但要频繁地与穆斯林敌人交战，还要对付其他法兰克人，与领地中的亚美尼亚人也有着激烈的争执，后者曾多次图谋反对他。这些困难意味着他必须领兵出征，经常与家人分离。

加冕后两年，莫菲娅又生下了第四个女儿伊薇特，这是耶路撒冷在位国王生下的第一个孩子。1123 年，伊薇特三岁时，四姐妹目睹父亲在袭击东安纳托利亚时第二次被俘虏和囚禁。这远比他上一次被俘更引人注目，因为现在他是耶路撒冷国王，也是海外国家中基督教军队的矛尖。抓住他的是土耳其埃米尔巴拉克。

在随后的几个月里，莫菲娅不管是作为妻子还是王后，都表现得很出色。她不愿意丈夫老死在穆斯林的监牢中，看着身边的王国和家庭瓦解，于是设计了一个大胆的营救计划。她相信自己的同胞比安条克的法兰克人更胜一筹，派100名亚美尼亚士兵趁巴拉克不在，潜入他在卡尔帕特的要塞。这些亚美尼亚人扮成僧侣前往卡尔帕特，在长袍下暗藏匕首和刀剑。到达城门口，他们做了一番精心策划的表演，谎称要与总督对话，投诉途中受到的虐待。轻信的警卫打开了城门，这些"僧侣"一进到城里便大肆砍杀见到的所有土耳其人。随后，他们打开了锁住鲍德温和乔斯林的铁链，交给他们武器，一起杀出重围。乔斯林设法趁夜色逃走，但鲍德温还是陷于苦战之中。

莫菲娅的手下释放了囚犯，但她的营救计划远未完成。她的家丁们来到了鲍德温身边，杀死守卫，但还必须安全地出城并越过边界进入基督教领地，这远比行动的第一阶段要麻烦得多。他们已经暴露了身份，此时警报也已发出。全城都已醒悟，土耳其士兵从各个兵营涌来，阻止他们在巴拉克返回之前逃离。

与此同时，巴拉克感觉到卡尔帕特出了事，从幻梦中清醒过来，决心回到他的要塞和那些地位很高的囚犯身边。鲍德温二世和莫菲娅的亚美尼亚特工此时成功地控制了城中心的堡垒，藉此得到暂时的安全，但距离自由仍然很远。巴拉克的部队扑向这座城市，将他们围困起来。鲍德温等人竭力抵抗，拒绝了巴拉克以投降换取自由的甜言蜜语，但最终还是被土耳其人重新抓获。巴拉克免去了这位宝贵的王家囚犯的死罪，只是将他送到更安全的哈兰要塞里，但对胆敢蒙蔽他的守卫、几乎放走宝贵人质的亚美尼亚人毫不留情。他残忍地杀死了这些人，将他们活活烧死或者活埋。

巴拉克没有比这些受害者多活多久，几个月后就去世了，看管鲍德温的责任交到了他的亲戚蒂穆尔塔什手中。蒂穆尔塔什不喜欢节制不安分的耶路撒冷国王这项责任或者义务，因此放出消息，只要有合适的赎金就会释放他。

此时，莫菲娅已经北行，尽可能靠近被囚禁的丈夫。她和逃出来的库特奈的乔斯林一起，与蒂穆尔塔什展开谈判。

蒂穆尔塔什就鲍德温二世提出了8万第纳尔赎金的要求，其中2万第纳尔要预先支付。此外，他要求将阿塔勒布、泽尔达纳、杰兹尔、克费尔塔布和阿扎兹割让给他，鲍德温国王还要承诺在对贝都因人的战争中支持他。蒂穆尔塔什要求的土地属于安条克公国而非耶路撒冷王国，因此由鲍德温放弃这些土地并不合法，但国王还是默许了蒂穆尔塔什的条件。尽管有了这个现成的协议，如此复杂和昂贵的赎回条件不可能一下子满足，如果要交出领土和派遣军队，鲍德温二世就必须能自由地发布命令。2万第纳尔的预付款按照要求支付了，但根据安排，必须提供地位较高的人质，以保证其他条款能够得到遵守。蒂穆尔塔什要求以国王的幼女伊薇特作为人质，并且不允许任何反对意见。

伊薇特公主的磨难

蒂穆尔塔什要求以年幼的伊薇特作为人质的原因尚不清楚。或许是因为她是鲍德温最不重要的女儿，因而更可能达成协议。不过，更有可能的解释是，她在王室中享有特殊地位。也许，她是父亲最为钟爱的幼女。这与我们掌握的证据相符，鲍德温二世曾在伊薇特被囚期间多次安排人到沙伊扎尔探望。而且，伊薇特是父母统治耶路撒冷期间出生的唯一一个女儿，因此是唯一享有"紫生继承权"①的公主。她刚强的母亲为了丈夫和王国，同意了这一要求。这次分离不仅给伊薇特和母亲，也给她的三个姐姐梅利桑德、艾丽丝和霍迪娜带来了伤害。

被囚16个月之后，鲍德温二世于1124年8月29日获释。耶路撒冷王国因为国王的归来而松了一口气，但鲍德温并没有轻松的理由。囚禁期间，他每周只能吃两顿饭，一直目睹同伴们遭受酷刑，尽管现在逃脱了牢狱之灾，但最小的女儿实际上和他互换了位置，他完全知道，孩子现在也将遭受同样的折磨。乔斯林也被迫交出10岁的儿子作为人质。两位父亲现在面临痛苦的选择，保住自己的领地，还是安全地接回自己的孩子？

---

① 紫生继承权是东罗马（拜占庭）皇室继承的一种规则，即出生在皇家紫色寝宫的皇子（公主）有优先继承权。——译注

鲍德温显然深爱着女儿，但他的下一步行动却以伊薇特的生命作为赌注。他没有回到耶路撒冷与莫菲娅和其他几个女儿团聚，而是违背了赎回自己的协议，并为此冒了巨大风险；蒂穆尔塔什的其他人质中，有两人因此而死。鲍德温没有按照承诺，与蒂穆尔塔什联手打击贝都因人，而是与贝都因人结盟对抗蒂穆尔塔什，向阿勒颇进军。沙特尔的富尔彻声称，鲍德温这么做的动机之一就是试图迫使蒂穆尔塔什释放伊薇特。这次围攻战旷日持久，最后成了一场惨败，经过四个月徒劳的努力，国王最终回到耶路撒冷的莫菲娅身边，这时距离他被俘已过去了两年。蒂穆尔塔什为何没有处死伊薇特以报复阿勒颇围攻战尚不清楚，或许他知道，这样的打击可能使政治事件变成个人恩怨。如果他伤害了小女孩，不仅绝无可能拿到剩余的赎金，还将激起整个耶路撒冷王国对他的愤恨。

　　尽管父亲悍然无视赎金条款，甚至与贝都因人结盟对抗蒂穆尔塔什，伊薇特最终却没有受到伤害，但这一插曲还是给她的余生投下了阴影。同时代的一部编年史称，伊薇特遭到了看守她的萨拉森人的"侵犯"。这样写是为了激励更多的西方骑士加入十字军前往东方，因此性虐待的说法可能是为了令西方读者震惊而编造的。不过从表面上看，伊薇特在作为人质的时候遭到"玷污"的事实仍然存在。她的三位姐姐梅利桑德、艾丽丝和霍迪娜订立了重要的婚约，而伊薇特却进了一所修女院。13世纪法国史书《海外国家史》暗示，这一决定就是因为伊薇特被囚时发生的事情。在中世纪骑士眼中，一位信奉基督教的女子被穆斯林扣作人质，这一经历本身就是个污点，不适于基督教婚姻。

伊薇特遭到这样的对待，以及这次交易的形式，使人们对迄今为止鲍德温二世忠诚父亲和家主的形象提出了很严重的质疑。如果我们相信他的这一形象是真实的，那么就更能说明莫菲娅和鲍德温被劝说与最小的孩子分开时，有多么绝望。鲍德温可能相信蒂穆尔塔什不会伤害伊薇特的承诺，但他却选择背约，此举很可能导致蒂穆尔塔什杀死女孩。对于其他方面都堪称典范的鲍德温二世来说，这一幕无疑给他的形象蒙上了重重阴影。

1125 年，被囚近一年的伊薇特回到家人身边，她那时年仅5 岁。提尔和阿扎兹围攻战 ① 取胜之后，她的父亲劫掠了阿扎兹城，筹集资金支付了女儿的赎金。莫菲娅终于迎回了她的小女儿。不过，与伊薇特团聚后没几年，莫菲娅就因自然原因在耶路撒冷王国去世。

在生命的最后几年里，莫菲娅与丈夫的关系想必相当紧张。伊薇特是她怀上的最后一个孩子，这可能是因为莫菲娅年事渐高，也因为她在生命的末段和丈夫再度分离，每次都历时几个

---

① 提尔围攻战是在鲍德温被囚期间打响并取胜的。——原注

月甚至几年。鲍德温二世是个不知疲倦的军人，这种特质使他成为一位成功的国王，但他的妻子也注定要度过困难的日子。

丈夫和女儿们都为莫菲娅的死而哀恸。此外，她的去世也意味着，她不可能生下儿子继承这个王国了，这是一件引人注目的事情。鲍德温二世并没有像人们想象的那样，在相伴 25 年的妻子去世后再婚。他不再婚的决定首先意味着，他的女儿们现在是耶路撒冷王国无可争议的女继承人，其次意味着，在莫菲娅去世到女儿继位的五年间，耶路撒冷没有王后。人们完全可以将鲍德温的决定视为对亡妻忠诚的表示。根据当时的习俗，作为一位身体尚很健康的男子，他有责任再婚，为王国培养更多继承人——希望最后有一个儿子。然而，他至死都保持独身，甚至从未谈过再娶的事情。

莫菲娅被安葬在约沙法谷的圣玛丽本笃会修道院。这个修道院是由布永的戈弗雷出资修建的，选址在人们认为的圣母玛利亚陵墓所在地。莫菲娅选择这里作为墓地，为耶路撒冷王后与丈夫葬在不同地方开创了先例。鲍德温二世将按照先辈的传统，在圣墓教堂举行国葬。对于与丈夫经历漫长婚姻生活的一位王后，莫菲娅选择分葬是一件奇怪的事情。婚姻的最后几年，由于鲍德温再度被俘和失去伊薇特，他们的关系可能恶化了。

但是，这不一定是实情。任何到访过这座修道院的人都会理解，莫菲娅为何选择这个特殊的宗教场所而不是圣墓大教堂作为她的安息之处。这座修道院位于橄榄山脚下，远在耶路撒冷旧城城墙之外。圣墓教堂位于旧城中心，露天市场外围，到处都是朝圣者和游客，看起来更像是一个喧闹的宗教市场，而不是可以深思和与上苍对话的地方。12世纪也肯定是如此景象，与现在一样，耶路撒冷是全球基督徒的朝圣中心，也是战争的目标。相反，圣玛丽修道院更安静、昏暗且充满了熏香的味道。莫菲娅选择的安息处是一座附属小教堂，位于庞大的楼梯左侧、几座其他礼拜堂之下，有一个并不起眼的穹顶。她的陵墓被光滑的石墙和上方修建的圣徒祭坛所掩盖，已不为游人所见。对于一位在政治生活中没有发言权，但真正虔诚并有四个女儿的王后而言，圣母玛利亚陵墓所在地似乎是合适的安息之所。

不管莫菲娅选择这个位置的理由是什么，都是一个幸运的决定。圣墓教堂的耶路撒冷诸王陵墓被摧毁了，圣玛丽教堂却留存了下来。人们仍然可以前往埋葬莫菲娅的小礼拜堂，瞻仰她安息的壁龛。她去世的日子（10月1日）记录在属于大女儿梅利桑德的一部精美诗集里。虽然记录中没有写出年份，但很可能是在1127年。莫菲娅的遗产影响深远，她留下了4个令人敬畏的女儿，也给十字军诸王国留下了亚美尼亚文化的印记。

史蒂文·朗西曼是一位深受人们喜爱、极具想象力的十字军历史学家，他将鲍德温和莫菲娅描述成"幸福婚姻的完美形象"。从这种说法中很容易感受到些许讽刺的意味，因为对他们的关系做此分析当然是笼统、肤浅的。虽然人们很容易将其漫长而成功的婚姻视为和谐的证明，但这样做忽略了他们之间关系的复杂性，以及他们必须跨越的许多障碍。鲍德温与莫菲娅结婚是为了钱；1114年，他将亚美尼亚人——莫菲娅的同族——赶出了埃德萨；他还两次因为毫无必要的突袭被俘，留下孤立无援的莫菲娅和年幼的孩子们。鲍德温囚禁期间，他们不得不忍受长达五年的分离，最终莫菲娅被迫在人质谈判中放弃了伊薇特。莫菲娅所承受的压力，以及这些事件对他们的关系造成的影响，都只能猜测。

尽管如此，这对夫妻之间显然存在着强大、深厚的纽带。他们彼此忠诚，鲍德温与妻子共治的漫长岁月，以及莫菲娅为了他的获释而做出的努力，都足以证明他们的关系。

王国的女继承人

尽管鲍德温用小女儿的生命冒险，但缺位两年后回到耶路撒冷时，他没有再赌上女儿们的未来。伊薇特获救之后，他小心翼翼地确保年长一些的几个女儿能找到合适的夫君。他特别在意早熟的长女梅利桑德的婚事。被选为梅利桑德夫婿的人将是下一任耶路撒冷国王，因此首要的不是为公主找到一位"登对"的夫君，而是要为王国找到一位能干的统治者。梅利桑德需要的是一位能带来财富、士兵和领导能力的丈夫。

梅利桑德的父亲在她的整个童年时代都很关心她。鲍德温二世登上王位时，她13岁，从那天起，她就成为了耶路撒冷国王的女继承人。1129年3月，鲍德温二世发布了圣体安置所章程，梅利桑德对此表示赞同："国王的女儿梅利桑德对此赞不绝口"。这说明梅利桑德积极参与政治活动，出席最高议会的会议，并接受继承人应有的训练。此后不久，她的地位明显提高了，在一份类似的文件中，她被称为"国王的女儿、耶路撒冷王国的女继承人梅利桑德"。这对中世纪的公主来说是不常见的荣耀和地位，除此之外，我们也能由此看出鲍德温对继承权的最终想法。

拉丁东方还没有确定任何有关继承权的规则，女性继承也确实面临特殊的难题。在此之前，王位先传给了兄弟，然后又传给了堂弟，这是基于方便的原则，以及国王去世时是谁到场提出合理要求。由于耶路撒冷王国的前两位统治者去世时都没有子嗣，王冠由父母到子女代代相传尚无先例。鲍德温二世以确立这种传统为己任，将他的王国留给了女儿。

不管梅利桑德有什么样的个人特质，也不管她与父亲关系如何，鲍德温都不可能指定她为耶路撒冷王国的唯一继承人。虽然女性在海外国家开始享有更大的自由，这个地区的继承法也较为自由，但没有结婚的女性仍然不能继承王位。耶路撒冷国王是个不断受到骚扰的军事化国家。君主必须同时担任军事和政治领袖，能够披挂上阵、领兵作战。即便对于梅利桑德来说，这一步也太远了。因此，必须为她找到一位夫君，这个人必须是贵族们能够接受的，还必须是个强大的男人，足以捍卫梅利桑德和孩子们的利益。海外国家的贵族们桀骜不驯、自私自利，他们有的工于心计，有的轻率鲁莽，需要一位强有力君主的约束。为梅利桑德选婿是国家大事，这一决定应该由国中主要的贵族和梅利桑德的父亲共同做出。

人们确定，对王国来说，与法兰西贵族有密切联系、有能力将新一波作战人员带到东方的西方人是最有利的人选。最高议会经过商议，派出一名使节前往西方，寻找合适的候选人。鲍德温以阿科和提尔这两座富饶的海滨城市作为鱼饵，谁成为了梅利桑德的夫婿，就可以终生拥有它们。这是非常慷慨的条件，因为这两个城市集中了耶路撒冷王国的大部分财富，是宝贵的通商口岸。

最终被选中的男子是安茹伯爵富尔克。他是中世纪欧洲的大富豪，久经沙场的十字军骑士。他的年纪也比未婚妻大得多，外貌更是无法匹敌。尽管与梅利桑德的婚姻很有吸引力，但富尔克并不愿意放弃在法兰西的权势，为了耶路撒冷王位的承诺而远道前去娶一位自己几乎一无所知的女子。这可能就是在开始为公主寻找夫婿时，在宪章和宫廷文件中提供其地位，明确指定她为王国女继承人的原因。考虑与她结婚的男人们都希望确定，他们通过这桩婚姻可以进入继承人的行列。

为了确定这一点，在富尔克和梅利桑德婚礼上起草了一份由贵族们联署的协议，规定富尔克将继承鲍德温的权力。梅利桑德成为了局外人，或者说看起来是这样的。富尔克希望在放弃法兰西的土地之前，鲍德温的王位和梅利桑德作为唯一、无可争议继承人的地位都能得到确认。除了梅利桑德在官方文件中被指定为继承人之外，当时的教皇洪诺留二世给鲍德温去信，确认他的王位并向他推荐富尔克。

富尔克抵达东方时，"有一队体面的贵族随从相伴，其堂皇威仪超过了国王"，婚礼于 1129 年 6 月 2 日盛大举行。提尔的威廉和其他宫廷编史者都认为不必记录海外国家王家婚礼的细节，很可能是因为他们认为读者都熟悉庆典的风格。相反，12 世纪从安达卢西亚前往圣地旅行的穆斯林作家伊本·朱贝尔在那里目睹了一场基督教婚礼，为其盛况所震撼，详细地描述了这一事件，我们可以从中推断出梅利桑德的婚礼是什么样子。他描述了新娘在两名男性家族成员护送下从家门走出的情景。朱贝尔在写作中对基督徒充满仇恨，但对他来说，这位新娘是一个可爱的幻象，令他惊艳：

她身着最为优雅的衣装，后面拖着长长的金色丝绸裙裾，头上的金冠覆盖着金丝编织而成的网，胸前也有类似的装饰。她为自己的服饰而自豪，踩着小碎步，像一只鸽子或是云彩般地前行。若没有神的护佑，我们简直无法抵御这一情景的诱惑。

走在迷人的新娘之前的，是一群乐师，他们演奏着欢快的音乐，来庆祝这一时刻。他们身后是穿着最名贵服装的男性贵族行列，接着是新娘和她的男性亲属，再往后则是贵族女性和新娘的女性亲属，他们也都锦衣华服，炫耀着自己的财富。这支典雅华贵的队伍领着新娘，穿过目眩神迷的围观群众（穆斯林和基督徒都有）来到新郎的府邸。婚礼是一场贯穿整天的盛宴。这不过是一场富人的婚礼而非王家婚礼，其盛大隆重的程度就足以令伊本·朱贝尔目瞪口呆。要知道，朱贝尔并不是毫无见识的人，他来自于摩尔人治下的安达卢西亚中最为富庶的城市格拉纳达，刚刚游历了宏伟的大马士革、巴格达和其他东方大城市。

梅利桑德与富尔克的婚礼遵循类似的模式，但更隆重、更奢华。梅利桑德也穿上了一件金色丝绸服装，而且饰以大量东方风格的宝石，她全身上下珠光宝气，彰显着王国女继承人的地位。出席婚礼的贵族们是这块土地上最显赫的人物，包括国王——她的父亲，走在她身后的女性包括妹妹霍迪娜和伊薇特，她们同样以珠宝和上好的丝绸服装展现财富与地位。举行婚礼的教堂不是阿科的大教堂，而是圣墓教堂，而她在人群簇拥下走出的房子，则是耶路撒冷王国的王宫。这是世间罕见的一场辉煌的婚礼。

梅利桑德是鲍德温的女儿中第二个出嫁的，1129 年与富尔克结婚时，她的妹妹艾丽丝已在三年前嫁给博希蒙德二世，成为安条克亲王夫人。梅利桑德成婚时已经 24 岁，她与富尔克的婚姻生活有个不错的开端，鲍德温为富尔克在王国的治理中留了一个位置。这场婚姻成功的最确实证据就是婚礼之后的一年内，他们就有了一个儿子，取了与外祖父一样的名字：鲍德温。耶路撒冷终于有了一位直系男性继承人。

玛蒂尔达皇后

富尔克从他在西方的权力基地带来了一些显赫的关系，其中之一就是，他是英格兰女继承人玛蒂尔达（亨利一世最小的女儿）的公公。

1114年，还是个孩子的玛蒂尔达就离开英国前往德国生活，并嫁给了神圣罗马帝国的皇帝。在她离开后，哥哥威廉成为了父亲的王位继承人，对这一继承似乎也没有什么争议。但是，灾难来临，1120年冬天，玛蒂尔达的哥哥乘坐的船在横渡英吉利海峡时沉没于巴夫勒尔近海，使英格兰陷入了一场史无前例的继承权危机。有传言称，船长本已设法浮出水面，但看到王子溺死，他不愿面对愤怒的老国王，自沉于波涛之下。现在，亨利一世国王没有任何男性继承人。而且，没有人愿意考虑让玛蒂尔达成为英格兰的女继承人，因为她嫁给了亨利五世皇帝，将英格兰置于德意志皇帝妻子的手中，会导致独立的英格兰王国被帝国吞并。

亨利五世于1125年突然驾崩，玛蒂尔达成为寡妇，可以再嫁，也因此避开了这些反对意见，成了父亲治下王国的合法继承人。1127年，她奉召回到父亲的宫廷，被宣布为英国王位的女继承人，王国的所有贵族都被迫宣誓支持她。

与梅利桑德一样，玛蒂尔达选择的丈夫也极其重要。亨利一世和鲍德温二世一样，都对安茹伯爵的特质印象深刻，因此安排了玛蒂尔达和安茹的富尔克之子、继承人戈弗雷的婚事。正如梅利桑德和富尔克的婚姻那样，这对夫妻之间也存在年龄差距，不同的是24岁的玛蒂尔达是年长的一方，她嫁给了一个只有15岁的少年。婚礼于1128年6月7日在勒芒举行。而就在三周之前，富尔克当众拿起十字架，誓言将前往耶路撒冷。

亨利一世将王国交到女儿手上，这也成为了鲍德温二世宣布梅利桑德为继承人的模板。在玛蒂尔达被承认为亨利的继承人之后，梅利桑德作为鲍德温继承人的身份才正式得到承认。安茹的富尔克对这两个决定都表示支持；第一项决定有关儿子的婚姻，第二项则与自己拟议中与梅利桑德的婚姻有关。很可能是他坚持要梅利桑德得到玛蒂尔达在英格兰的那种承认，以确保她的继承权。西方对女性继承权的承认为梅利桑德在东方的继承铺平了道路。

然而，玛蒂尔达尽管嫁给了戈弗雷，并得到了父亲的支持，但在盎格鲁－诺曼贵族中却不是一个受欢迎的选择。他们拒绝接受女性统治和安茹国王的想法。而且，由于玛蒂尔达在性格形成的时期成长于德意志宫廷，人们更多地认为她是德意志人而非英格兰人。因此，虽然玛蒂尔达的继承权成为梅利桑德的榜样，但在主张自身权利时遇到了更多的麻烦。1135年，玛蒂尔达的王位被表兄布洛瓦的斯蒂芬篡夺，也使英格兰陷入了14年的内战（1139—1153），而梅利桑德和丈夫在取得王位时几乎没有遇到阻碍。尽管如此，他们继承王位也并不像富尔克预测的那么顺利。

国王的遗愿

1131 年 8 月，鲍德温二世身染重病。不断的战争与奔波令年老的国王筋疲力尽、奄奄一息。他从王宫里被转移到圣墓教堂隔壁的牧首府邸。接受临终祈祷和忏悔之后，鲍德温二世的思绪又一次转到了继承权上。

他将梅利桑德、富尔克和他们的儿子，以及包括耶路撒冷牧首在内的少数重臣召到病榻之侧。在这些人的见证下，他草拟了一份新的诏书。这份诏书由虚弱的国王独自签署，贵族和教会均未参与，它改变了耶路撒冷王国的未来，也永远地改变了女性在中世纪中东地区的地位。

莫菲娅和四位公主

鲍德温二世的新遗嘱规定，耶路撒冷王位的继承权将在梅利桑德公主、她的丈夫富尔克和幼子（未来的鲍德温三世）之间平均分配。在这肃穆的场面之中，尽管这一令人震惊的改变尚未得到贵族们的认可，但安茹的富尔克也不敢提出任何反对。在家人和支持者簇拥下，一位国王已近弥留，这不是他的女婿开始就此前的协议提出抱怨的时机。鉴于当时的情况，或许富尔克并不认为这份新遗嘱具有法律约束力，但这份文件尽管来得非常蹊跷，几乎忽略了所有法律程序和惯例，但依然有着很大的影响。

就妇女在海外国家社会中的地位而言，这一事件的意义几乎无与伦比。富尔克无疑认为，王冠和王权只会传给他，分享权力是当时的人们完全不熟悉的概念。否则，为什么他会不顾在法兰西的丰厚财产，与梅利桑德在不稳定的海外国家成婚？事实上，鲍德温选择将国王的权力遗赠给他的女婿（他收养的男性继承人）身边的女人，说明他坚守"母系"路线和同族继承，而非男系继承。除此之外，这也是对女性在家庭之外能力的正式承认。梅利桑德是在父亲身边成长的，从小时候起她就得到了最高议会的支持，具有重要的政治地位。父亲了解她的特质，遗诏也是对此的正式承认。人们当然可以认为，鲍德温二世的这一策略只是为了确保外孙的继承权，梅利桑德的权利只是保全年幼的鲍德温三世的一种工具，但鲍德温二世是个坚定、务实的统治者。即便他的最终目标是鲍德温三世的继承权，他在做出这个决定，让女儿分享权力的时候，也必然相信她能够捍卫王国和家族的利益。

实际上，鲍德温二世将继承权均分给三位继承人的做法在他刚去世时没有产生什么后果。此举当然不意味着王国将划分成三个部分，属于一个男人、一个女人和一个孩子。即便三人中的每个人都分得相同的权力，这个王国也不会分裂，富尔克仍将享有名义上的统治权。鲍德温的遗嘱给了梅利桑德权威，但并不一定赋予她权力。不过，在象征意义如此重要的时代和地区，这仍是一个十分引人注目的策略，垂死的国王想必深知这一点。

鲍德温二世心中似乎顾虑重重，他可能觉得除了临终的肃穆场合之外，如此狡猾的政治伎俩都无法侥幸成功。因此，他一直等到富尔克无法理直气壮地提出反对，且许多最好争执的贵族不在场的这一刻。

我们必须要提出一个问题：到底是什么促使鲍德温在临终前对遗嘱做出如此修改？主要的原因有两个。第一个原因很好理解：他希望确保王权留在自己的血统之中，也就是原十字军骑士的血统之中。第二个原因更为复杂，与耶路撒冷王国和周边公国的不稳定与脆弱有关。穆斯林对手的威胁巨大，将统治权留给富尔克这种素有争议的人物是非常冒险的。尽管他有着高贵的血统、巨大的财富，以及在海外国家的经历，但对于当地贵族而言，他不过是个外来者，无法理解该地区错综复杂的内部政治形势。富尔克终其一生，在精神和忠诚度上都更像西方人而不是东方人。鲍德温肯定已经看出，同时将权力传给出生时就是海外国家公主、以耶路撒冷继承人的身份成长起来的梅利桑德，是更明智的做法。

富尔克的大批随从骑士给王国的贵族们留下了深刻印象，但这些随从也带来了复杂的问题。他们都希望在东方得到土地、头衔和其他特权，作为忠诚和服务的报酬。这些移民涌入海外国家，在巴勒斯坦的贵族们中引发了不同的情绪，他们开始担心自己的财富、工作和土地遭到威胁，对富尔克及其追随者保持警惕，可能还会将其当成不受欢迎的入侵者。

鲍德温二世深知这些潜在的冲突，因此认为将王权授予富尔克一人是轻率的。他允许梅利桑德分享王位，就能确保其他情况下统治者突然变更的现象不会出现，也能保证海外国家贵族的团结。

这种团结是非常有必要的。耶路撒冷王国的敌人正开始团结在总督（塞尔柱人称为"阿德贝格"）赞吉周围，产生了远比以前更严重的威胁。随着赞吉的崛起，他的势力从摩苏尔延伸到阿勒颇，这一地区不同的穆斯林团体开始团结在一个指挥官之下，更齐心地抵抗基督徒。

据传，赞吉是德意志公主艾达的儿子，艾达是奥地利边疆伯爵夫人，于1101年的赫拉克勒亚之战中被俘并送到后宫，成为一位穆斯林领主的性奴。不过，这种说法很难令人信服，只是十字军传说和民间故事的一部分，说明这位善战的穆斯林王子充满着神秘感。赞吉一生以残暴闻名，不仅在战场上，在自己的宫廷里也是如此。他是个高大的男子，有"一双令人融化的眼睛"。赞吉是削弱和击败东方法兰克人的三位穆斯林英雄之一，另两位一是他的儿子努尔丁，二是萨拉丁本人。

穆斯林方面的资料通常倾向于过分的陈词滥调，以及对英雄人物的赞美，但赞吉却没有得到这种待遇，从一开始就被描绘成野蛮的暴君。据乌萨马·伊本·蒙奇德叙述，每当有一名士兵开小差，就会有两个无辜的人被砍成两半作为惩罚。另一位编年史家记录道，赞吉有一次酒后发怒，抛弃了一位妻子，并看着她在马厩里遭到马夫们的强暴。他令自己的人民和敌人同样感到恐惧。

话虽如此，编年史作者们也敬佩他的丰功伟绩：他是一个不知疲倦、卓有成效的军事领导人，一生中赢得了"英雄""信仰战士""猎鹰王子"等称号。伊本·艾西尔认为，赞吉是伊斯兰世界一直期待的领袖，也是抵抗法兰克人的先锋，正是他促使伊斯兰世界团结起来将法兰克人逐出东方。艾西尔在他的编年史中热情洋溢地写道："真主希望指派一位能够报复法兰克人恶行的人【……】他没有看到任何人比这位领主更有能力完成此项命令，没人比他更坚定、目标更明确、眼光更敏锐。"鲍德温二世在位末期和梅利桑德掌权初年，赞吉是法兰克人的主要对手。事实将会证明，他是一个凶残的敌人。

1128年，赞吉经过努力，夺取了战略上十分重要的叙利亚城市阿勒颇，确立了对基督教徒的真正威胁。对赞吉扩张行为及其影响的恐惧，很可能是促使鲍德温二世推进梅利桑德与富尔克婚姻的首要原因。鲍德温急于确保继承权的安全，为他的继承人寻找一位强有力的伴侣，并确保她能生下一个儿子。除此之外，鲍德温二世在位末期，海外国家长期缺乏人力。十年前的1119年，阿勒颇前统治者曾在与安条克公国的一场激烈战斗中取得决定性胜利，此战被称为"血地之战"。这是一场给海外国家基督徒带来严重长期后果的惨败，因为安条克的绝大多数精锐部队遭到歼灭，这座城市也在一夜之间成了"寡妇城"。

鲍德温二世不想将王国留给不受欢迎的富尔克，从而进一步削弱基督徒在东方的地位。更好的办法是同时将权力留给女儿，梅利桑德有一半的亚美尼亚血统，完全是在东方成长的，能够得到本地贵族的效忠，她的血统与本地区土生土长的基督徒也有着联系。

女性继承权在中世纪世界是个敏感的话题。这与社会所遵循的父权原则相悖，因此，在欧洲和中东，将女性作为王国继承人的想法都是不同寻常的。在这两个地方，此类想法都是很冒险的，结果也彰显了两个地区情况的不同，耶路撒冷的鲍德温二世的遗嘱是有效的，而英格兰的亨利一世则没能做到。由此可以看出，梅利桑德能够成为耶路撒冷女王的主要因素之一是所处地区的不稳定局面。事实证明，正是因为海外国家渴望稳定和持续性，加上男性继承人的缺乏，才造成了梅利桑德和富尔克顺利继承，而玛蒂尔达和戈弗雷却举步维艰的这种差异。

鲍德温二世将权力均分给富尔克、梅利桑德和年幼的外孙，还有一个关键的原因。他或许困扰于一种非常现实的可能性，那就是富尔克试图摆脱梅利桑德，迎娶另一个女子，因此鲍德温希望让梅利桑德拥有自己独特的世袭权利。由于他建立的"三足鼎立"局面中包含年幼的鲍德温三世，如果梅利桑德去世，或者富尔克停妻再娶，那么王位不会传给富尔克再婚后的任何后代。

鲍德温二世和埃德萨的乔斯林（1131 年去世）是初代十字军骑士的代表人物，他们是耶路撒冷王国的缔造者和捍卫者。这些人放弃了西方的生活，经历一个艰险的旅程，创造了新生活。他们克服了极大的困难，多次冒着生命危险，并看着朋友和同袍死去，终于开辟了一块本不存在的基督教领地，并在穆斯林的不断攻击下保住了它。富尔克是个局外人，尽管他曾于1120年访问圣地，但不像梅利桑德那样流淌着耶路撒冷的血液，也不像鲍德温那样，为这片土地洒过热血。对鲍德温和他的贵族们而言，将来之不易的耶路撒冷传给一位不曾为之受苦、为自己赢得特权的西方骑士，是不恰当的。

除此之外，我们应该回到鲍德温将王国留给女儿的初衷，也是最显而易见的原因：他为女儿骄傲，也承认她的能力。梅利桑德在动荡的为政期间展现了力量、魅力和"不同寻常的智慧"，这些特质无疑在年少时就已开始表现出来。

除了个性之外，梅利桑德相比富尔克还有多种自然的优势。通过母亲与亚美尼亚人和希腊正教会的联系，她已经赢得了最高议会和当地人的忠诚，这些人包括西方基督徒、亚美尼亚人和希腊正教徒。梅利桑德童年的大部分时间里，鲍德温都被囚禁或者外出作战，因此培养她成长的任务主要落在莫菲娅肩上，这无疑使她熟知东方基督教徒的习俗。

然而，比鲍德温允许梅利桑德继承王位的原因更重要的，是梅利桑德捍卫和维护王位的能力。一般的女子可能只会屈从于丈夫的意志和当时的习俗，让本该属于自己的权力与丈夫的权力融为一体，从不敢表达或执行自己的观点。梅利桑德走的是一条截然相反的道路，而且在捍卫耶路撒冷女王的世袭权力时毫不妥协。

尽管鲍德温的临终遗嘱与法不合，但梅利桑德和富尔克还是于 1131 年 9 月 14 日在圣墓教堂共同受膏并加冕。

第 2 章　艾丽丝，叛逆的安条克亲王夫人

艾丽丝和博希蒙德：天作之合？

　　莫菲娅的第二个女儿艾丽丝一生中有过三个名字。她出生的时候是"埃德萨的艾丽丝"，成年时是"耶路撒冷的艾丽丝"，去世时是"安条克的艾丽丝"。她是四姐妹中第一个出嫁的，那是母亲去世的那一年（1127），当时她17岁，住到了耶路撒冷以北数百英里安条克城内的婚房里。

　　安条克是基督教东方的明珠。它一度是东罗马帝国的首都，由亚历山大大帝手下的一位将军建立，中世纪时期，这座城市及其周围领地成为拜占庭帝国、塞尔柱土耳其帝国和奇里乞亚亚美尼亚王国之间的重要边界。虽然拜占庭帝国的势力在阿拉伯人历次入侵后江河日下，安条克仍然是十分重要的城市。经过第一次十字军东征期间一次艰苦的围攻战，塔兰托的博希蒙德夺取了这座城市，自立为首任亲王。这座中世纪城市坐落于

一个有着不同寻常的持久之美的山谷里，是世界文化的中心之一。安条克的山巅是一座壮观的城堡，四周围绕着巨大的城墙，在战火肆虐的努尔山脉边境地区堪称天堂。今天的情况仍是如此。它不再依靠高高的拜占庭式城墙抵挡战争和袭击，而是依靠城东仅 20 英里之外已经关闭的土耳其 – 叙利亚边境。

冒险进入伊德利卜①的医务人员、士兵、记者和非政府组织工作人员认为，这座城市是一个安全的地方，也是叙利亚局势动荡后受人欢迎的喘息之所。这座城市远古和中世纪时的荣光已然褪去，但现代安条克（现称安塔基亚）的氛围仍然不减当年，仿佛空气中都弥漫着浓厚的历史气息。如果有人冒险出城，走进周围更加偏远的地区，仍然能发现那一度坚不可摧的城墙，紧紧地贴在山坡之上。最引人注目的是"铁门"的遗迹，它成了跨越现已几近断流的奥龙特斯河的桥梁。"铁门"是幸存下来的安条克城门之一，它挡住了险峻的努尔山脉上一条比较容易通行的道路。从"铁门"横跨的山谷向上看，就可以看到沿两侧山顶延伸的古拜占庭防御工事围墙，那是一道难以逾越的边界。安条克可能一直是商业和文化的天堂，但那里的公民能安然无恙，商业得以繁荣，多亏了这些高墙的保护。更有决心的旅游者仍然可以爬上山坡到达这些高点，沿着拜占庭城墙以及

---

① 伊德利卜，叙利亚西北部城市，距离安条克 90 千米。——译注

远在城市上方的拱门漫步。这些山峰令人畏缩，但并非不可逾越，城墙提供了必要的防护。

1126年秋季，一位青年男子扬帆启航，寻找这个城市。他从意大利南部的阿普利亚出发，渡过地中海前往海外国家。他的母亲是一位以美貌闻名的法兰西公主，父亲则是东征安条克的征服者塔兰托的博希蒙德。提尔的威廉详细地描述了这位男青年：

> 他有一头金发，五官端正。从他的举止上，即使不认识的人也知道他是个王子。他的谈吐令人愉快，很容易赢得听者的喜爱。与父亲一样，他生性慷慨大方，是真正高尚的人。

这位和蔼可亲、前途无量的年轻人就是博希蒙德二世，安条克公国奢华铺张的继承人。虽然这座城市已经经过了几任摄政的手，但真正的继承人是塔兰托的博希蒙德唯一的儿子——博希蒙德二世。经过一系列耻辱的失败，博希蒙德一世以介于逃亡和退休之间的状态归隐意大利。他去世时，儿子还是一个小男孩，因此博希蒙德二世是由母亲——令人敬畏的法兰西的康斯坦丝——抚养长大的。康斯坦丝是卡佩王朝的公主，人们熟知的不仅有她的美貌，还有她的铁血性格。

康斯坦丝掌握了一般西欧妇女所不具备的权力。她要求与第一任丈夫离婚，并令人吃惊地取得了成功，此后嫁给了博希蒙德一世，随他在意大利南部定居下来。丈夫去世之后，她代替尚在童年的儿子摄政。最终，由于格里莫阿尔德·阿尔费拉尼特斯 1120 年发动的起义，她失去了对大部分意大利领地的控制权，被俘虏和囚禁，直到教皇和西西里国王干预后才获释。但是，她获释的条件是收回对巴里的领土要求，放弃代替儿子摄政的权利。

博希蒙德二世在父亲功绩的传奇中长大，知道安条克就在海的那边等着他。成人后，他渴望着主张自己的继承权。

法兰西的康斯坦丝非常关心儿子的成长，不愿他离开前往海外国家。从实际的角度，这种担忧完全合理：年轻男子在东方的预期寿命并不乐观，安条克的情况更加糟糕。因为那是一个边疆邦国，死亡率更高，留存至今的大量城堡和防御工事就可以证明，那里的局势很不稳定，需要防御。博希蒙德 11 岁时，安条克军队与阿勒颇军队之间灾难性的"血地之战"的消息传到了阿普利亚，这是基督教军队的一次惨败。一天之内，安条克的精壮男子几乎都被屠杀殆尽。这场屠杀的惨烈程度和失败的消息令整个海外国家惊恐万状。在此之前不久，另一场灾难袭击安条克：这座城市毁于一场强烈地震。法兰西的康斯坦丝一点都不想将唯一的儿子送去统治这样一个不稳定的地区，也就不足为奇了。

奥德里克·维塔利斯是同时代的盎格鲁-诺曼史学家，他笔下的康斯坦丝"是一位焦虑的母亲，她拖住了儿子的脚步，直到【他】从她的枷锁中逃脱"。确实，直到母亲于 1125 年秋季去世，博希蒙德才在第二年实现了前往东方的梦想。服孝之后，博希蒙德率领一支由 24 艘船组成的舰队，满载着士兵和马匹，前往海外国家。他最终摆脱了母亲的控制，开始主张其世袭领地并独立统治，不再受到女性亲属的影响。

耶路撒冷的艾丽丝公主在等待博希蒙德到来时，心中想必夹杂着期待和恐惧。这位铺张成性的王子将成为她的丈夫。他抵达圣地的消息流传了许多次，但每次都证明是虚假的流言。然而，1126 年博希蒙德和他的舰队确实在海外国家登岸了，鲍德温二世和艾丽丝等待着在安条克迎接他。

鲍德温二世与博希蒙德二世期待已久的会晤注定有着重要的政治意义。自 1119 年的"血地之战"以来，安条克一直群龙无首。鲍德温二世国王曾以摄政身份接管此地，但他需要兼顾耶路撒冷和安条克，正如他急于摆脱安条克的重担，这里的人民也渴望着一位专注的领袖。博希蒙德二世是身份尊贵的王子，有着原来征服这里的英雄的血统，他的到来似乎是一个天赐良机，也预示着秩序的最终恢复。

作为耶路撒冷国王，鲍德温二世在海外国家中拥有最高的世俗地位，也已经证明自己既是一位统治者，也是一位外交家。他拥有权威，也有实际的权力，所有附庸和该地区的贵族都忠诚于他。他可以为博希蒙德二世提供宝贵的建议，以及对治理安条克、抵挡阿勒颇军队进攻的洞见，但他对这里也十分厌倦了。鲍德温二世必须将注意力转回耶路撒冷事务，以及他自己的继承人问题。因此，他需要博希蒙德，主要不是因为后者的个人特质，而是他从阿普利亚带来的骑士，以及作为博希蒙德继承人从安条克城公民那里得到的忠诚。同样，博希蒙德也需要鲍德温。他需要后者的专业意见、保护，如果他想兵不血刃地得到父亲的遗产，也需要鲍德温的善意和合作。这个王国的命运系于两代人的此次会晤。

安条克的博希蒙德二世可能成为耶路撒冷王国最大的盟友，也可能成为最危险的对手，这取决于鲍德温如何应用其外交手腕。如果博希蒙德二世与父亲有几分相似，那么就必须非常小心地对待他。

鲍德温二世是位经验老到的军人和外交家，他从容不迫地接受了这些挑战。他召来二女儿艾丽丝，一同前往安条克等待博希蒙德二世，以极尽殷勤的态度迎接后者，确保他们的关系从一开始就走在正确的道路上。会谈进行得很顺利。王子乘船进入圣西米恩港，随后从海边沿奥龙特斯河上溯。抵达安条克城时，鲍德温和艾丽丝率领全城百姓，以盛大的典礼迎接他，百姓们欢欣鼓舞，为博希蒙德的继承人终于来到这里而感到欣慰。欢迎他的，还有长长的游行队伍和一场盛宴。

奢华的庆典过后，鲍德温二世国王正式向博希蒙德二世提出，将自己的女儿艾丽丝嫁给后者为妻，不过从他们结婚的时间来看，这件事可能是在博希蒙德抵达安条克后很长时间才商定的。作为父亲，鲍德温二世可能为第一个孩子出嫁而感到些许焦虑，但都会因为这是一个天作之合而得到缓解。这对小夫妻年龄只差不到两岁，而且博希蒙德长相英俊，性格讨喜，令人印象深刻。

提尔的威廉和埃德萨的马修都为这个年轻人大唱赞歌，将其描述为"不蓄胡的二十岁少年，却是一位英勇无敌的战士，身材高大，一头金发下是狮子般的脸庞"。马修是一位亚美尼亚编年史作者，鉴于博希蒙德二世对奇里乞亚亚美尼亚王国发动的侵略战争，他本有充足的理由厌恶此人，因此他对年轻王子的赞赏令人惊讶。嫁给博希蒙德二世之后，艾丽丝的地位超过了姐妹们，16岁就成为了安条克亲王夫人，远比梅利桑德梦想成为耶路撒冷女王的时候早。艾丽丝可能早已显露出她的巨大野心，这次婚姻暂时满足了她对地位和权力的渴望。

无论如何，博希蒙德二世显然很喜欢他的新娘，婚礼匆匆地在安条克举行，但充满了喜悦之情。婚礼后，博希蒙德二世坐上王位，加冕成为安条克亲王。经此典礼，艾丽丝也成为安条克亲王夫人。鲍德温二世大功告成，高兴地返回耶路撒冷，他无疑松了一口气，可以放弃这个充满麻烦的公国的摄政职位，再次将注意力转向耶路撒冷的事务。

熟读中世纪的档案记录，就可以看出这桩婚姻很成功。两人在年龄、外表和教养方面的相似性都是重要的因素，婚后一年左右就生下一个孩子更是锦上添花，这是一个女儿，取了和博希蒙德的母亲相同的名字——康斯坦丝。不过，婚姻的幸福和成功都不是理所当然的。事实上，提尔的威廉强调了这次联姻的政治性质："这次联姻是在国王和亲王都认可的条件下安排的，这可以增进他们之间的友好关系和尊重。"这不是以爱情为基础的结合，而是耶路撒冷和安条克统治家族之间的政治联盟。博希蒙德二世抵达安条克之前，这对小夫妻从未谋面，也没有通过信，这桩婚事也标志着艾丽丝与母亲和姐妹们共同生活的终结。所有记录都表明，鲍德温二世的四个女儿相互很亲密。

尽管如此，就父亲选择的夫婿而言，艾丽丝显然好过大部分中世纪的公主。博希蒙德年轻、英俊，具有王家血统，两人的父亲曾是第一次十字军东征中的生死兄弟。而且，安条克与耶路撒冷相距并不遥远，而许多公主却要远渡重洋前往婚房，几乎再无希望见到家人。

博希蒙德亲王在各个方面都和艾丽丝相当，但两人之间出现的问题就是因为他没有意识到这一点。让编年史作者们因这位年轻男子的出现而屏住呼吸并且不吝溢美之词的所有特质，恰恰是使其成为不太理想的丈夫的因素。博希蒙德二世来到东方时，是一个野心勃勃、渴望名闻天下并以奇功为父亲增光添彩的人。他毕生的志向是成为海外国家的征服者，这就不允许他与一位富有雄心的妻子分享权力。

博希蒙德二世对个人和家庭事务毫无热情。虽然婚后艾丽丝很快就怀上了孩子，但他与她在安条克共度的时间很短。同时代史家赞颂他不知疲倦的好战精神和无穷的精力，但不断地追逐战争就意味着在家里的时间很少。艾丽丝在蜜月之后就很少见到丈夫，襁褓之中的女儿就更难见到父亲了。与许多精力充沛的新来者一样，博希蒙德二世屠杀"异族"的渴望并没有因为与穆斯林持续的宗教冲突而得到满足，而是延伸到与当地基督徒的领土冲突上，后者就是他的妻子的同族——亚美尼亚人。

所有这些特质都得到了史家的盛赞，但对于他同样野心勃勃的妻子而言，并不能引起爱慕。他不给妻子任何权力，她只能起到配偶的作用。博希蒙德二世在位时颁布的宪章只有一部留存了下来，艾丽丝不在见证者之列。这足以说明，她没有得到什么政治地位，当然不如姐姐在耶路撒冷享有的权威，甚至比不上她的姨妈塞西莉亚此前作为安条克统治者配偶的时候。所有证据都表明这是一桩保守、不平等的婚姻，也就难怪在夺取自主权的机会出现时，艾丽丝立刻紧紧抓住。

不管博希蒙德二世和艾丽丝之间是否有过温情，两人的关系从没有得到发展或是破裂的机会：婚后仅仅四年，艾丽丝就成了寡妇。

博希蒙德二世成为安条克亲王之后，有一个辉煌的开始——从霍姆斯埃米尔手中夺取了叙利亚的卡法塔布城。他不知疲倦地与伊斯兰邻国交战，这可以从乌萨马·伊本·蒙奇德满怀怨恨的证词中得到反映，蒙奇德写道："那个魔鬼、博希蒙德的儿子，对我们的民族来说是可怕的灾祸。"然而，博希蒙德还与埃德萨的乔斯林开始了一系列激烈的争斗，这导致安条克和埃德萨的基督教军队之间的混战，也令一直不懈致力于地区和平的岳父鲍德温二世国王十分愤怒。正是这种敌对行为导致基督教军队失去了夺取阿勒颇的机会。

沿阿勒颇边境发动一系列袭击无功而返之后，博希蒙德将注意力转向奇里乞亚亚美尼亚王国。伊斯兰军队满足不了他的嗜血本性，因为他希望恢复这个公国在父亲治下时的全部领地。考虑到这一点，他向亚美尼亚统治者、山地之主和奇里乞亚国王莱翁发动了战争。博希蒙德一世治下的多个地区后来被奇里乞亚重新兼并，博希蒙德二世希望拿回它们。这场战争不能伪装成宗教战争，因为亚美尼亚人也信奉基督教，而且，博希蒙德自己的妻子也有一半的亚美尼亚血统。这场战役不可能得到艾丽丝的赞同。

博希蒙德以为，这只是一场相对常规的战役，对手实力远不如己，显然没有预计到其中的巨大风险。他没有任何盟友，却率大部分亲兵、步兵和骑兵进入奇里乞亚对抗莱翁。这支部队遭到了全歼。

了解博希蒙德的意图之后，莱翁寻求与达尼什曼德埃米尔结成联盟。规模远大于基督教军队的伊斯兰军队悄悄开向奇里乞亚，等待机会伏击安条克军队。战斗非常激烈，但基督教军队毫无希望，博希蒙德二世死于自己的骑兵阵中，攻击者都没有认出他。倘若他们知道那个特别醒目的金发骑士是谁，无疑会饶过他的性命，向他的城市索取一笔与亲王身份相称的赎金。

当他们意识到自己的错误，就在尸横遍野的战场上四处搜寻他的尸体。找到后，他们砍下了这位亲王如同狮子一般的漂亮头颅，送给了巴格达的阿巴斯哈里发——这是令人战栗的胜利象征。塔兰托的博希蒙德继承人虎头蛇尾的一生戛然而止。

艾丽丝亲王夫人的第一次反叛

博希蒙德二世之死预示着安条克的艾丽丝的崛起。

丈夫的死讯对艾丽丝来说并不是一个打击，反而刺激着她采取行动。她几乎一天都没有在哀悼中度过，立即着手制订计划，将丈夫的死——这座城市的灾难性损失——为己所用。她或许将博希蒙德二世的死看成平生第一次机会，可以摆脱男性亲属的控制，实现个人独立。一个真正发挥个人和政治作用的机会终于落到了她的手中。

艾丽丝此时是个寡妇和年轻的母亲，这可不是令人羡慕的处境。海外国家的法律和习俗虽比法兰西和西欧宽松，但仍然很严格。艾丽丝与博希蒙德二世婚约的条件规定，一旦后者去世，战略地位重要的海滨城市拉塔基亚和贾巴拉将属于艾丽丝，并由其控制。虽然这是一个慷慨的协议，法律也规定这些土地现在属于艾丽丝，但协议中还规定，作为一个寡妇，如果宗主国提出要求，她就有义务再婚，并将亡夫遗留的土地转让给新的丈夫。博希蒙德二世已含蓄地接受了鲍德温二世对安条克的宗主权，从而接受了耶路撒冷对安条克人民（包括艾丽丝亲王夫人）的君权，赋予鲍德温二世强迫女儿再婚的权力。

艾丽丝身为安条克继承人的母亲，且拥有如此重要的领地，她的价值太高了，不能允许她保持单身。根据这片土地上的法律，她应该可以在三个追求者中选择一位，但不能对谁是候选人提出任何意见，而且必须很快与其中之一结婚。对这桩婚姻的唯一考虑因素是谁最适合成为安条克的统治者，而不是成为艾丽丝的最佳伴侣。艾丽丝当然渴望着避免这一命运。丈夫死后仅仅几天，这种可怕的现实已经显而易见，她决定反抗。

按照当时的政治文化，在治理国家、形成和承认效忠关系方面，个性远比政策重要。这就是为什么无论何处的领主去世，新领主继位时都容易发生动荡，海外国家尤为明显。任何宗主权都是在两个国家的统治者之间表达的，而不是出于惯例或者先例。因此，虽然艾丽丝的丈夫可能乐意承认鲍德温二世为其宗主，但如果艾丽丝能够取得这个公国的治权，她没有义务同样这么做。这些都是政治事务而不关乎法律，如果艾丽丝断定安条克是一个独立的公国（就像它成立时那样），那么她就不必对任何领主负责。如果她想要拒绝耶路撒冷的宗主权，就会突然之间成为这个城市中地位最高的贵族，两岁大的女儿也将成为公国无可争辩的继承人。由于父亲和他的军队都远在耶路撒冷，艾丽丝有机会夺取安条克，掌控自己的生活。因此，她公开反抗耶路撒冷和父亲的权威，就任安条克摄政，并宣布自己控制了这座城市。

一个地区的统治者拒绝另一地区的宗主权并不特别令人吃惊，但女儿拒绝父亲的权威的确令人震惊，因为这挑战的是父系社会结构，违背了既定的两性角色和基督教顺从父母的教义。或许，这就是提尔的威廉强调和批判艾丽丝在此次叛乱中角色的原因：

一听到丈夫的死讯，尽管还不知道父亲在安条克的意图，她就在恶魔的驱使下构想出一个邪恶的计划【……】不管独自孀居还是再婚，艾丽丝都决定剥夺女儿的继承权，将公国永远据为己有。

虽然提尔的威廉谴责艾丽丝及其动机，她的行动仍然在法律的框架之内。而且，为了以自己的方式控制这座城市，她必须得到城内有权势的贵族们以及相当一部分人口的支持。尽管她的行为确实令耶路撒冷国王及其支持者震惊，但不可能是完全离奇或粗暴的，否则安条克人绝不会接受。无论艾丽丝的脾气多么暴躁，都不可能仅靠怒视和任性的威胁制服整座城里那些桀骜不驯的贵族。

就在刚刚夺权的亲王夫人安排防御措施，制订战略计划时，她的对手也开始采取对抗行动。她的父亲鲍德温二世和姐夫安茹的富尔克也接到了博希蒙德二世的死讯，深知年轻的亲王去世将会在这个麻烦最多的公国中形成权力真空。他们召集了一支军队，匆匆赶往安条克，急于稳定局势、指定一名男性摄政，无疑还要将艾丽丝送到一位政治上有利的新丈夫怀抱中。他们没有预想到任性的艾丽丝有其他计划。当他们离开耶路撒冷时，一点都不知道她准备抵抗自己，并且已经宣布控制了安条克。

尽管艾丽丝抓住丈夫去世创造的机会窗口，展示了精明与气魄，但她犯了一个关键的错误——低估了面对的多股势力的强大。在慌乱之中，她做得过火了。听到父亲大军压境的消息，她意识到自己虽然在安条克得到了支持，但不可能在战斗中抵抗耶路撒冷国王：安条克几乎没有一兵一卒，因为大部分骑士已随她的丈夫在奇里乞亚阵亡。她需要一个强有力的盟友，能够以其军事力量挑战耶路撒冷。海外国家中其他领地的法兰克领主不太可能站在她一边，对抗地位稳固的鲍德温二世，艾丽丝无疑被父亲的逼近吓坏了，在绝望之中派出一名使者前去拜见凶猛的赞吉，后者统一了摩苏尔和阿勒颇，对海外基督教邦国造成了严重威胁。艾丽丝向赞吉致以敬意，希望他伸出援手帮助自己击退父亲，保持对安条克的控制。这一提议最终等同于为了个人利益，将基督教领地让给伊斯兰领主，无疑疏远了城内所有法兰克支持者。

艾丽丝向赞吉求援并建议双方结盟，并不是开创性的做法——这不是十字军贵族第一次与穆斯林结盟实现自己的目的，也不是最后一次。与伊斯兰领主结盟本身并不令人震惊，第一次十字军东征的领袖们为了抵达耶路撒冷就不得不与穆斯林合作；然而，与对抗基督教国王的伊斯兰领主结盟仍然是个禁忌。此举也体现了艾丽丝的幼稚之处。她没有意识到，赞吉允许她统治自己的公国的可能性，并不比她的父亲大——事实上，他这么做的可能性甚至更小，因为女性的作用在海外国家的法律中越来越多地得到了承认，但在伊斯兰习俗中却并非如此。

使团出发之时，艾丽丝为阿德贝格准备了一件精美且具有象征性的礼物。她下令给一匹浑身雪白的良驹钉上银质马掌，并为它配上了白丝镶银的马鞍和缰绳，让使者将这份奢华的礼物交给赞吉。西方的马匹在东方很受珍视，马具的工艺也十分精美。这是一份贵重的礼物，艾丽丝希望它能够取悦那位臭名昭著的总督，向他展示自己的品味、尊重和善意。信使和良马没有抵达目的地，因此我们也就无从知道，赞吉会如何回应艾丽丝的礼物和她的合作提议。他们都被艾丽丝父亲的士兵截获了，这些士兵此时正向安条克进军。经受了短暂的酷刑，使者就透露了他的任务和艾丽丝的意图，随后就被处死了。史书上没有说明那匹可爱的白马最终结局如何。

了解安条克形势的严重性和女儿的反叛行为之后，鲍德温二世抓紧进兵该城，现在的目标不再是为艾丽丝寻找一位夫婿，而是要对其迎头痛击，挫败她的野心。当他满怀着对女儿胆大妄为的愤怒抵达安条克城，发现城门紧闭，倔强的艾丽丝在没有得到独立和安条克统治权的情况下，拒绝让他进城。鲍德温二世当然不能容忍任何诸侯有如此公然的反抗行为，尤其是年仅 20 岁的女儿。一旦在这种情况下让步，那就是软弱的表示，将完全破坏耶路撒冷王室的权威。

看到狂怒的耶路撒冷大军云集安条克城四周，他们的女亲王又窘迫无助，城内的许多法兰克人开始重新考虑对艾丽丝反叛行动的支持。一位名叫"阿韦尔萨的威廉"的法兰克骑士和教士"拉丁人彼得"无视女亲王的命令，打开城门迎接鲍德温二世和富尔克。绝望之中，艾丽丝撤到城内的堡垒中，将自己关在里面。不久之后，她就接受了现实——进一步的抵抗是徒劳的。她首先得到了围攻者不伤害其性命的保证，随后满面含羞地走出堡垒，当众在父亲面前跪下，痛哭流涕地忏悔，交出安条克城并乞求宽恕。

鲍德温二世给予艾丽丝所寻求的宽大处理，这或许更多的是因为厌倦。她没有受到囚禁等特别的处罚，但很快被从安条克逐出，这一判决使她必须与幼女康斯坦丝分别，后者将留下来作为公国的女继承人。康斯坦丝的外公指派旧日的盟友库特奈的乔斯林（埃德萨伯爵）为小公主的摄政，以及她母亲缺位时的监护人。提尔的威廉断言，鲍德温允许艾丽丝保留贾巴拉和拉塔基亚的领地，是出于他慷慨的个性和父亲的爱意，但这种明显的慷慨表现不太可能是由此而起，只是因为鲍德温二世被法律束缚了手脚。作为艾丽丝聘礼的这些土地是博希蒙德二世留给她的合法财产。鲍德温二世曾为了自己而出卖五岁的女儿伊薇特，不是那种会被艾丽丝的眼泪打动的人。

倘若艾丽丝在城内得到强有力的支持，并向父亲请求担任该城的摄政，而不是以公开叛乱、企图与赞吉结盟来挑战他，可能会取得更大的成功。然而，她不太可能一直保持单身，而且因为与博希蒙德的短暂关系，艾丽丝似乎已经对婚姻不抱幻想，所以她不愿意退而争取在耶路撒冷管辖下担任摄政这个更现实的方案，更愿意摆脱父亲的宗主权，成为独立的安条克公国摄政。如果在男性君主控制下成为摄政的女儿，那么就存在耶路撒冷国王强迫艾丽丝或康斯坦丝在合适的情况下结婚的危险：只要他强迫两人中的任何一个结婚，艾丽丝的权力就将立即被新的安条克亲王夺走。

虽然艾丽丝在城内得到了一些支持，但没有人相信她能抵挡耶路撒冷国王的围攻。安条克的亚美尼亚居民可能欢迎女亲王的统治，但拥有权势的法兰克居民不愿意容忍一个女人的统治凌驾于耶路撒冷国王或者埃德萨伯爵之上。

提尔的威廉写道："她希望依靠【赞吉的】援助，永远地将安条克据为己有，不顾显要人物和全体居民的反对"，"在那座城里有敬畏上帝的人，他们蔑视一个女人的莽撞与愚蠢"。然而，威廉没有解释，一个遭到全体居民反对的女人，是如何以一己之力控制这座城市的，也没有具体提及反对她的牧首或者治安官，按理说，至少要得到他们勉强的合作，她才能关上城门抵抗国王。而且，如果艾丽丝更进一步，将这些人囚禁起来，此类行径肯定也会被写进史书里。

确实，提尔的威廉对待艾丽丝首度争取独立的整个态度是存在很大问题的。尽管对绝大部分女性的功绩一笔带过，威廉在描述梅利桑德女王和其他各色女性时却显得十分慷慨。可是，他对破坏王国平衡的女性没有好感，并以不同寻常的毒舌对待艾丽丝。

　　在中世纪，诋毁女性最有效的方法就是否定其女性气质。描述艾丽丝在此次叛乱中的行为时，威廉竭力指责她是个恶劣、不近人情的母亲。他声称幼小的康斯坦丝"在母亲眼中没有多高的地位"，而且"不管艾丽丝守寡还是再嫁，都决心剥夺女儿的继承权，将公国永久地据为己有"。尽管威廉在诽谤艾丽丝时两次提到这一点，但艾丽丝不太可能有这样的意图。更有可能的情况是，她希望主张自己代替女儿摄政的合法权利，直到康斯坦丝成年，并且对女儿选择丈夫保持强大的影响力。女性代替未成年的孩子摄政早有先例，正如康斯坦丝自己的祖母、与她同名的"法兰西的康斯坦丝"，就曾代替博希蒙德二世统治意大利南部。

　　无论如何，提尔的威廉都肯定不赞成艾丽丝的行为，称其为"极端阴险狡猾的女人"。这种言语攻击是男性对威胁有利于其性别优势的社会结构的女性采取的惯用手段。威廉用如下的语言，进一步描述了艾丽丝的罪行："她阴谋将公国带上歧途。她的计划是剥夺为丈夫所生的女儿的继承权，将公国据为己有；她还打算根据自己的喜好再婚。"他认为，为了自己的统治，艾丽丝企图损害安条克的利益，但这一说法很有争议。如果她计划剥夺康斯坦丝的继承权，这当然是一件罪行，但没有证据表明她对自己的幼女有如此敌意。威廉对艾丽丝希望自己选择丈夫也同样不以为然。他攻击艾丽丝的女性气质，以便在男性读者面前破坏她的名誉；这里摘录的文字可能是威廉的编年史中最有失公允、最缺乏实质的一部分。

然而，艾丽丝反抗父亲的细节以及确实发生的事实在多种资料来源中都得到了证实，包括穆斯林编年史作家凯末尔丁的著作。这当然会使父亲的愤怒降临到她的头上。在将其逐出安条克之前，鲍德温二世责备了女儿。她在羞愧中前往拉塔基亚，王国中的人都希望她能温顺地待在那里，离开人们的视野和脑海。

艾丽丝亲王夫人的第二次反叛

艾丽丝的流亡岁月并不长。我们都知道她的性格，因此这并不出人意料。她的第一次叛乱令父亲筋疲力尽，鲍德温二世回到耶路撒冷后正好来得及立下那份独特的遗嘱，就在忠实的长女、女婿和小外孙守护下，走完了他漫长的戎马生涯。

艾丽丝没有在父亲临终前来到病榻边，我们也就不可能知道，她和父亲是否曾因为给对方造成的伤害而感到悔恨，也不知道以君主和叛乱的臣子而非父女的身份最后一次相遇是否令他们感到悲伤。但即便艾丽丝曾为父亲去世而感到悔恨或悲哀，她也会轻描淡写地予以否认。

鲍德温二世去世，姐姐和姐夫加冕之后不久，艾丽丝就开始了谋划。事实上，她在拉塔基亚颁布的宪章就竭力强调与安条克的联系，尽管她早已遭到放逐，被夺走了那块封地。在宪章的开头，她将土地授予一个宗教团体，不仅强调自己的血统，还强调了与安条克的联系，以及对这座城市的权利主张：

> 我，艾丽丝，耶路撒冷国王鲍德温的次女，曾是安条克最杰出的亲王、伟大的博希蒙德之子博希蒙德亲王的妻子，承蒙上帝的恩典成为安条克女亲王，为了上帝的爱，为了我的博希蒙德亲王和我的双亲的灵魂，也为了我自己和女儿康斯坦丝的救赎……

即便对于中世纪读者来说，这看起来也有些过火了。除此之外，艾丽丝在拉塔基亚颁布宪章也特别能说明她的野心。这意味着，她在那里开辟了一间文书室，对于她这样拥有相对小的海滨城市的贵族遗孀而言这并不常见。她如此大张旗鼓地施政，维持着自己作为亲王夫人的地位，并告诉世界，尽管遭到放逐，她仍然是海外国家政治领域中的关键人物。

正如丈夫的去世给艾丽丝带来了机会，父亲的去世同样如此。在海外国家中，统治者的更替总是微妙的时机，而且，一位国王或者亲王去世，或者与穆斯林的一场大战，都是王国最不稳定，也最不可能抵抗改变政治秩序企图的时候。因此，父亲去世之后，艾丽丝几乎立即打出了重拳。

她的第二次反叛焦点在于挑战耶路撒冷的宗主权，不仅是安条克，还涉及另两个十字军国家——的黎波里和埃德萨。简言之，宗主权等同于君权，如果耶路撒冷国王具有安条克的宗主权，就意味着这个公国虽然从字面意义上说是独立的，享有自治权力，但这种独立实际上很有限。

博希蒙德二世的父亲塔兰托的博希蒙德在其余十字军战士夺取耶路撒冷之前很久就占领了安条克，也从未承认任何一位国王是他的宗主，但他确实在一场难堪的失败之后向拜占庭皇帝致敬。他的摄政和继任者是侄儿坦克雷德，此人更直截了当地拒绝耶路撒冷的宗主权，同时拒绝拜占庭帝国，为了保持安条克的独立而苦苦战斗。然而，博希蒙德二世抵达东方时却没能继承衣钵，继续抵抗。他一来到海外国家就投入了耶路撒冷王室的怀抱，接受鲍德温二世的殷勤接待并迎娶他的女儿。

艾丽丝对丈夫和父亲之间达成的妥协更加轻蔑。她一直被当成礼物，以完成两个男人之间的交易，她也理解丈夫接受父亲"友谊"的含义，将这看成是对安条克独立地位的破坏，因此，她的第二次反叛就是要纠正这个错误。

父亲去世是一个合适的机会，而就在几个月之内，另一个人的亡故为艾丽丝创造了黄金机遇，让她能够再次大展拳脚：

从鲍德温二世手中接受埃德萨伯爵爵位的乔斯林也去世了。在第一次十字军东征的英雄中，他是最后一位在东方掌权的，更关键的是，艾丽丝被放逐之后，他是鲍德温二世指定的安条克的康斯坦丝的监护人。没有了他的阻碍，加上顽固的父亲去世，艾丽丝可以再一次要求成为安条克的摄政。海外国家的权力现在牢牢地掌握在下一代手中。

随着父亲去世、姐夫加冕登基，艾丽丝得到了一份大礼。海外国家的民众不喜欢富尔克。他是个外来者，而且带来了所有渴望权力的朋友。鉴于这一时期政治中的个性化特征，这也成了富尔克新政权中一个巨大的不稳定因素。鲍德温二世是第一次十字军东征的英雄，他担任耶路撒冷国王期间，各路诸侯都愿意尊敬他，但安茹的富尔克却没有这样的声望。

鲍德温二世和前任鲍德温一世都凭借强大的个性力量，保持着海外国家中各个伯国、公国和贵族领地的宗主权，但这是富尔克无法效仿的：他是个外来者，当地的贵族不愿意接受他的宗主身份。随着鲍德温去世，当地贵族对耶路撒冷王位的忠诚纽带也消失了，艾丽丝在赢得盟友方面处于远为有利的地位。

新一代领主不像父辈一样对耶路撒冷国王怀有深深的感激。从个人层面来讲，海外国家中的其他领地——的黎波里和埃德萨——继承人对新任国王富尔克没有任何亏欠。鲍德温一世和二世将领地授予他们的父辈，使其成为领主，但对于新一代来说，他们对领地的权利是因血统世袭而来，他们不愿意对这个西方的闯入者表示敬意，在他们看来，这个人只不过娶了个公主，就开始将当地的荣耀交给他的外国朋友。艾丽丝正好可以利用他们的这种怨气。

乔斯林二世生性软弱、长相丑陋，在这片充满英雄的土地上，他只能是满腹怨气，父亲去世后，他被剥夺了成为康斯坦丝监护人的权利。从富尔克的角度看，这是个明智的决策。乔斯林一世不负雄狮之名，因此是统领安条克的合适人选，而他的儿子和继承人怎么看都是个一无是处的年轻人，完全没有理由让他继承如此动荡的公国的守护之责。但是，从乔斯林的角度来看，这却是真正的耻辱，也将这位年轻人推向了诡计多端而又满怀愤懑的艾丽丝亲王夫人怀中。

同样，艾丽丝的南方邻居也已经对安茹的富尔克成为其君主感到不满。的黎波里的庞斯已多次试图使其领地摆脱耶路撒冷的权威，这次再度出现的机会极具吸引力。海外国家历史上最不愿合作的贵族是博希蒙德一世和安条克的坦克雷德，他们都坚定地拒绝承认耶路撒冷的君主地位。庞斯是在坦克雷德监护下，在安条克长大的，已经被彻底地灌输了安条克、埃德萨和的黎波里应该是独立领地的思想。坦克雷德死后，庞斯与他的遗孀结婚，与这位导师的联系更进一步。因此，当艾丽丝与庞斯接触，试探他是否与己合作时，果不其然，他立刻抓住机会与艾丽丝结盟，反抗耶路撒冷的王权。

法兰西的塞西尔

庞斯的妻子法兰西的塞西尔是奥特维尔的坦克雷德的遗孀，她的故事与众不同。她和庞斯的婚姻堪称天作之合，因为坦克雷德去世后遗留给她安条克的一些最宝贵的要塞。她和她的母亲都有一段有趣的经历。

塞西尔除了是庞斯的妻子之外，还是富尔克同母异父的妹妹，这使她丈夫的反叛更令人痛苦。塞西尔的父亲是法兰西国王，而富尔克的父亲是安茹伯爵，但两人的母亲都是蒙福尔的伯特拉德。

伯特拉德年轻时曾与富尔克的父亲安茹伯爵结婚，并很快生下富尔克。然而，在1092年，只有22岁的她就抛夫弃子，爱上了法兰西国王菲利普，后者对她也同样一见倾心。

事实上，菲利普正是因为对伯特拉德的爱才名留青史，他在历史上被称为"多情的菲利普"（他还有另一个诨名"胖子菲利普"）。他遗弃了肥胖的妻子贝尔特，与魅力四射的伯特拉德结婚，这一行为导致教皇乌尔班二世在克莱蒙会议上将其逐出教会，也正是在这次会议上，教皇首次宣扬东征，使欧洲陷于遍地烽火之中。菲利普和伯特拉德有三个孩子，最小的就是塞西尔。伯特拉德比丈夫活得久，当报复心很重的继子法兰西的路易掌权时，她明智地退出公众的视野，成为一名修女，马姆斯伯里的威廉为此写道："伯特拉德依然年轻漂亮，却在丰特弗洛修道院戴上面纱，她总是令男人倾心，让上帝喜悦，就像个天使。"

塞西尔似乎继承了母亲天使般的特质，这是富尔克所不具备的。1106年，年仅9岁的她就来到东方，嫁给加利利亲王、安条克摄政奥特维尔的坦克雷德。坦克雷德比她大二十多岁，但无疑是个令人钦佩的男子。他是塔兰托的博希蒙德的侄儿，在第一次十字军东征中也战功显赫，成就不凡。坦克雷德于1112年去世，两人的婚姻仅持续了六年，没有留下子嗣——毫无疑问是因为这位公主年纪尚小，两人可能尚未圆房。临终之时，坦克雷德亲王为年轻的妻子助了一臂之力，安排了她的下一段婚姻，对象是的黎波里的庞斯。对于一位丈夫来说，这样的临终安排不同寻常，但实际上是一件善举。庞斯与塞西尔同龄，坦克雷德很尊重并且了解他。庞斯是在坦克雷德的宫廷中成长受教的，坦克雷德深信，庞斯能成为一位伟大的领袖，也能成为他年轻的遗孀的好丈夫和保护者。他当然知道，在海外国家中，一个15岁的寡妇拥有广阔的领地是非常危险的，贪婪的追求者渴望着夺取她的土地和财富，可能会将她撕得粉碎。他非常希望确保塞西尔的第二段婚姻幸福。她和庞斯是在坦克雷德的保护下一起成长的，后者决定安排这场婚姻，也可能是因为开始发现两人之间将会发展出强烈的感情。

虽然第一段婚姻历尽艰辛，让她离开家人，远渡重洋，嫁给一个年龄三倍于己的男人，但她的丈夫确实为她的未来提供了很好的条件。除了安排这一段婚姻之外，坦克雷德还留给塞西尔和庞斯一些宝贵的要塞：阿奇卡纳姆、鲁吉亚、托尔托萨、马拉克利、萨菲塔和世界闻名的骑士堡。不过，在那个时候，骑士堡还没有至今留存的令人感佩的防御工事。当时，它还保留着原来的名字 Hisn al-Akrad，意为"库尔德人的城堡"。

骑士堡是十字军军事建筑因辉煌而确保自身留存的最佳范例之一。十字军时代修建的各种教堂和圣龛都已被摧毁，最令人痛惜的是提尔的威廉在海边修建的大教堂，如今只剩下杂草丛中的一片瓦砾。可是，骑士堡和许多其他十字军堡垒一样，承受住了时间的考验，经历了岁月的洗礼，至今仍屹立不倒，证明着缔造者的决心。叙利亚内战造成了破坏：有些城墙上留下了炮击的痕迹，弹孔四处可见，但大部分都完好无损。十字军骑士们失去这座堡垒的控制权，只是因为马穆鲁克人使用了假造信件的诡计，而不是因为防御措施的不利。

就这样，富尔克国王同母异父的妹妹塞西尔在不到二十岁的时候，改嫁给一位年岁相若，且从小一起长大的男人。婚后几年，她生下了第一个儿子、未来的的黎波里伯爵雷蒙德。夫妇俩后来还有两个孩子：菲利普和艾格尼丝。

尽管夫妻俩很般配，塞西尔和庞斯也不可能逃过海外国家中所有统治家族的命运，他们在一起的生活坎坷且充满危机。结婚 25 年后，庞斯被多年敌视的当地基督徒俘虏。后者将他交给大马士革的马穆鲁克军队指挥官巴兹瓦杰，他于 1137 年遭处决，塞西尔又成了寡妇。在此之前，他们的婚姻中也同样处处波澜。1131年，塞西尔同母异父的哥哥富尔克继承了耶路撒冷的王位，他最初面临的挑战之一就是确保海外国家其他亲王和伯爵的服从。塞西尔的丈夫渴望能自主地控制的黎波里伯国，尽管富尔克以亲属关系为由规劝他和塞西尔，庞斯仍然与安条克的艾丽丝结盟反抗耶路撒冷，从而站到了国王的对立面。

艾丽丝找到了的黎波里的庞斯这个强大的盟友，对她来说时机已经成熟，可以再次试图摆脱耶路撒冷男性亲属的君权，要求将安条克据为己有。提尔的威廉继续贬损艾丽丝，声称她是花费了丈夫好不容易省下来的黄金，才赢得庞斯和乔斯林的忠心："为了她的阴谋，她送出了大量的礼物，并做出慷慨的承诺，才网罗了某些有权势的贵族：也就是瓜伦通的兄弟索恩的威廉，的黎波里伯爵庞斯，以及埃德萨伯爵乔斯林二世。"

西方编年史家在他们的海外国家史中尽可能地减少对这一事件的叙述，试图将其说成是艾丽丝第二次失败的叛乱，但这一事件的意义远不止于此，值得用比任何同时代编年史家记载更多的篇幅加以解释。这次叛乱引起了一场后果严重的起义和内战，将海外国家一分为二，当地贵族拒绝接受新来的权威——耶路撒冷的富尔克。安条克的艾丽丝只是更大的一场戏剧中的一个角色。

海外国家各邦的新一代统治者策划了一个阴谋，试图一劳永逸地摆脱耶路撒冷的宗主国地位。艾丽丝肯定企图赢得安条克城内贵族的支持，因为这一计划的消息传到了某些不同情她的事业的法兰克贵族耳中，他们向耶路撒冷的富尔克告了密。国王立刻动身率军北进，以镇压艾丽丝的叛乱，再次平息安条克的骚乱。

安条克位于奥龙特斯河两岸，现代土耳其的最南端。从耶路撒冷前往该城必须穿越今天的黎巴嫩，也就是12世纪的的黎波里伯国——庞斯的领地。当富尔克的大军抵达贝鲁特城，发现庞斯的军队挡住了去路。如果庞斯也宣布与富尔克作对，那么这场叛乱就比后者所认为的更严重。看到比自己年轻得多的妹夫不肯服从，富尔克气愤难当，但也不得不率军改走海路。大军乘船沿的黎波里海岸向北，进入圣西米恩港。他们在那里遇到了一群焦急的贵族，也就是曾向富尔克通报艾丽丝计划的那些贵族，在后者的带领下，耶路撒冷军队从陆路开向安条克城。

国王轻而易举地征服了这座城市。艾丽丝不是一位军事统帅，也没有大军在手。经过血地之战，以及在奇里乞亚与达尼什曼德土耳其人发生的战役（博希蒙德二世正是在此役中身亡的），安条克军队已遭到全歼，尚未复原。而且，艾丽丝又一次没能确保城中贵族的合作，因此富尔克得以相对轻松地控制了局面。

尽管安条克投降，但这次叛乱远未结束。听闻安条克陷落，的黎波里的庞斯率军北进。他与导师坦克雷德的孀妻塞西尔成婚时，就接受了陪嫁的安条克大片土地，因此，虽然名为的黎波里伯爵，他也是安条克最有势力的地主和贵族。他命令加强鲁吉亚和阿奇卡纳姆堡垒的防御，抵抗耶路撒冷国王。富尔克接到消息，在安条克贵族的敦促下，集结大军向南，与庞斯展开会战。

两军在安条克城以南的平原地带和鲁吉亚地区展开激战，战事十分惨烈，庞斯的损失更大，最终被迫投降。提尔的威廉没有记录此役中阵亡的士兵人数，但这次战斗的规模很大，值得穆斯林编年史作者将其记录下来。庞斯的士兵们在战斗中筋疲力尽，被戴上锁链押往安条克。尽管庞斯公然不服从命令，两个贵族之间还是达成了一份谨慎的和约。海外国家的命运悬于一线：如果东方的基督徒不能保持团结，他们就不可能长期保住自己的领地。庞斯和富尔克一同前往安条克，艾丽丝正在那里等待消息。

听到这次失败的消息，艾丽丝再一次退回拉塔基亚。富尔克没有对她采取任何惩罚性措施，可能是因为妻子的干预，或者是有更大的鱼要钓。艾丽丝的计划遭到挫败，但她并没有气馁。

富尔克留在安条克一段时间，继续着前任稳定该地区的努力。提尔的威廉写道：

从这时起，国王得到了安条克人民的全力支持，领主还是普通百姓都是如此。亲王夫人痛恨他，憎恶他在安条克的所作所为，在此之前，有一些贵族因为得到她的大礼而反对国王。可是现在，所有人的心都完全倒向了他。

安条克的艾丽丝的最终失败

艾丽丝第二次争取独立的努力远比第一次更有威胁。它造成了一场短暂而草草结束的内战，给的黎波里和耶路撒冷军队都造成了伤害。富尔克和他的顾问们决定，必须一劳永逸地扑灭艾丽丝成为安条克摄政和统治安条克的梦想。

令人吃惊的是，冲突后不久，艾丽丝就获准返回安条克。她的姐姐、梅利桑德王后替她出面，富尔克态度软化了。她似乎还得到了更务实的新任牧首拉尔夫的同情，后者可能也为她说了情。艾丽丝获准回到安条克，但不是以摄政的身份，而是在富尔克设立的新政府管理之下，这个政府的领导人是马卡布领主、安条克治安官雷纳德·马祖瓦尔。富尔克清晰地阐明了对形势的担忧，留在城里一段时间无疑是为了监视顽固的小姨子。艾丽丝对他的存在十分痛恨；对她来说，富尔克就是男性和法兰克人压制的象征，极其令人厌恶。

但不久之后，耶路撒冷王国事务迫使富尔克返回，艾丽丝再一次被留在了安条克。她开始召集自己的部队，准备最后一次尝试控制这座城市和她所迷恋的公国：她一生的野心就是统治安条克。

当新任牧首拉尔夫失去其余教士的支持时，艾丽丝尽管在名义上还没有得到承认，但实际上已经是这座城市的女主人了。她再一次要求担任摄政，并关闭城门，宣布对抗富尔克和耶路撒冷。这一次没有庞斯这样的强力盟友了，但亲王夫人仍然决绝。她的主要支持者是本地的亚美尼亚基督徒，她也不太关心传统法兰克人是否忠诚。安条克与拜占庭帝国一直争战不休，相互敌视，但这并没有阻止艾丽丝于1135年提出将此时七八岁的女儿康斯坦丝嫁给拜占庭皇帝约翰·科穆宁的儿子曼努埃尔，作为赢得其支持的部分条件。

许多人将这桩提议的婚姻看成艾丽丝对女儿继承权的公然无视，以及对安条克传统外交政策及忠诚作风的蔑视。然而，如果艾丽丝成功地促成了这件婚事，它可能成为海外国家历史上最引人注目的政治联姻。尽管暴躁的姐夫认为这是艾丽丝的逾矩行为，但她的女儿康斯坦丝在成年后却有类似的想法。虽然康斯坦丝没有按照母亲早年的婚姻方案嫁给未来的皇帝曼努埃尔，但她考虑了自己的拜占庭追求者，并最终唤醒了艾丽丝原来的计划，在几十年后安排自己的女儿和曼努埃尔成婚。就这样，艾丽丝的外孙女玛丽亚将在安条克贵族的全力赞同下与曼努埃尔结婚，成为第一个安条克籍的拜占庭皇后。

尽管如此，可能因为艾丽丝的性别，以及她造成麻烦和企图建立危险联盟的历史，耶路撒冷的富尔克将此视为导火线。为了阻止艾丽丝通过女儿的婚姻建立令人不快的联盟，他着手为这个女孩安排婚姻。当身边的这一切计划酝酿之际，康斯坦丝只有8岁。如果她与曼努埃尔成婚，就可能在安条克建立一个拜占庭-法兰克联盟，也就巩固了公国对东面日益增加的穆斯林威胁的防御。从艾丽丝的角度，还可以借此摆脱女儿的阻碍，独掌大权。

除了紧张的政治关系，安条克的希腊正教会与拜占庭帝国之间也有很深的敌意。艾丽丝与拜占庭打得火热，使艾丽丝彻底疏远了安条克牧首——事实证明，这是个致命的错误。到1136年，艾丽丝与约翰·科穆宁皇帝的谈判仍然没有结果，她与这个帝国的可耻交易在耶路撒冷已流传了一段时间，但她却没有感觉到这一丑闻的任何影响。这种古怪的平静应该引起她的警惕，但事实上却没有，可能是因为她相信这种平静是由于姐姐的干预。此前，梅利桑德确实替妹妹出过头，但此时丈夫富尔克已经紧紧束缚住了她的手脚。

在这段短暂的平静时期，一位追求者来到安条克的城门外，向艾丽丝求婚，从上次可耻的失败之后，没有多少人追求过她。这位年轻男子是普瓦捷的雷蒙德，"有着古老贵族的血统"。据熟悉他的编年史作者说，他是个魅力十足、举止优雅的王子。雷蒙德是个虔诚的教徒，精通兵法，外貌英俊且慷慨大方。但是，在这些令人称羡的特质之外，他也有着一些致命的缺点：过分自信，鲁莽冲动。这些好坏参半的特征最终导致他的灭亡。

雷蒙德经常显得狂妄自大，但他对单身多年的艾丽丝来说无疑是很有吸引力的。他只比艾丽丝小几岁，当这个不知从哪里冒出来的男人向她求婚时，看起来是一个天赐的折中方案。

虽然艾丽丝一度试图独自统治安条克，但在两次失败的叛乱之后，她的处境已经恶化，或许她此时能够看到，嫁给一个有魅力、有权势的领主是明智的，他能帮助自己保住对心爱的城市的控制权。确实，雷蒙德是突然出现的，因为他是乔装改扮来到安条克的，在他来到艾丽丝家门口之前，后者一无所知。牧首拉尔夫无疑渴望着恢复公国的秩序，由一位男性统治，因此向她保证雷蒙德是个很好的伴侣，他长相英俊、出身名门，与艾丽丝年龄相仿且承诺共享统治权。艾丽丝在拉尔夫的劝导下答应了，这位年轻的男子获准进城。亲王夫人开始着手准备期待已久的第二次婚姻。

然而，雷蒙德进城、艾丽丝开始准备婚礼后不久，另一场婚礼就在艾丽丝不知情的情况下秘密进行。新娘是艾丽丝的女儿——安条克的康斯坦丝，而新郎不是别人，正是普瓦捷的雷蒙德。艾丽丝一直忙于准备想象中的婚礼，这无疑要安排一场盛宴的菜谱和装饰，可是她认定的未婚夫却娶了她年仅 8 岁的女儿。除了必然给艾丽丝个人造成的耻辱之外，这场婚姻实际上还将她排除出继承人的行列，使雷蒙德成为下一任安条克亲王。这一方案是富尔克想出来的，也正是他的密使在英格兰向雷蒙德提出这一婚事，并将他偷运到安条克。

艾丽丝上当了，这是她最后的失败。带着愤怒和耻辱，她逃离安条克城，退隐拉塔基亚，在那里安静、孤独地度过了余生。由于康斯坦丝公主的这桩婚姻，任何艾丽丝必须摄政的主张都立即失效了：康斯坦丝是这座城市的继承人，艾丽丝只是一个监护人，母亲在位次上低于丈夫。艾丽丝遭到了公开的羞辱，而她的女儿嫁给了一个年龄四倍于己的男人。

这本是不应该发生的事情。按照海外国家的法律，女性法定的最低婚龄为 12 岁，而康斯坦丝结婚时不超过 8 岁。而且，牧首之前誓言支持艾丽丝，却主持了这次婚礼。这是有关忠诚的戏剧性变化。看起来，雷蒙德不仅欺骗了艾丽丝，也欺骗了牧首。他宣誓忠诚，以换取牧首的帮助，确实，如果没有拉尔夫的全力合作，这场戏也不可能上演。拉尔夫让艾丽丝相信，雷蒙德是她的追求者，并说服她接受；也是拉尔夫允许年幼的康斯坦丝结婚；还是拉尔夫带着这两个人前往神坛，宣布他们成为夫妻。

尽管如此，雷蒙德的地位稳固之后，立刻表明他无意信守对牧首的承诺，事实上，他尽一切力量废黜了拉尔夫。那种参与废黜统治者的阴谋诡计的教士，并不是雷蒙德希望在他的新城市中服务的类型。

尽管雷蒙德统治的开端并不光明正大，充满了阴谋诡计，但他却把这个公国治理得很好。至少，在暴躁、美丽的侄女阿基坦的埃莉诺来访之前，他的表现都很好。他们之间发生的事情将在第 5 章中叙述。

艾丽丝夺取安条克权力的企图最终遭到挫败，这既不是悲剧，也不出人意料。她玩的是一个危险的游戏，并在关键之处屡屡犯错。与她的公公和其他十字军骑士一样，艾丽丝也表现出了极度的狂妄自大，她或许不该受到这样的苛刻对待，但远不能说没有责任。不过，她在史书中的形象，不应该像提尔的威廉笔下那样，是一个优柔寡断的恶棍。相反，她是一个野心勃勃且有一定智慧的女人，在一个对她来说并不公平的制度下与对手周旋。

艾丽丝花了六年的时间，企图接管安条克，却以耻辱的失败告终。她是女性雄心受挫的一个典型。她没有耐心地等待天降横财，而是希望利用自己的能力和头脑赢得自主地位和权力——她不应该因此而遭到非议。如果一个男人采取这些行动，就像塔兰托的博希蒙德和的黎波里的庞斯那样，历史对他就会宽容一些。艾丽丝在编年史和现代史书中受到的待遇，是众多父权主义的声音淹没真相的结果。艾丽丝的名声和经历一再受到诋毁，是因为她试图主张自己的权力，以女性的身份统治。她或许是个利己主义者，但学习的是同时代男人树立的榜样。艾丽丝对生活的要求，不仅是静静地坐下来养儿育女，盼望着有朝一日年老守寡后得到自由，这本身是一件值得钦佩的事情。

作为现代的读者，我们有理由对艾丽丝的经历采取更公正的态度。以现代和中世纪时期深受尊重的十字军历史学家为例，汉斯·埃伯哈德·迈尔和提尔的威廉对艾丽丝的评价就都不算公允，分别称她为"可耻"和"邪恶"的人。这是很容易犯下的错误。提尔的威廉是有智慧的人，也是一位同时代无以匹敌的杰出历史学家；但他也是父权主义根深蒂固的社会和思维方式的产物。这些因素，加上他写作时所处的尚武的社会，都影响着他的作品和观点。八个世纪之后，迈尔也愿意接受提尔的威廉对这位亲王夫人的评价，斥责她"飞扬跋扈，喜欢玩弄权术"。

近来，多位深受尊敬的历史学家对艾丽丝的描述各不相同，有人说她"轻浮"，有的说她喜欢"惹是生非"，也有说她"愚蠢"的：这些性别化的词语会经常用在男性领导人身上吗？艾丽丝大胆地展示了自由的思想，虽然她身处一个有深层次问题的社会，但她并不比任何王公更应该受到谴责，甚至应该得到更多的赞誉。

艾丽丝是莫菲娅的女儿中第一个去世的，那是1136年她退隐拉塔基亚之后不久。她和三个姐妹很亲近，每当她们追求自身价值和权力的时候都相互帮助。梅利桑德曾在艾丽丝与富尔克国王发生冲突时为其代言，并在她执政的后半段中同样帮助了妹妹霍迪娜。但尽管四位公主之间姐妹情深，艾丽丝显然曾痛斥过她的姐夫富尔克。在短暂和不幸的成年时期中，艾丽丝成了一个挂名的首脑，其他心怀不满的贵族们聚集在她左右，表达他们对那个安茹君王的不满，而在她流亡的高光时期，她曾在拉塔基亚接待过王国中最有势力的领主之一——雅法伯爵于格。

于格是艾丽丝的表兄，梅利桑德女王的知己好友，历史记录证明，他在艾丽丝位于拉塔基亚的"卫星"宫廷逗留了很长时间，使他的名字出现在艾丽丝从其文书室颁发的某些宪章的见证人名单中。仅从他出现在遭到贬斥的艾丽丝的宫廷这一事实就足以证明，他是富尔克的敌人，于格本人很快也发动了一次叛乱，但他并不是为了艾丽丝的安条克摄政权而战，而是为了梅利桑德能够成为世袭的耶路撒冷女王。

第3章 耶路撒冷的梅利桑德

历史记忆中的梅利桑德与她的妹妹大不相同。这完全可以归咎于提尔的威廉，他是梅利桑德女王的坚定支持者，却对艾丽丝亲王夫人不屑一顾。我们从威廉对女性的描述中能够看到，他喜欢，或者说至少忠诚于梅利桑德女王，但不喜欢也不忠诚于艾丽丝。

威廉谴责艾丽丝邪恶，愿意出卖女儿的幸福来换取自己的权力，但却称梅利桑德是一位敏锐的政治家、忠诚的朋友和杰出的女王。在他的叙述中，梅利桑德在耶路撒冷王国的治理上超越了所有其他女性，事实上也胜过许多男性。

提尔的威廉显然钦佩梅利桑德，但这种尊敬并没有达到能促使他为子孙后代描绘女王外貌的地步。他从不觉得有必要向读者详细描述女性，对男性则常常这么做。尽管如此，描述梅利桑德的长子鲍德温三世时，威廉在不经意间让我们可以一瞥这位令人敬畏的神秘女王。他这样描写鲍德温三世："他的五官清秀精致，气色红润，体现了强健的内心。在这个方面，他很像母亲。"他接着写道，鲍德温三世的身材较胖，"不像母亲那么瘦"。我们由此可以清楚地看出，梅利桑德是一位身材瘦小、外表迷人的女子，浑身散发着人格的力量。她有着欧洲人那种白里透红的肤色，说明她在这方面继承了父亲的法兰克血统，而不像亚美尼亚母亲。此外，她的两个儿子都有一头金发，眼睛炯炯有神，因此我们可以相当肯定地认为，梅利桑德也有这样的特征。

　　一位中世纪女王的鲜明形象浮现在了我们眼前。她是一个爱好运动的女子，热爱骑马和大自然，在被局限于女性的家庭事务时很容易感到厌倦。与男性面对面辩论时，她毫不畏惧。与妹妹一样，她是一个很有激情的女子，喜怒形于色，当感到愤怒时，她会毫不犹豫地表现出来。

　　鲍德温二世临终前将耶路撒冷王国的一部分留给了梅利桑德。这次权力交接不像他预想的那么顺利，但梅利桑德最终还是成功地掌握了王国的权力。

　　梅利桑德女王在位期间最重要的珍宝并没有存放在耶路撒冷的某座古建筑里——梅利桑德曾走过的拱顶和庄严的拱门之下——而是存放在伦敦大英图书馆的地下室。在靠近国王十字车站的这座现代主义建筑内，保存着梅利桑德女王个人祈祷书的华丽手稿和象牙封面。

　　如果你能找到合适的理由，馆长会把这些展品拿出来检视。仔细观察，人们就可以辨认出装饰象牙封面的那些相互交织的雕刻的细微之处，它们讲述的是大卫王的故事，周围是狩猎的图案。因年代久远而失去光泽的象牙上镶嵌着闪闪发光的石榴石和半圆形的绿松石，让人忍不住想要将这本书拿到阳光下，在自然光下看着那些保持着狩猎中姿态的动物，看看它们的红色石质眼睛有多么栩栩如生。鉴于这份手稿的价值，上述的情景是不可能发生的，人们只能在有严密监视的受控环境下观看它。这些象牙板曾经用精美的拜占庭丝绸与书脊装订在一起，里面是梅利桑德个人诗篇那装饰华丽的书页。今天，这些象牙板被拆开，封装在树脂玻璃中加以保护，用丝绸编织的书脊则单独装裱。手稿已经重新用红色皮革装订，书脊上有金色压印的诱人文字："梅利桑德诗篇"。

骨质封面上雕刻着宗教场景和暴力场景，以及耶路撒冷的历史。画面上那些狩猎活动中的动物永远地保持着当时的姿态，或撕咬，或咆哮，或追逐。封底中央的所有图案之上，叠印着一只猎鹰，用它鲜红的眼睛审视着周围的混乱局面。这只猛禽通常被诠释为梅利桑德丈夫富尔克的象征，人们认为这证明诗篇是他送给妻子的礼物。这些封面封底的图案完美地体现了梅利桑德统治初期的不同组成元素：宗教、暴力、激情和富尔克。事实上，历史学家普遍认为，这本辉煌而极度个性化的书籍是富尔克在一场几乎毁掉其婚姻的丑闻之后，为了讲和而献给梅利桑德的礼物。

《梅利桑德诗篇》是海外国家留存下来的最精美的手工艺品，

也是我们确认属于梅利桑德本人的唯一工艺品。它是在圣墓教堂的缮写室中制作的，书中的插图使用了当时最丰富的材料和最精密的工艺。在装饰之中，对黄金和天青石的使用毫不吝惜。

只有亲眼看到这份手稿，才能体会到它的全部震撼力，以及插图的启发和精神价值。翻动书页，光线就会照在镀金的部分上，使插图显得超凡脱俗，也为描绘的人物赋予了生机。制作插图的希腊艺术家巴西琉斯还在镀金层上刻画了一些细节，包括天使翅膀上的羽毛和他自己的签名，在数字化图像中是无法看到的。

除了细腻的工艺和难以估量的艺术价值之外，这件文物还证明了耶路撒冷和梅利桑德女王本人多种文化交融的特性。这是东方和西方的辉煌综合体，是东西方哲学与艺术的独特融合。至少有6位艺术家为这本书的制作做出了贡献，他们经历过不同的训练，各有专精，民族也可能不同，融合了希腊、法兰克、亚美尼亚、盎格鲁-撒克逊和伊斯兰文化的影响。

这部诗篇上没有梅利桑德的名字，但我们从错综复杂的装饰和内容中找到了多个关键线索，可以证明这是追悔莫及的富尔克送给她的礼物。诗篇的扉页上有一个日历，其中表明了两个重要日期——梅利桑德的母亲莫菲娅（10月1日）和父亲鲍德温（8月21日）去世的日期。这些标记是用来提醒书的主人，在他们逝世周年纪念日为其灵魂祈祷。强调这些日期，说明这部诗篇是为鲍德温和莫菲娅的女儿定制的。虽然他们有四个女儿，但我们可以推断，这是专为梅利桑德制作的，因为象牙封面上隐约可见的是象征富尔克的猎鹰雕刻图案。另一种可能是，这部诗篇是女王本人为妹妹伊薇特定制的。不过，学术界中认为它属于梅利桑德的观点占据压倒优势。

这件文物反映了梅利桑德的重要性、虔诚与个性。检视正文中的插图就可以发现中世纪时使用的痕迹，在一些书页中，基督的手和脚附近的油漆和镀金层明显有更多损坏的痕迹。诗篇是祷告用具，我们可以想象，梅利桑德女王在自己的礼拜当中亲吻了基督的手和脚。

在许多方面，诗篇上的日历都与西方的插图手稿类似，似乎是从温彻斯特使用的一种日历中复制过来的，但巴西琉斯制作的插图显然采用的是东方的风格和手法。它们与拜占庭帝国和希腊正教会艺术品更为相似，而不同于罗马天主教艺术品。虽然梅利桑德是属于拉丁世界的耶路撒冷女王，但她母亲莫菲娅是亚美尼亚人，从小是在希腊正教信仰中成长的。因此，从个人层面上看，这种艺术风格对梅利桑德可能更具吸引力。

如果这件独特的艺术品确实是富尔克为妻子打造的，那他在选择礼物上很有品味。诗篇是对两人关系的纪念，并向梅利桑德表明，富尔克理解她，珍视她的虔诚信仰和遗产，尊重她与耶路撒冷王位和双亲的纽带。除了梅利桑德父母的逝世纪念日之外，日历上还有第三个关键日期：1099 年 7 月 15 日，那是第一次十字军的骑士们占领耶路撒冷的日子，梅利桑德的堂伯布永的戈弗雷、鲍德温一世和她的父亲鲍德温二世就在其中。

对这本书的了解，使我们敏锐地窥见了梅利桑德的生活、她的文化背景以及在她即位初期引起震动的丑闻。这桩丑闻的中心是一位个性暴躁的英俊青年：雅法伯爵于格。

王国中的阴谋

鲍德温二世在平息艾丽丝亲王夫人的第一次叛乱之后不久就去世了，临终之前立下遗嘱，将耶路撒冷王位的世袭权给了最宠爱的长女。鲍德温二世的这份遗嘱羞辱了富尔克，剥夺了他的唯一统治权。富尔克曾以强硬的手腕有效地统治安茹，与小自己数十岁的妻子分享权力绝不足以吸引他来到东方。

父亲在圣墓教堂的亚当礼拜堂下葬后三周，梅利桑德和富尔克一起在同一座教堂的中殿举行的盛大典礼中受膏和加冕。这标志着海外国家开启了一个新时代，统治权传到了下一代人的手中。富尔克和梅利桑德是首对一同在这里加冕的耶路撒冷王国君主，梅利桑德的父母及其前任都是在伯利恒加冕的。因此，他们创造了一个持续到耶路撒冷失陷、海外国家瓦解的传统。不管在哪里举行，这次加冕典礼都开辟了新天地，女性首次以"当朝女王"而非"王后"的身份加冕。典礼上，梅利桑德成为受膏的耶路撒冷执政女王，但与她的丈夫和儿子分享权力。

艾丽丝的叛乱中有两次发生在富尔克和梅利桑德联合执政的初期，这说明这对夫妻的统治一开始并不是很顺利。他们面对的工作是说服海外国家的北部诸邦承认耶路撒冷的宗主权。所谓的"海外国家"并不是一个国家；中世纪时代，我们从现代意义上认识的国家并不存在。人们效忠于领主、家族、施主和讲相同方言的人，不是主宰一切的国家实体。富尔克带来了大量的法兰西家臣，并授之以财富、土地和官职，这是一个错误，激怒了海外国家原有的贵族，他们对这种入侵行为十分憎恶。

　　同时代的穆斯林编年史家伊本·卡拉尼西是一位重要的大马士革贵族，曾两次担任大马士革市长，在他看来，富尔克与前任国王完全无法相提并论。他写道，鲍德温二世死后：

　　【海外国家的贵族中】已经没有拥有足够判断力、有治国能力的人了。安茹伯爵代替他成为了新的国王，但他的判断力并不理想，施政也不成功，以至于失去鲍德温之后，他们陷入了混乱与不和谐之中。

　　伊本·卡拉尼西的说法有事后诸葛亮之嫌，考虑到富尔克面临的是一个复杂的政治局面，他的评判或许过于严苛了。但是，他对富尔克在位期间的分析是正确的，那不能算是成功。历史对富尔克的评判也许并不公正。鲍德温二世是令人望尘莫及的杰出人物，事实证明，梅利桑德在他们的统治初期是更为活跃的人物。

　　富尔克从岳父手中得到了一份棘手的遗产，同时也得到了随耶路撒冷王位而来的国际威望和声誉。在他的统治开始时，他似乎进一步独揽大权，将功劳和荣耀只归功于自己，而架空了年纪更小、更合法理的联合统治者。虽然他们一起加冕，但统治初年的宪章都是以富尔克一人的名义颁发的，没有提及梅利桑德是否同意或者赞成。这说明，富尔克希望用一只手抓紧海外国家的所有权力，再用另一只困住他的妻子。梅利桑德正为父亲去世哀悼，或许还要全神贯注地照料第一个孩子，在几年内似乎都没有注意到这种轻慢。但是，她很快就被迫以一种并不愉快的姿态，跳出这种自我满足的情绪。

除了父亲去世后的悲痛和养育幼子的责任，梅利桑德还有责任照顾两个比自己小好几岁、尚未婚配且突然变成孤儿的妹妹。霍迪娜当时大约20岁，而小妹伊薇特只有10岁。两人都需要督促，大姐要采取措施为她们谈婚论嫁，或者决定另一种未来。除了这些家庭责任之外，新君还面临两次危机。第一次是艾丽丝与庞斯和埃德萨的乔斯林一起发动的第二次叛乱，前文已有叙述。这次叛乱确实使梅利桑德陷入一种困难的处境，让她在妹妹和丈夫之间左右为难。她显然同情艾丽丝，因此出手干预，避免艾丽丝遭到更为严厉的惩罚。第二次危机更加个人化，起因是她的知己好友与脾气日益暴躁、控制欲极强的丈夫之间的紧张关系和相互猜忌。

梅利桑德在耶路撒冷王国的伙伴中，有一位与她年龄相仿的年轻男子。他是个非常英俊的小伙子，由于他地位很高、正当青春年华，而且与王室也是近亲，不管在梅利桑德的父亲在世、她还是个公主的时候，还是在老国王去世后、她身为年轻王后的时期，他都是梅利桑德的合适伙伴。雅法的于格是梅利桑德的远房表弟，因此可以像家人一样与她共度时光。但是在海外国家，只要一对男女独处，不管是否有亲戚关系，都会引来流言蜚语。

一代人以前，于格的双亲勇敢地决定，长途跋涉到耶路撒冷朝圣，他们是法兰西地位崇高的贵族。于格的父亲（名字也是于格）是鲍德温二世的表哥，他的母亲玛米莉亚是塔兰托的博希蒙德的侄女。玛米莉亚从法兰西出发的时候已经有孕在身，夫妻俩抵达意大利南部时，她生下了于格。这个孩子不是很强壮，父亲决定将他留在那里由博希蒙德一家照料。玛米莉亚或许反对这个计划，但在编年史中没有记载。

于格一世来到海外国家后，他的表哥鲍德温二世授予他雅法伯爵的头衔，使之成为东方的世袭领主。这是于格一世好运的终点：定居雅法后仅仅几个月他就去世了。玛米莉亚的运气也不比丈夫好。作为一个拥有大量土地、地位十分重要的寡妇，她很快嫁给了另一个男人——那慕尔的阿尔贝。婚礼过后不久，夫妻两人也都去世了。

于格一世和玛米莉亚的孩子一直留在意大利，逃脱了双亲遭遇的疾病和厄运，相对平静地长大成人。大约 16 岁的时候，他前往东方要求雅法的领主权，鲍德温毫不犹豫地授予他这项与生俱来的权利。青少年时代的于格抵达东方时得到了和艾丽丝的丈夫博希蒙德二世一样的礼遇，很快成为了宫廷中的上宾。

鲍德温二世显然为表弟的儿子来临而高兴，准许他与自己的家人一起度过很多时光。于格在那里认识了四位耶路撒冷公主，并与梅利桑德和艾丽丝结下了特殊的友谊。这两位姐妹与他年纪相仿，这种关系看上去也很自然。于格与梅利桑德的熟识很快成为了他们这一代最大的绯闻。

或许是因为于格与鲍德温二世的家人关系和睦，国王进一步向他施以恩惠。这位老国王将王国中最富有的寡妇之一许配给他为妻。这个女人的名字叫作埃梅洛塔，年龄将近于格的两倍，有两个已经长大的儿子，但她结婚时带来了大量的财富和土地。她的人脉也很广，是耶路撒冷牧首的侄女。

于格和梅利桑德彼此感情很深，鲍德温二世的死、于格与埃梅洛塔的婚姻以及梅利桑德与富尔克的婚姻都没有破坏他们的关系。他们的配偶都比自己老得多，也都有了长大成人的儿女，梅利桑德的父亲去世似乎使两人更亲密了。

鲍德温二世死后，梅利桑德非常孤独：双亲都已去世；与她年龄最相近的妹妹艾丽丝已离开耶路撒冷成为安条克亲王夫人；另外两个妹妹霍迪娜和伊薇特年纪太小，可能不是她的合适伙伴。同样的，丈夫也比她年长很多，她的儿子尚在幼年。于格是年轻的女王仅存的几个知己之一。

富尔克比梅利桑德大 15 岁，而于格的妻子埃梅洛塔更比他大了20岁。虽然埃梅洛塔似乎很喜欢精力充沛的年轻丈夫，但她那些长大成人的儿子们对这段婚姻却并不满意。这两个人就是西顿的厄斯塔斯和凯撒利亚的沃尔特，他们对于格的厌恶不是没有道理的，因为这个与自己年纪相当的男人娶了已到中年的母亲，拿走了本可能传给他们的土地。

而且，广为传播的流言称，于格对厄斯塔斯和沃尔特的母亲不忠。虽然这本身不一定足以成为丑闻，但很快就有人窃窃私语，说于格的外遇对象不是别人，正是梅利桑德女王本人，这个谣言就远比简单的不忠险恶得多了。与女王发生的婚外情可能导致人们对国王和王国继承人的亲子关系提出质疑，从而影响到王国的传承。于格与梅利桑德的亲密关系广为人知，这种流言确实很危险。此类指控足以使王室的婚姻瓦解，剥夺梅利桑德的王冠，将其放逐到一间修女院——就像耶路撒冷首位王后阿雷特那样。

对于传说中这段婚外情的真相，现代学术界无法证实或者反驳。两人之间的私人信件早已遗失，留给我们的证据只有提尔的威廉记录的流言，他本人对此也不相信。事实上，有一个强有力的证据表明，这一流言实际上始于富尔克国王，其目的是贬损他的妻子，将其赶下王位。从这个谣言中获益最多的就是戴上绿帽子的国王，如果他能够与梅利桑德解除婚姻，就可以独掌大权，用一位更沉默温驯的妻子取代她。

而且，利用这一流言，富尔克不仅能夺取梅利桑德的权力，还有权判处于格死刑，自任雅法伯爵并得到随之而来的丰厚收入。这正是鲍德温二世的遗嘱中力图防止的阴谋。

不管梅利桑德和于格是否相互吸引或者有染，富尔克都完全有理由厌恶和嫉妒于格。他比富尔克年轻，正值盛年，也有着同样的财富和贵族身份。提尔的威廉这样回忆于格：

> 年轻、身材高挑，面容英俊。他有着杰出的军事才能，深受所有人的青睐。大自然毫不吝惜地赐予他各种天赋；毫无疑问，在人体之美上，王国中无人能与他相提并论。

这样一位男子长时间地陪伴自己的妻子，任何一位丈夫都会感到威胁，而且，于格威胁的不仅是富尔克的婚姻，还有他的继承人的合法性，以及他对王国的权利要求。提尔的威廉写道：

> 国王很不信任这位伯爵，有流言称后者与女王关系过于亲密，这似乎有许多证据。因此，在丈夫的嫉妒心驱使下，国王据说对这个男人有难以抑制的恨意。

有些人并不相信梅利桑德与于格出轨的流言，这些人认为富尔克对于格的刻骨仇恨是来自于格的傲慢，因为于格"拒绝像王国中的其他贵族那样臣服于国王，固执地不服从他的命令"。这说明他对富尔克排挤当地贵族的做法持有异议，或许是因为他年少气盛、与女王友情甚笃，所以是少数敢于发声、不信任新君的人之一。

于格抵达海外国家后很快就得到了富庶的封邑雅法伯国，从很多方面来讲已经站稳了脚跟，但他在巩固人际关系、赢得忠诚方面太过自满了，这本可以使他不至于陷入麻烦。他很快就与艾丽丝和梅利桑德结下了友谊，却没能赢得继子厄斯塔斯和沃尔特的支持。这些人本身都是有权势的贵族，统治着固若金汤的海滨重镇。西顿的海滨城堡至今还矗立在现代的黎巴嫩，是十字军时代最美丽、最令人欣赏的海滨遗迹之一。

厄斯塔斯和沃尔特憎恨于格，是因为他们觉得于格通过与母亲的婚姻篡夺了继承权。这种仇恨很深，当沃尔特有一天在大群贵族之中指责继父叛国、密谋杀死国王时，这三个男人之间的紧张关系达到了顶点。如果对于格的这项指控成立，他得到的惩罚就将是流放或者处决。

人们认为，这项指控不仅仅是一个继子焦虑情绪的结果，沃尔特的行为是富尔克国王挑动的，目的是羞辱于格，并消除他带来的威胁。于格对此感到震惊是可以理解的，当沃尔特向他提出决斗审判的挑战时，富尔克参与其中的嫌疑就很大了。如果富尔克想确保于格难逃一死，同时自己的手不沾上血，那么就必须选择正确的方法和正确的人。在这种中世纪特有的司法制度中，可以通过原告和被告之间的一场徒手格斗而不是理性、公正地评估证据，决定一个人究竟有罪还是无辜。这种方法的理论依据是，上帝将会影响这场争斗的结果，无辜的人会幸存下来，如果他遭到了不实的指控，那么诽谤者得到的惩罚就是死亡。沃尔特以勇力而威震海外国家，看起来瘦弱的于格根本不可能抵挡高大的沃尔特。沃尔特有充分的理由厌恶于格，将满怀激情地去承担杀死他的任务。

于格立即否认了对自己的指控，并同意为了正名而与沃尔特一战。两人之间定下了决斗的日期。当这一天到来，沃尔特摩拳擦掌，他无疑为有机会杀死继父并赢得国王的感激而愉悦，可是于格却下落不明。年轻的伯爵显然有比与魁梧的继子格斗更好的想法。在大庭广众之下遭到叛国的指控使他难以忍受，盛怒之下才同意一战，以表明自己没有什么可以隐瞒的，并不害怕决斗。第二天，他就清醒地意识到，与沃尔特决斗正是他的敌人所希望的，他也不太可能在这场交锋中幸存下来。或许，他的妻子埃梅洛塔和表姐梅利桑德女王也恳求他不要前去决斗。于格没有在预定的时间出现，使他在周围所有人的眼中是个罪人。他被宣布为整个海外国家的叛徒。

环境所迫，于格逃离了耶路撒冷。富尔克杀害于格的图谋昭然若揭，为了报复，接下来的几个月里，于格企图发动一场叛乱以挑战富尔克，将其赶下王位。这次突袭可能已经酝酿了一段时间，甚至在沃尔特提出指控之前就已在预谋，富尔克导演的那场闹剧实际上就是为了抢先压制住于格的叛乱阴谋，结果反倒成了催化剂。如前所述，艾丽丝在流亡拉塔基亚期间发布的宪章中，于格的名字赫然在见证人的名单之上，因此，于格在很长一段时间里都是反富尔克运动的同情者。同样，在于格自己颁发的宪章中，勒皮的罗马努斯也在见证人名单中，这位男爵在外约旦的封地因叛国罪而遭到没收，由此可以看出，于格和艾丽丝一样，是憎恨富尔克统治的那些人的挂名领袖。

海外国家的领主们分为两个截然不同的阵营：支持艾丽丝和梅利桑德姐妹的权利高于富尔克及其安茹同胞的人，以及支持富尔克单独统治、主张对其他海外国家领地宗主权的人。富尔克一直试图剥夺梅利桑德的女王权力，将其排除在国事之外。于格既是梅利桑德的朋友，也是她父亲忠实的附庸，自然为此感到愤慨，力图维护她的利益，对抗富尔克的私心。这才是富尔克仇恨于格的真实原因，可能正是因为他担心于格的派系得到支持，才以叛国的指控将后者推向公开叛乱。通过组织凯撒利亚的沃尔特的指控闹剧，他就能在贬损妻子的同时，又击败于格这个自从艾丽丝最后一次叛乱以来对其王权最大的威胁。

叛国罪名成立时，于格就知道富尔克的下一阶段计划是剥夺他的雅法伯国。他为此感到惊慌是可以理解的。他落入了艾丽丝恳求赞吉援助以对抗其父时的同一个陷阱。虽然于格反抗富尔克最初得到了臣属们的支持，但当他错误地要求阿斯卡隆的埃及人援助时，就失去了他们的同情。那些埃及人是穆斯林，是海外国家法兰克人的不共戴天之敌，虽然双方有时候也会缔结暂时的联盟，但就像艾丽丝遇到的情况一样，与穆斯林结盟对抗耶路撒冷国王始终是大忌。埃及人与于格一起进兵海外国家，袭击基督徒的领地，表面上是帮助于格保卫雅法，免遭富尔克的进攻，实则有着贪婪、自私的动机。

听到这一入侵行为的消息，富尔克率领耶路撒冷军队南下。

此前，于格一直享有伯国关键臣属的忠诚。然而，他们对于格与埃及人结盟的莽撞行为以及坚守雅法对抗国王的做法感到不满，因为这是徒劳无益之事。他们试图说服于格不要采取这一鲁莽的行动，可是愤怒、坚定的伯爵不为所动。他仍然为自己受到的无数侮辱和指责而伤心，在大庭广众之下遭到继子的叛国指控，是令他十分意外的羞辱。于格的臣属发现主人对他们的理性规劝充耳不闻，便抛弃了他投向富尔克。

耶路撒冷大军逼近时，阿斯卡隆人看到于格自己的人转而反对他，也转头离开，就像来的时候一样迅速。于格孤立无援，雅法未经一战便向国王投降。于格无力回天，脸面尽失，只能任由富尔克处置。

不过，梅利桑德女王站在他一边，而教会支持女王。她已经确立了教会赞助人、虔诚的基督教女王的身份，教会显然相信，这件事的起因并非女王的不忠，于格反抗富尔克，是为女王和当地贵族的权利而战。耶路撒冷牧首、佛莱芒教士梅赫伦的威廉出面干预，平息富尔克的愤怒，支持于格和梅利桑德的权益。他的做法清楚地表明了梅利桑德的影响力，也说明正义在于格这一边。于格愚蠢地与埃及人联手，为此必须受到公开的处罚，但他的事业似乎得到了很多人的同情，严厉处罚并不明智。

梅利桑德和威廉牧首的请求起到了效果，富尔克或许因为反对声浪太大而动摇，因为他表面上同意以仁慈的判决来修复与于格的关系。于格没有像倒霉的盟友勒皮的罗马努斯那样被剥夺封地，也没有像艾丽丝那样遭到贬谪和无限期的流放，只被判流放三年。在这段时间里，富尔克国王可以取得于格的封地上的收入，但服刑期满后，于格将完全恢复雅法伯爵的身份。这确实是很宽大的处理。倘若不是梅利桑德和牧首的干预，于格至少会永远失去封地，甚至被判处死刑。

于格在被指控叛国之前就公开地反对富尔克，且没有受到任何犯罪指控，说明他对富尔克的抵抗是有法律基础的，或者说，他的行为得到了当地贵族的默许。这反过来说明富尔克行为不端，至少不明智。这使如下说法显得更有依据：富尔克企图剥夺梅利桑德的政治权力，于格是为了保护这些权力而战。

关于于格所受处罚的谈判之后，这位伯爵制定了返回意大利、流亡阿普利亚的计划，他正是在那里长大的。等待船只将他送到那里的日子里，他在耶路撒冷虚度光阴。一天晚上，他在皮货大街一家当地商人的店铺外玩骰子。于格放松了警惕，因为叛乱已经平息，他没有理由担心自己的安全。街上熙熙攘攘，像往常一样挤满了商人、朝圣者和十字军骑士。突然间，人群中冲出一位全副武装的法兰克骑士，手里握着一柄出鞘的利剑，他向毫无防备的于格连刺数剑，在光天化日之下致其重伤，然后在目瞪口呆的旁观者面前逃之夭夭。

于格的伤情初看似乎并不致命，但仍然很严重，在中世纪时期，现代医学和抗生素尚未出现，伤口或许不因失血而致命，却往往会溃烂，因为感染而致人死命。在平民环境中，对一位高等级的贵族实施如此野蛮的罪行，令全城震惊。

鉴于富尔克和于格之间广为人知的敌意，不出意料，很快就流言四起，人们都将矛头指向国王。这次袭击肯定是早已预谋的刺杀行动。于格在与国王发生人尽皆知的冲突之后，偶然地被一个毫无动机的骑士袭击，这也太过巧合了。实施袭击的骑士很快落网，他是一个来自布列塔尼的无名小辈。他的行为肯定是其他人授意的。背后黑手究竟是谁，是一个公开的秘密：没有人比富尔克国王更有理由希望于格死去。他已经向于格宣战，指责后者叛国，而且人们普遍认为，于格曾与富尔克的妻子共眠。

富尔克本就不受欢迎，这更是一场公共关系的灾难。公众舆论站在于格和梅利桑德一边，他们团结在于格的身边，在这场争斗中，他是无可争辩的受伤害者和弱势方。富尔克竭力地试图证明自己无辜。虽然中世纪的骑士文化以嗜血闻名，但并不是以卑鄙手段陷害和暗杀他人的文化。此类卑劣伎俩仍然会引起公众的愤慨，以这种懦弱、狡猾的方法伤害于格的性命，只会使国王看起来软弱无能，也破坏了他打击于格的企图，更不用说，暗杀还失败了。骑士精神是中世纪骑士理想的核心，暗杀则完全站在这种精神的对立面。

富尔克做了他唯一能做的事情——与这次袭击事件保持距离。他发出了清晰的信息：他和其他民众一样对此感到愤慨，并逮捕那个行刺的骑士，对其进行公审。在场的目击者很多，这个人的罪名已定，但人们希望确定的是他的动机。富尔克既想杀鸡儆猴、威吓企图实施暗杀的人，又想向妻子和耶路撒冷市民证明，他没有下令实施这次袭击。

这个倒霉的袭击者被判处了最为严厉的刑罚："肢解其身体"。富尔克下令，砍下他身上一切能砍下的东西，除了舌头之外——它将保持完好，以表明富尔克并不打算让他闭嘴。在酷刑之下，审判者要求他用完好的舌头，说出犯罪的原因。刺客直到最后都很尽责，他宣称自己的行动国王并不知情，也不是按照国王的命令行事，但他一直希望得到富尔克的青睐，因为他知道国王仇恨于格，认为杀死富尔克最厌恶的对手就能引起注意。

通过这次审讯，富尔克在某种程度上挽回了声誉，但此后的情况还远谈不上好。这个故事的可靠性很值得怀疑。为了侥幸赢得王家的青睐而独自一人企图谋杀当地最著名的人物之一，是一种高风险的策略。即便故事是真的，导致刺客以如此野蛮的方法刺杀于格的仍然是富尔克的仇恨和嫉妒，而伯爵的生死仍在未定之天。

于格留在海外国家很长一段时间，以康复和准备行程，但来到阿普利亚后，尽管受到了当地国王的热烈欢迎，他还是陷入了深深的忧郁之中。令他感到痛苦的，不仅是在耶路撒冷街头遭到的袭击，还因为富尔克和凯撒利亚的沃尔特的指控对他名誉与自豪感的打击，毫无疑问，他也为与梅利桑德分离而感到绝望，她即便不是于格的爱人，也是他的女王和知己。这次不幸事件和分离之后，他看起来从未完全恢复健康，抵达意大利不久后就去世了。遭遇指控的丑闻和谋杀之后，这位年轻英俊的伯爵如此之快地就猝然去世，重新燃起了耶路撒冷公众的愤怒。而且，愤怒的还不仅是公众。

女王之怒

梅利桑德对于格的死和整个灾难感到极度愤怒。她表现出了非凡的自制力，在此之前，一直压抑着对被排除在政事之外的愤怒，于格为她而战，也令她感到满足。随着于格的死去，这种约束也戏剧性地结束了。国王和女王之间产生了巨大、公开的分歧，许多朝臣都有被卷入其中的危险。

一直以来，尽管丈夫行事并不公正，梅利桑德女王仍是相对安静的女王。虽然她肯定意识到并卷入了于格的叛乱，但从未公开抛弃富尔克。她也从没有为了自己理所当然的共治权而四处活动，即便处境艰难，她也努力地做一位贤妻良母和虔诚的王后，或者至少保持着这样的假象。但在这个时候，梅利桑德对丈夫的愤怒已没有止境。

提尔的威廉写道："为了那位被流放的伯爵，她的心中充满了哀伤，而她自己的清誉也因为那可耻的指控而受到了玷污。"

现在，曾支持富尔克反对于格的那些人因担心生命而远离她。梅利桑德的愤怒既是因为于格的死，也是因为坊间流传她和于格的所谓风流韵事，是对她良好声誉的恶毒贬损。富尔克的嫉妒心是他的支持者挑起的，特别是纳布卢斯的罗哈德，梅利桑德对他的迫害更甚于其他人。她将这些人赶出了宫廷，他们也不敢参加公众集会，因为这些地方可能发生对于格那样的刺杀行动。就连富尔克本人也为自己的安全担惊受怕，小心翼翼地避免独自一人或者手无寸铁地身处女王追随者之中。提尔的威廉这样描写梅利桑德的愤怒：

　　从那时起，所有曾告发伯爵，从而激起国王愤怒的人，都令梅利桑德女王感到不满，他们被迫采取谨慎的措施保护自己的安全【……】这些告密者一旦到了她的面前就不会安全；实际上，他们知道远离公众集会才是审慎的做法。就连国王也发现在女王的亲属和支持者之中没有安全可言。

　　梅利桑德究竟是否参加了于格的叛乱，已无从查考。提尔的威廉是唯一深入叙述这一插曲的史家，他也没有明确地将她与于格的煽动性言行联系起来，只是重复两人"过于亲密"的传言。不过，可以肯定的是，至少是于格身在耶路撒冷时，女王卷入其中。如果两人的亲近关系足以引起流言，而于格是为了她和当地贵族的权利而战，更重要的是还曾到安条克访问过她叛逆的妹妹，那么梅利桑德肯定知道于格的计划。很明显，富尔克和于格之间有着激烈的竞争，不管这种竞争是政治上还是感情上的，梅利桑德都是矛盾的中心。

富尔克代表着西方的后来者，渴望着改造海外国家，使之适应自己的口味和野心，不惜牺牲本地贵族的利益。很明显，富尔克带来的大批家臣在当地贵族中激起了愤怒和不满，梅利桑德和于格最为明显。由于富尔克试图将梅利桑德排除在国政之外，她也就成了无依无靠的贵族们的自然象征，于格起而支持她，挑战的是富尔克试图引入的整个制度。

盎格鲁－诺曼教士奥德里克·维塔利斯的写作年代几乎与这一事件相同，而提尔的威廉此时年纪尚小，因此维塔利斯比他更接近这些事件，他对于格叛乱背后的原因叙述得可能更准确：

首先，他【富尔克】行事缺乏应有的远见和精明，更换总督和其他高官时太快且草率。作为新统治者，他把那些从一开始就坚决反对土耳其人的主要人物驱除出议会，代之以安茹来的陌生人和其他一些他愿意听取意见的新来者；他遣散了资深的老兵，将王国议会中的主要位置和各个城堡的城主之位留给了新来的谄媚之徒。结果是，不满情绪大大蔓延，顽固的显要人物被激怒后起而反对如此轻率更换官员的人。在很长一段时间内，在邪恶势力的影响下，他们将本应团结起来对付异教徒的作战技能用于自相残杀。他们甚至与异教徒联合起来，相互对抗。

虽然这段文字中没有提到梅利桑德的名字，但她是被安茹闯入者取代的资深老兵的缩影。维塔利斯在介绍这些事件时犯了一个小错误，富尔克在位期间，真正曾帮助戈弗雷镇压穆斯林的老兵多数已经死去。被富尔克剥夺权力和影响的，是他们的儿女和继承人，其中许多都是在海外国家出生的。富尔克试图以鲍德温二世相同的方式巩固权力，向信任的人馈赠礼物以确保他们的忠诚，也不听取妻子的意见。然而，他的错误就是没有意识到，这样的计划对根基已稳的基督教贵族是不起作用的，他对权力的主张只能通过梅利桑德，后者是他与占领耶路撒冷的第一批十字军骑士的血统联系。

梅利桑德对形势的全部感受被于格的行为掩盖了。他支持女王的事业，并将压力从她身上引向自己。当他死去，梅利桑德无比愤怒，她真实的态度和参与程度在其反应中暴露无遗。她将丈夫赶出宫廷，威廉牧首和亲近的朋友竭力调停，疯狂地阻止这个王国进一步瓦解，于是她的"愤怒得到缓解"，夫妻之间才达成和解。梅利桑德确实有理由愤怒，她父亲在位时制定了一系列法律，专门用来惩罚通奸的妇女。1120 年在纳布卢斯召开的议会上决定，耶路撒冷王国中的妇女如被发现通奸，将经受劓刑，这种野蛮的刑法切开受刑人的鼻孔，或者将鼻子完全割掉。富尔克指控梅利桑德通奸，不仅威胁到她的政治地位，还使她处于严重的危险之中。

此时，富尔克在妻子面前卑躬屈膝，深受她雷霆之怒的折磨和惊吓，或许也是第一次意识到，自己娶的是一个多么可怕的女人。从那天起，梅利桑德在两人的关系中占据了上风，富尔克对她一味顺从。他再也不敢公开违背妻子的意志，也不敢在耶路撒冷王国中做出任何令她不快的事情。于格的叛乱可能失败了，并以伯爵的流亡和死去告终，但它实现了目标：梅利桑德收回了治权，本地贵族的地位保住了。叛乱过后，梅利桑德的名字出现在富尔克于耶路撒冷王国中颁布的几乎每一部宪章上，既表示她的支持，也彰显她日益增强的权力。

不过，在这场不幸的婚姻和政治灾难的余波中，富尔克和梅利桑德开始产生了一种更为亲密的关系。提尔的威廉叙述道："经过某些密友的调解，国王经过持续的努力，最终得到了原谅。"有两件证据可以证明富尔克努力向妻子道歉并取得了成功。第一件就是上文提到的精美诗篇，富尔克将其献给梅利桑德以作为谢罪之礼。另一件就是动乱之后数年，他们的第二个孩子阿马尔里克出生了。

大马士革的祖姆鲁德

梅利桑德并不是 12 世纪 30 年代唯一反抗男性统治、在中东掀起波澜的坚强女性。一位与梅利桑德有着类似血统的贵族妇女操纵着大马士革宫廷的政治。除了耶路撒冷和君士坦丁堡，大马士革是当时黎凡特的第三颗明珠，大马士革的伊斯兰宫廷堪与耶路撒冷基督教宫廷比肩，充斥着阴谋、紧张和无妄之灾。这个宫廷的核心是一位与梅利桑德一样刚猛、顽强的女王。

哈通·萨夫瓦特·穆尔克·祖姆鲁德是显赫一时的穆斯林埃米尔贾瓦里的女儿。她的名字祖姆鲁德在阿拉伯语中是"绿宝石"的意思。由于母亲的关系，祖姆鲁德还是大马士革的杜卡克的同母异父妹妹，杜卡克是一位穆斯林领袖，曾在第一次十字军东征时与之对抗。祖姆鲁德的这位哥哥曾一次又一次地与梅利桑德的父亲交锋，她自己的丈夫——大马士革总督布里——也曾与鲍德温二世对抗。事实上，在1129年的大马士革十字军东征中，祖姆鲁德遭到了梅利桑德的父亲和丈夫的围攻。

祖姆鲁德是大马士革前任领主布里的遗孀。她的儿子伊斯梅尔在父亲死后夺取了权力。伊斯梅尔年纪尚轻，性格喜怒无常。1133年即位时只有20岁的他很快就得到了贪婪、残忍的恶名。他的随从中有父亲在位时留下的顾问优素福·伊本·菲鲁兹，此人与统治家族一直关系密切。过一段时间，将会有人指控祖姆鲁德与菲鲁兹有染，大马士革宫廷的这桩丑闻将塑造叙利亚伊斯兰世界的政治面貌和王朝。

因此，当雅法的于格在耶路撒冷躲避有形和无形的打击时，戈兰高地的另一边也正在上演着类似的不公正戏码。

祖姆鲁德的丈夫曾遭遇穆斯林最神秘，同时也是最有名的教派之一——尼扎里·伊斯梅利派，这个教派更常见的名称是"阿萨辛派"（意为"刺客"）。他遭到两名秘密加入阿萨辛派的随从奴隶的袭击，尽管伤势已经痊愈，但他急于度过康复期，过早地尝试骑马，导致伤口开裂，于1132年6月去世。他的儿子伊斯梅尔继位成为大马士革统治者。祖姆鲁德表面上进入服孝期，远离公众生活，成为孀居的太后。她在丈夫死后的第一个举动是下令修建一座大马德拉沙①。这座神学院后来被称为哈图尼亚城外学院，这是在大马士革建立的第五所马德拉沙，将对三十多年后努尔丁修建的陵墓-清真寺-马德拉沙巨型建筑群产生影响。它位于城墙西面的上沙拉夫，比梅利桑德在耶路撒冷的建筑项目更早。

伊斯梅尔的统治开始得很顺利，他从法兰克人手中收回了巴尼亚斯要塞，向富尔克国王表明自己是东方重要的新对手。阿勒颇领主赞吉也注意到了伊斯梅尔的军事力量。然而，伊斯梅尔不善外交，生性多疑。由于税收政策不公平且性情暴躁，他与关系密切的人疏远了，所以一直担心遭到暗杀。祖姆鲁德不可能为这样的儿子感到自豪。伊本·艾西尔写道，他"使用极端的酷刑榨取金钱，表现出过度的贪婪和吝啬……他的家人、追随者和臣民都厌恶他"。

当伊斯梅尔家中的一名奴隶试图谋杀这位不受欢迎的总督时，事情发展到了高潮。被擒之后，这位奴隶宣称，他的行为

---

① 马德拉沙：伊斯兰教经学院。——译注

目的是赢得真主的恩惠，让这个世界摆脱伊斯梅尔的恐怖统治，在审问中，他供出了其他同谋。其中有伊斯梅尔的同父异母兄弟，伊斯梅尔将他关起来活活饿死。这个不幸的兄弟不是祖姆鲁德的儿子——他是布里另一位妻子所生——尽管她可能不为此感到哀恸，但无疑为儿子的残暴行为感到震惊。

伊斯梅尔极端的多疑（但回想起来是有道理的）加剧了人们对他的恶感，他认为自己在大马士革宫廷内不再安全了。他开始将其财产转移到南面的塞勒海德。随后，他写信给阿勒颇总督赞吉，说明了他放弃大马士革的意图，并告诉赞吉，如果他不来接管这座城市，它就将落入法兰克人之手。

然而，大马士革人无意将他们珍爱的首都送给阿勒颇总督，而是急忙找到祖姆鲁德，恳求她出手干预，阻止她儿子的疯狂举动。

祖姆鲁德为伊斯梅尔的行为而"焦急和担忧"，承诺将解决这个问题。此外，关于祖姆鲁德与已故丈夫的首席顾问优素福·伊本·菲鲁兹之间关系的流言已经传播了一段时间，这和围绕梅利桑德与雅法的于格的情况没有什么不同。祖姆鲁德得到消息，这些谣言已经传开，而且传到了她儿子那里，他已打算杀死优素福。这使祖姆鲁德陷入困境。最终，这件事情的解决也出人意料地轻松。她儿子肆意妄为，随意杀害朝臣，放弃重要的领土。与祖姆鲁德关系密切的一个人生命危在旦夕，如果伊斯梅尔确定她与已故父亲最亲密的顾问有染,那么她自己也不安全。优素福·伊本·菲鲁兹逃离大马士革,躲在巴尔米拉,祖姆鲁德将儿子召到面前。对伊斯梅尔提出告诫,并严厉斥责他的各项决定和可耻行为之后,她相信儿子已经不为言语所动。

情况已经十分紧迫,但祖姆鲁德的行动十分沉着冷静。这位王太后平静而坚定地安排了刺杀儿子,以及保护她的王国、爱人和自身生命的行动。她说服了伊斯梅尔的奴隶们——不知道有没有动用黄金——反对主人。考虑到年轻总督的暴烈脾气,这件事不太可能需要很多的周折。祖姆鲁德指示,一旦奴隶们有单独与伊斯梅尔相处的机会,就应该迅速将其杀死,他们也这么做了。伊斯梅尔死时只有21岁。当奴隶们向祖姆鲁德报告大事已成,她立刻进行下一步,命令将儿子的尸体拖到某个公共场所,让人们知道他的死讯并为此欢庆。伊本·卡拉尼西写道,她"毫不留情,没有为失去儿子而表现出任何哀伤,是因为他那邪恶的行径、败坏的思想、不端的举止和应受谴责的表现"。

祖姆鲁德的下一步是立她的次子马哈茂德为大马士革领主。这次丑闻结束后不久,赞吉应已故的伊斯梅尔的召唤,兵临大马士革城下,但却得到了礼貌而坚定的通知:大马士革已经决定不会归顺他。赞吉虽然退了兵,但心中已在筹划其他途径,要兵不血刃地将大马士革纳入他的帝国,也开始对美丽动人、孀居在家的祖姆鲁德念念不忘,他明显看出,那是王位背后的力量所在。经过短暂的商谈,两人结婚,祖姆鲁德以霍姆斯城作为自己的嫁妆。赞吉希望通过与祖姆鲁德的婚姻统治大马士革，但这一计划从未取得成果。

婚后不久，祖姆鲁德的次子马哈茂德也于 1139 年 6 月遭到暗杀。她的反应与长子被杀时不同，"不安、烦恼，为失去他而悲痛"。她写信给身在摩苏尔的丈夫，"催促他立刻进兵复仇"。复仇的对象不是别人，正是祖姆鲁德的三儿子，他在哥哥死后自立为大马士革领主。赞吉夺取该城之前，此人就因病而死，事实证明，攻城十分困难，因此赞吉在城主死后也放弃了。祖姆鲁德 1113 年生下了一个儿子，意味着她出生在 1100 年之前，至少比梅利桑德大七岁。但是，这两位女性作为女王确实可以匹敌。梅利桑德统治耶路撒冷时，祖姆鲁德也在大马士革行使着权力。她从未像梅利桑德那样，被正式承认为继承人或者女王，但绝望的政客们请求她干预城主所为，这一事实就说明了她在大马士革宫廷里受到的尊重，以及拥有的权力。祖姆鲁德和梅利桑德都是精明、坚定的贵族妇女，也是艺术和建筑的赞助人。梅利桑德从未设计谋害过自己的儿子，但她拼命保护雅法的于格，当她相信富尔克企图伤害于格的性命，就愤怒地加以指责。同样地，在位末期她感觉到儿子将要挑战自己的权威时，也毫不犹豫地采取对抗措施。

两位女王都是各自信仰的不懈支持者，梅利桑德对圣墓教堂进行了大规模扩建，而祖姆鲁德修建了大马士革的哈图尼亚学院，这座令人赞叹的穹顶建筑到今天仍巍然矗立。在萨拉丁统治时期之前，这是女性对大马士革宗教界的最后一项重大贡献。

和解

梅利桑德和富尔克和解之后，海外国家迎来了一个罕见的平静时期，这一阶段梅利桑德赞助了许多艺术和建筑项目。除了其他宗教工作和捐献之外，梅利桑德还有机会为最小的妹妹伊薇特做点事情，后者在幼年间有过不幸的经历，被穆斯林统治者蒂穆尔塔什扣为人质一年之久。伊薇特的未来似乎是梅利桑德的三个妹妹中最为复杂的，但从许多方面上看，事实证明她的未来才是最简单的。梅利桑德倾尽全力想要改变艾丽丝的命运，后者却自取灭亡，英年早逝。随后，梅利桑德又为妹妹霍迪娜安排了与的黎波里伯爵雷蒙德的盛大婚礼，确保她成为海外国家地位最显赫的女性之一。但是，梅利桑德没能为伊薇特找到任何追求者。事实上，甚至没有任何证据表明她曾尝试过。她与所有人一样深知，一位曾生活在敌人中间的女子不太可能有美好的婚姻。

不管在牢笼之中是否遭到侮辱，这段经历都玷污了伊薇特的声誉。对于不能婚嫁的贵族少女，唯一体面的道路就是进入修女院，因此伊薇特年纪轻轻就进了圣安妮修女院——鲍德温一世的第二任妻子阿雷特非常憎恨的那座修女院，梅利桑德确定，在一个出身和血统都低人一等的院长监督下，一辈子安静地徘徊于回廊之中，对最小的妹妹来说不是好的归宿。

相反，在王国的政治环境允许的时候，她构思了一个计划，创建一所新的宗教机构，最终由妹妹来主持。从某种程度上讲，将一个富有的宗教团体控制权交给伊薇特，将使她比许多世俗的男性领主拥有更大的势力。教会有自己的法律、登记制度和财产，不受俗世中臣属和宗主关系的限制。作为修女院院长，伊薇特可以像海外国家中最有权势的女人那样，确保有意义、受尊重的生活，可以配得上莫菲娅和鲍德温二世第四个女儿的王家地位。

梅利桑德女王亲自负责为妹妹建设这座修女院。她勘察了合适的选址，在圣地丰富的宗教场所中考虑了多个选择之后，她谨慎地选择了伯大尼村。这个村子距离耶路撒冷旧城大约30千米，因此梅利桑德去探访妹妹相对比较容易。从宗教角度看，伯大尼村也十分重要，因为它是《圣经》中耶稣救活的麻风病人拉撒路的家乡，拉撒路的姐妹马大和玛利亚也住在这里，她们曾侍奉过耶稣。一块对《圣经》中两位女性人物如此重要的土地，是梅利桑德建立一座修女院的合适场所。选定了这个属于圣墓教堂的特殊村落之后，她就用希伯伦附近的土地交换伯大尼的所有权。

此后，梅利桑德启动了一个建筑项目。她修建了一座相当宏伟的修女院，并建造了一座坚固的望楼，为修女们提供保护。她向这座修女院捐赠了财富和土地，目的是让妹妹的新家比其他修道院、修女院或教堂都更加富裕。为了避免裙带关系太过明显，梅利桑德没有立即让伊薇特担任院长，而是选择了一位受人尊敬但年老多病的妇女。这位女士为两位王室姐妹做了一件"好事"——上任不久就去世了。其他修女尽责地选举伊薇特为新院长，她在整个余生中都统辖着伯大尼修女院。她在这个世外桃源颐养天年，比三位姐姐都活得长久。她也和大姐梅利桑德女王保持着亲密的关系，后者在许多年里都一直是她和修道院的主要资助者。将近二十年后，当梅利桑德重病在床，伊薇特赶到姐姐身边，亲自服侍。

伊薇特继任院长时，梅利桑德向修女院捐赠了更多的财富。她甚至捐赠了整个杰利科（古称耶利哥）及周围的土地，使伯大尼成为海外国家最富有的宗教机构。这也为修女院提供了持续的收入，即便后来的耶路撒冷统治者没有兴趣支持它，这也能确保它的生存。梅利桑德还送给修女院"大量镶有宝石的金银圣器。同样地，她也按照教规的要求，给了修道院用于装点神殿的丝绸，以及各种类型的法衣，包括牧师和祭祀所用。"

梅利桑德或许和父亲一样关心自己的遗产和不朽的灵魂。教会巧妙地设计了一种信念：对宗教团体的捐赠能在人们死后为其灵魂带来益处，这可能影响了梅利桑德的决定，让她给予这个新的宗教团体如此奢侈的捐赠。如果她希望伯大尼修女院能世世代代存续下去，那就大错特错了，不到一个世纪之后，它就遭到了马穆鲁克人的洗劫。

在向圣拉撒路麻风病院捐赠资金的章程中——事实上，没过多久，麻风病就成了她的家族非常熟悉的一种疾病——梅利桑德女王承认了向宗教组织和纪念建筑大量捐献的一些理由："智者的习惯是用文字记录下他们的工作，这样就不可能从记录中删除它们，他们的后代也就可以仿效先辈的作为。"有趣的是，在这份章程中，女王并没有提到女性，说明在她的行动与功业中，她希望一位女王能等同于亲王和国王，而不是亲王夫人和妻子。

除了在伯大尼的工程之外，梅利桑德还与丈夫一起担负了雄心勃勃的圣墓教堂改建项目。他们两人曾打破传统，将这座教堂作为加冕典礼的新选择，从而使其代替伯利恒圣诞教堂成为耶路撒冷王国的国家教堂。12世纪，这座教堂经历了一次大规模的建筑和复原工作，该项目始于富尔克和梅利桑德共治的时期。

对两人在位后期共治时这些宏大的资助项目细加考察，就可以明显地看出富尔克和梅利桑德的婚姻关系已经复原，他们不仅有了第二个孩子，王国也在他们的共同治理下蓬勃发展。政府分裂的最明显标志就是无力完成任何工作，一切都停滞不前，梅利桑德和富尔克共治期间的情况最能说明这一点。耶路撒冷王国的边境得到了很好的防御，正如我们已经看到的，在他们的赞助下，艺术和建筑都展现出繁荣的景象。这一时期，没有任何新的丑闻撼动王国，一度尖锐对抗的国王和王后似乎也开始有了真正的感情。他们的关系开始时并不平等，困扰于两人年龄上的巨大鸿沟和富尔克的个人野心，此时却慢慢变成了非常接近于爱情的一种关系。

这对夫妻逐渐开始一起上朝，正如我们所看到的，他们联名写信和发布宪章，这是婚姻和睦的正常模式。然而，这段来之不易的美满婚姻却没能持久。1143 年 11 月 7 日，秋季即将过去之时，夫妻二人在王国北部的阿科小住，这座城市位于美丽的群山之中，面朝大海，靠近当今的黎巴嫩边境。或许是希望充分地享受晚秋的阳光，对高墙内的生活感到厌倦，梅利桑德决定到户外骑马，以冀改变一下环境，观赏这座坚固城池周围乡间的流泉。中世纪的城市不是令人愉快的地方，阿科是著名的大商港，因此比大部分城市更不舒适。那里十分拥挤，贸易活动繁忙，所以，像这样到山间呼吸新鲜空气的远足是常有的事情。富尔克提出陪伴女王，两人带着少数随从一同乘马出门。

一行人扬鞭而行，此时一只受惊的野兔从沟渠中跳出，在乡间狂奔。国王立刻追了上去，挥舞着长矛在凹凸不平的地面上飞驰，他渴望着向妻子表现自己的狩猎技巧和精湛骑术。在富尔克的疯狂驱策之下，受惊的军马脚步踉跄，将富尔克从马背上掀了下来，一头撞在地面的石头上。猛烈的撞击使他失去了知觉，落地几秒之后，沉重的马鞍也随着他脱落，狠狠地砸在他头上。他的伤势一眼可见，血和脑浆从他的鼻子和嘴巴里流了出来。随从们很快赶上来围在四周，急切地帮助和照顾他，但国王此时已不省人事，毫无反应。

就在这时，梅利桑德到了。看到富尔克的样子，她悲痛欲绝，歇斯底里地撕扯着自己的头发，一头扑倒在他身边的地上。她抱着丈夫，撕心裂肺地痛哭，以致无法言语。流泪的不只是她一个人；她的悲伤极具感染力，本身就是一个悲剧性的场景；很快，家臣们也都为受伤昏迷的富尔克而哭泣。在中世纪的海外国家，如此严重的伤情通常相当于死刑判决。

事故的消息很快传遍全城，民众和贵族们很快涌到现场，目睹了梅利桑德的悲伤，而家臣们还在极力思索救治方法并止血。在围观人群的帮助下，虽昏迷不醒但尚有一线生机的富尔克被小心翼翼地迅速送回城里，得到了精心的护理。他昏迷了三天，最终还是于 11 月 10 日伤重不治。

富尔克统治海外国家 12 年，与梅利桑德结婚 14 年。虽然统治和婚姻开始时都并不顺利，但最后都进入了稳定、繁荣的状态，王国和女王都为失去这一切而悲痛。

富尔克的尸体被隆重地送回耶路撒冷，全城的教士和平民都聚集在街上迎接，并组成了一个葬礼的行列。他与岳父和其他先辈耶路撒冷国王一起长眠于基督教最高圣地——圣墓教堂亚当礼拜堂中的髑髅山脚下。耶路撒冷牧首威廉主持了葬礼弥撒。耶路撒冷的皇家陵墓在后来的几个世纪里遭到土耳其人洗劫，久已无从找寻，但富尔克埋骨之地仍在髑髅地的台阶下，人们可以随着成群结队的朝圣者前往瞻仰。

富尔克的家人为他哀悼。他留下了此时 38 岁的梅利桑德，以及他们的两个儿子——13 岁的鲍德温和 7 岁的阿马尔里克。

第4章　梅利桑德女王统治的第二个时期

耶路撒冷国王鲍德温是个大有前途的少年，而他的母亲是一个聪明谨慎的女子，内心强大，在智慧上不亚于任何一位国王……

——提尔的威廉

富尔克的去世使梅利桑德失去了14年的伴侣。她也得到了统治耶路撒冷王国的机会。虽然她对丈夫的死真心感到悲伤，但这确实为她提供了千载难逢的好机会：在基督教最神圣的城中拥有无法挑战的至高权威。这是许多人都有的野心，但实现者寥寥无几。对于一位受过良好教育、雄心万丈的女子，走出男性阴影的机会确实难得一见，也使她为东西方王室中的女性所羡慕。

在此之前，梅利桑德在王后这一角色上的表现令人钦佩，为王国造就了两位健康的男性继承人。然而，鲍德温和阿马尔里克在父亲去世时年纪尚小。梅利桑德从雅法的于格去世时起就是王国中的权威之声，此时的她深得人们的拥戴，尤其是长久的盟友威廉牧首，而且她本人掌握着实际的权力。这些因素恰好同时存在，也就没有多少障碍或对手能阻止梅利桑德与她年少的儿子鲍德温一起治理耶路撒冷王国了。

这与她不幸的妹妹艾丽丝试图利用博希蒙德二世的死夺取安条克权力时的情况形成了直接的对照。梅利桑德的地位远胜于妹妹。她成功地于丈夫在世时取得了与之共治的平等地位。除此之外，由于世袭的权利，她可以要求耶路撒冷的王位和摄政权，而艾丽丝只是通过与已故丈夫的一段短暂婚姻成为了安条克亲王夫人。

虽然梅利桑德已于1131年加冕受膏，成为女王，但在1143年的圣诞节再次加冕，与长子鲍德温三世成为共同的统治者。虽然他们一起加冕，但鉴于鲍德温年少，梅利桑德在王国里影响力巨大，提尔的威廉断言"王权传给了上帝喜爱的女王梅利桑德，这也是世袭权利的归属"。从一开始就可以明显地看出，梅利桑德此时独掌耶路撒冷王国的大权。

继位后不久，梅利桑德收到了一封意外的支持信，它来自克莱沃修道院院长贝尔纳。他已成为欧洲最显赫、最有影响力的人物，对欧洲修道会的影响可能还超过了教皇本人。他在富尔克去世后给梅利桑德寄来如下信件：

由于您的丈夫亡故，年轻的国王还没有做好承担王国事务、履行国王职责的准备，所有人的目光都集中在您的身上，王国的全部重担也落在了您的肩上。您必须接手繁重的事务，表现出巾帼不让须眉的力量，以合作、坚韧的精神完成必要的任务。您必须审慎合理地处理所有事务，让所有人从您的作为中看到国王而非王后的影子，而不要在人们问"耶路撒冷国王在哪里？"的时候说，"我做不到这一切。这些大事超出了我的能力和知识。这些是男人的事情，可我是个女人，身体孱弱，心智不稳，不能审慎提议，不习惯于承担大事。"我知道，孩子，我知道这些都是大事，但我也知道，大海的涌动是奇妙的，正如天上的主是奇妙的。这些事都很了不起，但我们的主是伟大的，他的力量无边无际。

对于现代读者来说，这封信显得有些居高临下，但对于中世纪的人们而言，信中的话豁达开明、富于远见。这封信是独一无二的文献，一位天主教会中最有权势的人物鼓励女性独自统治一个基督教王国。他建议女王遵从自己的直觉，做出自己的决定。尽管贝尔纳小心翼翼地将梅利桑德作为女王取得的所有成功归功于上帝的伟大，而不是她本人的才能和敏锐，但他断言女王能够应对统治中面临的挑战。他的信默认梅利桑德的治理能力胜过一个男孩子——这在中世纪的欧洲并不总是理所当然的。他不建议她迅速再婚，为基督教王国带来一位男性统治者，或者听从更聪明的男性顾问的判断，而是用祈祷和信心来武装自己，迎接治理国家的挑战。在当时欧洲和海外国家的宗教体系背景下，这是一件了不起的大事。就连有史以来最著名的未婚女王——英格兰的伊丽莎白一世——在梅利桑德之后四百年才即位，都仍然遭到各方面的压力，要求她结婚并听从男人的建议。

这封非凡信函的作者——克莱沃的贝尔纳——将成为梅利桑德生活中的一个重要人物，他不仅写了这封居高临下却充满鼓励的信，还成为了第二次十字军东征的发动者，这次东征将为梅利桑德所在的海岸带来新一波欧洲王室成员。

梅利桑德女王余生当中一直孀居，这是她个人意志力的体现。然而，富尔克去世若干年后，出现了她有一位爱人的流言，这也导致克莱沃的贝尔纳给她写了第二封信，责问关于她不是"节妇"的流言：

致基督喜爱的女儿——耶路撒冷女王梅利桑德：我们听到了消息，我承认，我不知道这是何等背信弃义的事情，尽管我们不相信这是真的，但令我们悲痛的是，无论真假，它们都玷污了您的名声……女王的行为不管是否值得尊敬，都不可能掩人耳目。它们都在烛台之上闪耀，每个人都能看见。记住，一个寡妇关心的不再是取悦男人，因此，她只能取悦上帝。如果您把救主作为保护良心的墙、击退恶名的外墙，那您就是有福的。我说的是，尽管孤独凄凉、孀居在家，只要您将自己完全交给上帝，就可得到庇佑。不能顺从上帝，您就不可能很好地治理国家。因此，当您想到自己的崇高地位，请注意自己寡妇的身份，如果我可以告诉您真正的想法，那就是——如果您不能成为一个节妇，就不可能成为优秀的女王。

这封信没有贝尔纳的前一封信那么引人注目，但说教的意义相似。很明显，贝尔纳已经听到了梅利桑德风流韵事的流言，但是不是真有此事、对象为谁，历史上都没有记载。不过，这件事说明，贝尔纳写信的时候梅利桑德确实独自统治着王国，且具有某种程度的个人自由。

与大部分同时代的公主和王妃不同，梅利桑德的父亲（可能还有母亲莫菲娅）为她治理国家做了很好的准备，为她提供了统治王国所需的工具和经验。如果鲍德温二世没有特别注意以超出当时预期的标准教育女儿，让其参加议会会议，并从少年时起就承认她为继承人，她不可能轻松地跟随父亲和已故丈夫的脚步，接过王冠。

埃德萨失陷和第二次十字军东征

梅利桑德继位相对比较轻松，但事实证明，她的统治却极不稳固。

1144 年，富尔克猝然离世仅仅一年，一场灾难震动了海外国家。最东面的邦国埃德萨被摩苏尔和阿勒颇领主赞吉的军队攻陷。

赞吉征服埃德萨的行动野蛮得令人震惊。该地的原统治者库特奈家族逃出重围，他们的故事，特别是最小的女儿艾格尼丝的经历将在后面详述。不过，大部分当地人却没有这样的幸运。拉丁居民遭到大屠杀，与1099年十字军征服耶路撒冷时该城居民的遭遇相似。

　　埃德萨城对梅利桑德女王有着特殊的意义，那是她父亲最初的领地，她在那里出生，童年早期也在那里度过。尽管如此，它在赞吉发动进攻时防御措施非常有限。领主库特奈的乔斯林二世缺位。埃德萨是最古老的基督教城市之一，人口主要是亚美尼亚和迦勒底商人及手工业者，而不是士兵。埃德萨一直是十字军诸邦的一个弱点，此时它的防御主要依靠教士雇用的士兵，这些人并不是士气最盛的雇佣军，因为他们的工资常常被拖欠。赞吉发动突袭时，埃德萨人根本没有能力击退他。

　　梅利桑德在很多方面都与父亲相当，但在统治初期，她在一个关键的方面没能达到父亲的标准。由于父亲去世，富尔克的统治不得人心，耶路撒冷王国对的黎波里、安条克和埃德萨统治者的控制一直在削弱。梅利桑德继位时，十字军诸邦的宗主权处于一种微妙的平衡之中，海外国家统治者之间的君臣关系本质上是每任新统治者重新协商达成的。

　　富尔克死后，梅利桑德成为唯一的统治者，她没有采取必要的措施，行使耶路撒冷对海外国家贵族的控制权。这或许是由于女王相对国王的局限性，但历史记录并没有说明，她曾特别努力地迫使安条克亲王、的黎波里伯爵和埃德萨伯爵臣服于自己；也许她知道这样做不会有结果。但是，梅利桑德确实在统治初期安排了妹妹霍迪娜与的黎波里伯爵的婚事，这桩婚姻并不成功，她也再没有尝试用联姻的力量确保忠诚与合作。梅利桑德在行使对安条克、的黎波里和埃德萨宗主权方面缄口不语，也可能是因为富尔克统治期间丧失了许多基础，鲍德温二世建立的封臣关系已经不可挽回地失去了。确实，的黎波里、安条克和埃德萨领主愿意接受梅利桑德为耶路撒冷女王的唯一理由，就是他们预计女王的干涉会比国王少一些。

这一时期凝聚力的下降给整个海外国家造成了可怕的后果，特别是埃德萨和安条克。安条克的雷蒙德与埃德萨的乔斯林二世之间的强烈敌意不断发酵，事实证明这是埃德萨毁灭的根源。提尔的威廉直率地表示，到富尔克去世的时候，雷蒙德和乔斯林之间的冲突已经达到了"公开敌对"的程度，"双方都因对方的危难而感到喜悦"。在鲍德温二世的年代，国王可能毫无困难地迫使两个发生纷争的贵族讲和，但梅利桑德并没有前往北方解决两人的不和。结果是，她接管王国不到一年，就发生了一场巨大的灾难。

赞吉集结了一支由骑兵、步兵和专门攻城装备组成的强大军队，机敏地利用了乔斯林伯爵缺位和他与安条克的雷蒙德之间的敌意，围攻并封锁了埃德萨。这座城市对此番攻击准备很不充足。

赞吉切断了该城的出入口，没有人能够逃脱，也没有人能进入该城。提尔的威廉委婉地写道，陷于城中的人被迫"无所不用其极"地避免饿死。有些资料更明确地表示，在围攻战中被逼入绝境时，士兵们什么都吃——从他们的战马到树皮，还有人。

　　乔斯林伯爵听到赞吉进攻的消息，立即向耶路撒冷和安条克寄去紧急求援信函，梅利桑德召开会议，派出了由她信任的治安官耶尔日的马纳赛斯率领的军队，而雷蒙德却对乔斯林的恳求无动于衷。危急的形势也不足以消弭两人之间的敌意。安条克是派出援兵的最有利位置，可它却没有出动一兵一卒以解埃德萨之围。正如穆斯林各派之间的不和使十字军在 11 世纪一路突进征服穆斯林领土那样，十字军各派之间的不和也使穆斯林在 12 世纪夺回了失去的领土。

　　赞吉发动了无情的攻击。除了向城中射出如雨般的箭矢、石块和其他投掷物以杀伤人口之外，他还派人挖掘地道，破坏城墙。经过四周的持续围攻，一座塔楼坍塌，城墙上出现缺口，1144 年圣诞夜，赞吉的士兵由此穿越工事，蜂拥进入城内，基督教居民遭到屠杀。拉丁基督徒遭到无差别的屠杀，而当地亚美尼亚和迦勒底基督徒则免于一死。

　　拼命自救的市民们涌向城中心坚不可摧的堡垒。这座雄伟的堡垒和难以攀爬的围墙今日依然耸立，人们发现大主教关上了大门，惊慌已极，许多人在狂奔中被踩踏致死。在人们面前关上大门的埃德萨大主教也死于混乱之中。他似乎曾冒险走进人群中，试图安抚民众，但陷在弯刀和石墙之间的基督徒惊慌失措，不愿响应保持镇静的呼吁。人们对于格的死并不感到痛惜，因为许多人认为他对这座城市的陷落有责任：他有很多财富，却没有用它来雇用更多士兵，保护他的教众。

梅利桑德派出的援兵和乔斯林伯爵集结的解围部队兵力太少，来得也太迟。乔斯林一直在埃德萨以西的提尔贝萨等待援兵，试图与耶路撒冷和安条克军队组成一支联合解围部队，并寄希望于高高的城墙能守住更长的时间。塔楼、护城河和防御工事都修得非常好，但没有训练有素、士气高昂的士兵守卫，它们也就没有太大的用处。这虽然不能直接归咎于梅利桑德的错误，但仍然被视为她在军事和政治上的弱点。哪位君主会让基督教领地如此重要的一部分毫不设防，暴露在这样的攻击之下？

这一插曲是对梅利桑德的统治及声誉的巨大打击，但也说明管理王国的是她而非她的儿子。召开贵族议会并派出军队的不是年轻的鲍德温三世，而是梅利桑德。女王看起来积极采取措施，阻止儿子卷入军队事务。她不允许他随同或指挥军队前往埃德萨挑战赞吉。简单来说，这可能是典型的父母对子女及王国继承人幸福的关心，但也可能有着政治上的动机。中世纪统治的一个特征就是，梅利桑德因为其性别而被排除在军事行动和军队的指挥之外。女王（王后）可以守卫被困的城市并计划军事行动，但不能在战场上率军作战。如果她的儿子赢得了军人的声誉，他在挑战母亲权威时就处于更强有力的地位。梅利桑德不信任长子的迹象已经显露，她担心儿子企图取代自己。这些担忧最初可能显得毫无根据，但随着时间的推移，可以证明是女王的机敏所致。

为了因应埃德萨失陷的局面，梅利桑德派出使者前往安条克，讨论下一步的最佳方案。埃德萨是她的出生地和度过童年的地方，她对那里的失陷感到非常痛苦，急于将其夺回。她也确实为故乡百姓的困境所触动。虽然杀戮与暴行在中世纪相对比现在更常见，但埃德萨大屠杀的消息还是在整个基督教世界引起了反响，令欧洲和东方的君主们都一样痛心。大屠杀的幸存者本就不多，其中多数还被抓去为奴，其他许多人则被折磨至死。中世纪对这次围攻战和屠杀的叙述很多，这些叙述各不相同，但都证明了这次恐怖事件的规模。确实，在阿拉伯、拉丁、希腊、法国和亚美尼亚的资料中，都能找到对这次灾难的生动描述。梅利桑德对逃离埃德萨的难民十分同情，这可以从他们抵达耶路撒冷时她为其准备的必需品中看出。纪念这一救济行为的石刻匾额至今尚存，叙利亚经文中也有一段为王后祈祷的文字，这是因为她救济了叙利亚和亚美尼亚难民。

人们很快就确定，重夺埃德萨超出了海外国家的能力范围。如果它们集结境内的所有士兵，很有可能做到，但这样的行动将使其余领土难以抵御其他方向的攻击，这是不能接受的。梅利桑德需要的是欧洲来的增援，考虑到这一点，她决定派一位使者到罗马，恳求教皇的支持，呼吁欧洲各地领主向东方派出援兵。1145年这次出使导致了1095年以来基督教徒最大规模的战争号召，并得到了欧洲最有权势的两位基督徒的支持——教皇尤金三世和先前与梅利桑德通过信、极具影响力的克莱沃的贝尔纳。

1145年12月1日，教皇向各国国王和法兰西贵族颁发诏书，指示他们"做好准备，对抗众多异教徒"。贝尔纳"热忱、不懈地"在整个欧洲鼓吹东征，生动地描绘海外国家拉丁及东方基督徒的困境。他描述了基督教最神圣的城市如何饱受穆斯林君主奴役，善男信女们如何被带上镣铐，饥肠辘辘，被囚禁在可怕的监牢中，生活于污秽不堪的环境下。贝尔纳的宣传极富说服力，两位欧洲最有权势的世俗领主——法兰西国王路易七世和德意志国王康拉德三世——被他的恳求打动了。这次冒险后来被称为第二次十字军东征，是下一章的主题。

在欧洲应东方的呼吁集结力量的时候，埃德萨的争夺仍在海外国家持续。埃德萨伯爵乔斯林急于夺回自己的领主地位，并没有放弃重夺该城的希望。

占领埃德萨城后不久，赞吉残暴的一生就画上了句号。他被随从中一名法兰克奴隶刺杀，这个人显然是逼不得已。赞吉的结局血腥且有失体面，基督教世界听到这一消息都松了口气。赞吉28岁的儿子努尔丁继承了叙利亚的领地，他无暇对专横的父亲表示哀悼，就从赞吉冰冷的手指上撬下图章戒指，着手保全继承的叙利亚领地。

这一戏剧性而突然的权力交接使人们的注意力远离埃德萨。大屠杀中幸存下来且获准留在城里的基督徒向流亡的乔斯林伯爵报告了该城空虚的现状，后者不失时机地集合队伍开往那里。

埃德萨毫无防备，乔斯林迅速突破外层防御进入城中。尽管取得了初步的成功，他却无法攻占那座堡垒。仓促进兵的他忘了带上合适的攻城装备，也没有找到任何用于制造这些装备的材料。而且，乔斯林没有考虑到努尔丁的能力，后者未来将威名远扬，对基督徒造成的困扰不亚于他的父亲，事实上，在萨拉丁崛起之前，其他军事指挥官都难以望其项背。

努尔丁以创纪录的速度回应乔斯林的进攻。他向埃德萨进军，乔斯林和该城的基督教居民很快就发现自己困在了穆斯林把守的堡垒和围城的努尔丁大军之间。由于无法拿下堡垒，乔斯林唯一可能逃脱的策略就是突围，从穆斯林大军中杀出一条血路。在赞吉破城后的第一次大屠杀中幸存下来的本地基督徒处境艰难。他们在城陷之后一直得到了较好的待遇，可以像以前那样礼拜和生活，具有一定的自主权，但不可能期待第二次得到如此温和的对待了，特别是在他们如此公然地与乔斯林合作，在努尔丁的注意力转移时将这座城市归还给前者的情况下。提尔的威廉描述了乔斯林的士兵突入穆斯林阵中时发生的情景：

士兵们用刀剑打开了一条通道。一群毫无战意的市民，包括老弱病残和妇孺，无助地挤在那个狭窄的关口。有的人遭马踏践踏；有的人被拥挤的人群撞倒踩死，还有一些人倒在了土耳其人无情的刀剑之下。选择跟随大军撤走的百姓，无论男女，大部分都在那时候悲惨地死去了。

遭难的不仅是百姓；对于士兵们来说，这场战役同样血腥，乔斯林侥幸逃脱一死。努尔丁沿着幼发拉底河追击这支溃退的军队，基督徒们四散奔逃。与乔斯林共同指挥的战友马拉什的鲍德温不像主人那么幸运，在乱军之中身亡。提尔的威廉一反常态地感叹道："还有许多杰出的人在这时候死去，他们都值得纪念……他们的名字被人们遗忘了，但肯定将铭刻在天堂里。"

凯撒利亚的谋杀疑云

1135 年左右，梅利桑德的妹妹、鲍德温二世与梅利蒂尼的莫菲娅的三女儿霍迪娜与的黎波里伯爵雷蒙德二世喜结良缘。这桩婚姻无疑是女王安排的，她很关心几个妹妹的未来。

雷蒙德和霍迪娜很般配，他是的黎波里的庞斯和法兰西的塞西尔的儿子，后者是富尔克的异父妹妹，也是奥特维尔的坦克雷德的遗孀。雷蒙德是个热情、急躁的男人，因对杀父仇人迅速实施血腥报复而名声大噪。听说父亲去世的消息，他立刻率军北上黎巴嫩山寻找罪魁祸首。他抓住了那个人及其妻儿，将他们折磨一番后全部杀死。这些行为看似偏激、令人毛骨悚然，但为他在海外国家中赢得了名声，人们认为他是一个不可小视的人物，随时准备着以决定性的打击支持自己的言语。这一声誉和从父亲那里继承的的黎波里伯国，使雷蒙德得到了霍迪娜公主的青睐。通过这场婚姻，霍迪娜成为了的黎波里伯爵夫人。

由于埃德萨陷落而引发的第二次十字军东征期间，这个头衔也遭到了威胁。与法兰西和德意志国王一起抵达东方的还有另一位来自法兰西的贵族——图卢兹伯爵阿方斯·茹尔丹——和他的儿子贝特朗。阿方斯是的黎波里原征服者圣吉勒的雷蒙德的儿子，雷蒙德也是第一次十字军骑士的非正式领袖。阿方斯出生于海外国家，母亲是雷蒙德的合法妻子埃尔维拉，后来被带回图卢兹抚养和受教。埃尔维拉是雷蒙德的第三任妻子，这是他唯一一段没有因为结婚对象是近亲而被教会除籍的婚姻。他的首任妻子是自己的表妹，生下了儿子贝特朗，也就是霍迪娜的丈夫雷蒙德二世的祖父。贝特朗曾在父亲之后继任的黎波里伯爵，也是第一位在该城进行统治的伯爵。然而，他不是合法继承人——是在双亲争议颇多的婚姻关系解除之后继位的。因此，阿方斯·茹尔丹比雷蒙德二世更有资格成为的黎波里伯爵，因为他是在海外国家的一个的黎波里要塞中合法出生的。

阿方斯还得到了奇怪的"紫生继承权"概念的支持，这是拜占庭宫廷偏爱的一种继承制度。"Porphyrogeniture"这个词指的是"紫衣出生者"——也就是在位君主生下的子女。由于阿方斯是在父亲成为的黎波里伯爵后出生的，他比父亲获得这个头衔之前出生的儿子的后代更有权入主的黎波里。他来到东方对雷蒙德二世和霍迪娜都是坏消息。如果阿方斯成功地从霍迪娜的丈夫手中夺走领地，那么生来就是公主的她将被剥夺伯爵夫人的头衔，她嫁的不过是一个没有土地的私生子的后代。

这一幕是不能容忍的，但却从未发生，这对霍迪娜来说是幸运的，而阿方斯就很倒霉了。他于1148年抵达阿科，其意图显然是先访问耶路撒冷，完成他的誓言之后再将注意力放到对的黎波里的声索上。从阿科出发的旅程在滨海城市凯撒利亚中断了。东方之旅刚刚进行了几周，45岁的阿方斯突然死去，没有找到任何合理的原因。很快有传言称他是被毒死的：这是一场由雷蒙德和霍迪娜组织的暗杀，或者是梅利桑德代妹妹所为。13世纪法国编年史作家楠日的威廉明确地归咎于耶路撒冷女王。

这些流言的真相已无从查考，但此前活跃、健康的伯爵不太可能因为某种不会影响到任何其他人的疾病而突然死亡。他可能遭到了暗杀，而从他的死获益最大的是霍迪娜和她的丈夫。事实证明，更令人震惊的是阿方斯死后一年，他的儿子贝特朗同样成了海外国家中不当行为的受害者。

尽管父亲意外身亡，贝特朗看起来仍很想在的黎波里伯国发挥自身的优势。事实上，为遭到谋杀的父亲复仇的渴望，可能使他更坚定地主张自认的合法继承权。1149年，他进军的黎波里伯国，控制了阿雷梅要塞，该要塞位于当今叙利亚－黎巴嫩边境的叙利亚一侧，的黎波里以北约40英里处。雷蒙德和霍迪娜将此举看成是对其的黎波里伯国统治的直接威胁。根据两位穆斯林编年史作者伊本·艾西尔和凯末尔丁的说法，雷蒙德向努尔丁发出一封急件，要求他协助重夺阿雷梅。贝特朗显然估计雷蒙德二世没有能力将其赶出阿雷梅，因此觉得自己是安全的。他没有想到的是，雷蒙德二世和霍迪娜会向敌人求援。

据伊本·艾西尔说，努尔丁收到雷蒙德信件时恰好与大马士革领主穆因纽丁一同在巴勒贝克。听到雷蒙德的请求，他自然大喜过望。努尔丁招来赛义夫丁，与大马士革领主一同率军穿越的黎波里，围攻阿雷梅的贝特朗，一路上没有受到雷蒙德二世与霍迪娜的军队的阻挡。

虽然贝特朗深沟高垒，努尔丁还是打下了这座城池，活捉了贝特朗和他的母亲。贝特朗直到1158年才被赎回，做了将近十年的俘虏。雷蒙德二世和霍迪娜用一座要塞换得了他们在的黎波里的安全，可能是因为他们认为如果不这么做，肯定会失去这个伯国的控制权。伊本·艾西尔以讽刺的口吻描写了贝特朗企图夺取阿雷梅和的黎波里的野心："鸵鸟出门去找两只角，回来却连两只耳朵都没了。"贝特朗的豪赌失败了。

圣墓的修复

当第二次十字军东征在耶路撒冷城墙之外以不光彩的方式

展开，一个又一个的丑闻震动的黎波里伯国之时，梅利桑德却在离家更近的地方迎来了更大的成功：她将圣墓教堂整修一新，这是基督教最为神圣的场所，也是耶路撒冷的宗教中心。

梅利桑德统治的第一段时期内，这座教堂中已进行了一项雄心勃勃的艺术复原计划。除了宗教方面的重要性之外，那里对梅利桑德个人也有着重大意义。她在那里结婚，两次加冕，父亲和丈夫也埋骨于此。1149 年 7 月 15 日，在第一次十字军东征中取胜的领袖们得意扬扬地夺取这座教堂五十年之后，经过大规模翻新，它象征性地重新投入使用，人们也因此幸运地从第二次十字军东征失败的阴影中得到了喘息。

梅利桑德取得王国统治权，开始指导翻修工作时，圣墓教堂已经屹立了八个世纪。它是在罗马皇帝君士坦丁皈依基督教、并将其定为帝国国教之后修建的。他的母亲圣海伦娜曾来到耶路撒冷，据说在基督陵墓和受刑处附近的一个洞穴中发现了"真十字架"。母子二人下令在这里修建一座有庞大穹顶和圆形大殿的教堂，公元 335 年，该教堂开始接受敬拜。

从那时起到梅利桑德着手修复之前，圣墓教堂多次受损并重修。公元 614 年，这座君士坦丁大圆顶教堂首次遭到重大打击，萨珊波斯国王霍斯劳二世攻陷耶路撒冷，夺走"真十字架"并焚毁教堂。拜占庭皇帝赫拉克利乌斯采取行动试图夺回该城，在二十年内取得了成功。他重修了圣墓教堂，虽然公元 7 世纪这座城市落入了阿拉伯征服者手中，但该教堂完好无损，在随后的几个世纪里成为了基督徒礼拜的场所。

虽然这座城市的穆斯林总督们如此仁慈，但教堂还是在公元8世纪、9世纪和10世纪受到了一系列地震和火灾的破坏。公元966年穆斯林军队遭到惨败之后，在忍耐多时的居民中爆发了一场动乱，教堂遭到蓄意纵火，牧首也被谋杀。虽然多次受到袭击，君士坦丁时期的原始结构仍大部分屹立不倒。

1009年，圣墓教堂经历了一次试图令其永远湮灭的恶毒攻击，始作俑者是阿布·阿里·曼苏尔——人们更耳熟能详的名字是哈基姆·比阿穆尔·阿拉（意为"奉神之名的统治者"），以及他的绰号"疯狂的哈里发"。这位法蒂姆领袖发动了一次对基督徒的全面战役，命令彻底摧毁这座教堂。这次破坏是系统性和灾难性的。专门的破坏小组使用鹤嘴锄和火，砸毁墙壁和穹顶的残余部分，并挖开了石墓，直到瓦砾和碎石遮盖现场，无法推进为止，最后他们在废墟上燃起大火，将剩下的东西烧光。

即便如此执着的毁灭行动，也没能成功地完全抹去这座教堂。少数六个世纪以前的君士坦丁时代结构幸存了下来，包括圆形大厅和围墙的几个部分，最重要的是，基督的石墓没有被摧毁。对基督教至圣所的这次全面攻击震惊了整个欧洲的基督徒，也在拜占庭帝国和天主教会中播下了十字军东征最早的种子。

19年后，"疯狂的哈里发"早已死去，经过拜占庭帝国与法蒂姆王朝的艰苦谈判，由拜占庭出资的圣墓教堂大规模重建工程得到允许，以换取君士坦丁堡清真寺的重新开放。尽管有如此宽宏大量的表示，在如此敌对的环境下，按照人们的预期修建像君士坦丁堡圣索菲亚大教堂和欧洲最华丽的大教堂这样的大型建筑，仍然是不可能的。

虽然教堂得以重建，但只是一座较为低调的建筑，到梅利桑德和富尔克在其中殿一同加冕时，它与人们心目中的基督教至圣所相比仍显得简陋。这无疑促使梅利桑德启动如此规模宏大、万人注目的建筑计划。要知道，梅利桑德虽然有法兰克血统，抱持四海一家的信念，但从未踏出海外国家的疆界。她从未见识过伟大的基督教建筑成就，因此，她的设想必然得到了云游四方的欧洲人的指导，包括她已故的丈夫、耶路撒冷国王富尔克，旧日盟友威廉牧首，以及威廉的继任者富尔克牧首。

根据梅利桑德的指示，教堂范围内的圣所，包括髑髅山、圣海伦娜发现真十字架的地方以及岩石凿成的基督安息处，都应该整合成单一建筑群。她推出了一项新计划，将君士坦丁时代圆形大殿的残余部分与其他场所合为一体，成为一所欧洲罗马式大教堂风格的建筑。教堂的新设计不只有一个大穹顶，而是双穹顶，此外还有一座钟楼和宏伟的双门南入口，每年前来的大批基督教朝圣者可由此进入。这个有着精致雕刻立面的双门入口至今尚存，虽然其中一个门被萨拉丁堵上了，但今天的朝圣者仍然像潮水般涌入成千上万中世纪朝圣者曾经过的拱顶入口。

教堂内部也进行了翻新和装修，柱头和门楣上都有融合东西方风格的雕刻装饰。今天，在这座教堂里仍然能清晰地看到这种融合，特别是教堂正面的雕刻，以及现在的亚美尼亚礼拜堂中的 12 世纪柱头。拱顶的天花板上铺满了五彩斑斓、金光闪闪的马赛克。这一时期的基督像中只有一幅留存了下来，与洞穴里的圣海伦娜礼拜堂中残缺不全的壁画为伍。

　　新入口的上方，有一组精致的石质浮雕，西边的门楣上描绘了基督进入耶路撒冷的情景，东边的门楣则展示了神话中与盘根错节的树枝缠绕在一起的巨兽。这些画幅存留了多个世纪，直到为了保护和复原而有意拆下，现在，大门上方的空间已经留白。原来的石雕可以在耶路撒冷旧城城墙外的洛克菲勒博物馆中看到。

　　梅利桑德对耶路撒冷城建筑的赞助并不止于宗教建筑，还包括城中心露天市场的翻修和扩大。耶路撒冷这个如同迷宫的市场到今天依然存在。梅利桑德翻建的地方包括"糟糕的烹饪街"，这实际上是为朝圣者所设的小食街。朝圣行业在中世纪等同于今天的旅游行业（朝圣者是宗教旅游者），正如今天，圣所周围的速食店十分紧俏。

　　经过梅利桑德的大规模建设，中世纪的耶路撒冷是个什么样子？这可以从一位不知名的法兰西朝圣者的话中窥见一斑，他在 13 世纪初写了题为《耶路撒冷城》的旅行指南，相当于耶路撒冷王国诸圣地的《孤独星球》。这部旅行指南的神秘作者在该城被穆斯林占领、对基督教旅游者施加严厉限制的时候到访。尽管如此，通过他对有顶棚的草药市场、医院、拥挤的旅店、小巷和教堂的描述，现代读者可以一瞥梅利桑德的耶路撒冷。对于梅利桑德新改建的有顶市场，作者做了鲜活的描述：

> 当你来到大卫街尽头的兑换所，那里有一条街叫作"锡安山街"，因为它通往锡安山【……】兑换所的左侧是一条廊式街道，上方有拱顶，叫作"草药街"，那里出售各种草药、城里的所有水果和香料。街道上方有一个卖鱼的地方……

他的文字让人感受到中世纪耶路撒冷的喧闹与繁华，仿佛看见那里的一幕幕情景，闻到了那特殊的气息。

梅利桑德对圣墓教堂和城市周边地区的翻修工作花了多长时间并不确定，但穆斯林地理学家默罕默德·伊德里西1154年所做的见证表明，至少圣墓教堂的钟楼这个时候已经完成，因为他在自己的编年史中描述了该建筑。这说明，大部分建筑工作是在梅利桑德统治耶路撒冷王国期间进行的。考虑到她对资助教会表现出来的兴趣，可以肯定她在安排和推进翻新工作时起到了很大的作用，并与耶路撒冷牧首合作。

而且，从圣墓教堂和圣安妮教堂（该教堂与梅利桑德家族中的女性有长期的关系）之间风格上的相似之处可以看出，梅利桑德亲自参与了圣墓教堂的改建工作。卓越的十字军历史学家汉斯·埃伯哈德·迈尔曾进一步表明，梅利桑德对圣墓教堂翻新工作的支持，不仅是为了表现她的虔诚和对教会的庇护，同时也是为了巩固政治地位、在儿子长大时取得教会支持。此举的重要性将在接下来的岁月中显现出来。一场风暴正在酝酿，将使这对母子之间的关系出现裂痕。

母子之间的战争

虽然梅利桑德从丈夫死后就在儿子们的辅佐下统治着王国，实际上没有受到任何挑战，但当鲍德温逐渐长大成人，他开始为王国内部权力的不平衡感到不满。

梅利桑德与长子的关系紧张。她偏爱次子阿马尔里克，后者一生都是母亲坚定的支持者。梅利桑德一直因鲍德温三世而不安，根据继承法，他总有一天会取代母亲，梅利桑德必然会生活在恐惧中，担忧儿子可能试图将其排除在政事之外，就像富尔克曾经尝试的那样。而且，鲍德温三世还不仅是继承人或者竞争者：他是受膏的共治者，女王的地位不如国王稳固。就像玛蒂尔达的英国王位继承权被投机取巧的表兄篡夺那样，梅利桑德担心，长大成人的儿子会试图迫使她交出统治权。一些国王有享受父子关系的余裕，儿子只会在他们死后继承王位，并延续他们的遗产和血统，而梅利桑德却没有这种安全感。当儿子成人的日子逐渐靠近，她对权力的掌握也就不那么牢靠了。

相反，阿马尔里克对母亲没有任何威胁，她也可以慷慨地给予他长子所没有享受到的爱和支持。有朝一日，梅利桑德将把次子当成与其长子激烈斗争中的小卒，将其封为雅法伯爵，使之成为哥哥的有力对手，正如她的表弟雅法的于格与富尔克曾经的关系。尽管如此，或许对这样的做法还心怀感激，阿马尔里克仍然始终如一地支持母亲的事业，从提尔的威廉对女王那充满钦佩的描述中，我们或许能看出这种忠诚。威廉是阿马尔里克的御用历史学家，他强调梅利桑德的各种品质，无疑是出于对她儿子的尊敬。

随着鲍德温三世成长起来，他开始对母亲独揽本应两人分享的权力感到不满。他们曾一起加冕，当他还是个孩子，由母亲一人担当统治者的责任并掌握权力是合适的，但在他即将成人，具备了经过证明的军事能力，展翅欲飞的时候，由一位中年寡妇统治着王国就越来越显得奇怪了。而且，鲍德温三世是完全合格的候选人。即便是梅利桑德女王的坚定支持者提尔的威廉也在编年史中为这位年轻的国王大唱赞歌。他说这位年轻人"才思敏捷、谈吐不凡，超过了所有人"，"他有异乎寻常的敏锐头脑，天生有着世间罕见的雄辩之才"，他甚至说，鲍德温三世受过的教育远胜于弟弟阿马尔里克。

与此同时，梅利桑德证明了自己的精明，一点也不亚于控制权力的决心。从统治初期起，即便距离儿子夺权的威胁还有数年，她就已经开始巩固在海外国家的势力和影响，做好斗争的准备。人们很容易用提尔的威廉对艾丽丝的方式来看待梅利桑德，认为她渴望权力，缺乏母性，但必须更广泛地考虑她的处境。女性如果不敢于发声，争夺权力，就只能两手空空，像货物一样在婚姻市场上被交易。至于那些提出合理、相称的抱怨的女人，则遭到压制，得不到公平的对待。梅利桑德也许从来不想保持对整个王国的控制权，但她知道，为了得到一点权力，就必须全力以赴。

不管动机为何，梅利桑德在确保人们的拥戴时并没有冒险，而是着手取悦耶路撒冷人民，同时争取教会和有选择的贵族。她成功地将儿子排除在王国事务之外，就像她的丈夫在开始统治时对付她的方式一样。因此，她自己的骨肉像她当年一样，强烈反抗这种排挤，也就不足为奇了。

提尔的威廉对梅利桑德十分钦佩，因此不愿将随后的冲突归咎于女王，而是指责她最信任的副手耶尔日的马纳赛斯狂妄自大，造成了这一切。

富尔克死后，梅利桑德最先采取的行动之一，就是晋升马纳赛斯为耶路撒冷治安官，那是王国中最重要、最有影响的职位之一。他将统帅女王的军队，这一角色将削弱鲍德温的潜在权力，王子可能一直寻求在母亲管理政事时负责军队事务。根据威廉的记录，马纳赛斯一得到权力，就因其自以为是和卑劣的行为激怒了王国中的贵族。梅利桑德犯了和富尔克类似的错误：让一位来自法兰西的新人担任王国中最高的职位之一，忽略了更知名、更有资格的当地候选人。除了让他担任治安官之外，梅利桑德还将拉姆拉的埃尔维斯许配给他。这个女人是伊贝林的巴利安的遗孀，马纳赛斯通过她获得了拉姆拉和米拉贝勒要塞，从而以真正的权力、土地和财富支持他象征性的新职位。提尔的威廉写道：

> 他带着优越感，以傲慢的态度对待王国中的长者，拒绝向他们表示尊敬……无论从情绪还是行动上，国王都与痛恨马纳赛斯的人站在一边，并声称是这个男人离间了他和母亲。

被马纳赛斯轻慢的那些人团结在国王周围，提醒他有权统治王国，并对他说，他已经是个男人，不"适合"再被母亲控制了。富尔克去世时，鲍德温三世只有 13 岁，可到 1152 年，他已经 22 岁了，早在七年前就到了可以继承大统的年纪。唯一令人吃惊的是他没有更早地争取让母亲让出权力。

年轻国王第一次从母亲手中抢过权力缰绳的尝试纯粹是象征性的。或许他太乐观了，以为这种变化无须公开冲突就可实现，母亲会优雅地将权力让给他。他是否与女王私下接触不得而知，我们知道的是，1152 年复活节之前，他找到耶路撒冷牧首富尔克，提出了一个奇怪但很有深意的请求。他要求富尔克在复活节弥撒期间，于圣墓教堂重新为其加冕，并有大批见证者参加。他还要求将母亲排除在这一场合之外。

如果富尔克同意了鲍德温的请求，此举就具有政治意义，以及深远的象征意义。因为鲍德温三世将于母亲不在场的情况下加冕，尽管这不能使梅利桑德上一次的加冕无效，但将向王国臣民发出清晰的信息，鲍德温三世现在是唯一的统治者。这对母子于1143年一起加冕，但尽管日渐长大，鲍德温的实权在那之后几乎被剥夺殆尽。现在，他希望表明自己的成熟和主导权。富尔克牧首也深知年轻国王的请求意味着什么，由于梅利桑德长期治理国家且大力支持教堂，他不愿意同意这一请求。如果他在女王缺席且没有得到她的同意或支持的情况下为她儿子加冕，看起来将是对一位勤勉地与他合作、不懈支持教会及其体系的人的彻底背叛。

鲍德温要求富尔克牧首以这种方式密谋反对女王，使后者陷入了非常困难的境地。他没有断然拒绝在复活节为国王加冕，因为这是一个惯例，但他敦促年轻的君主允许母亲参加这一荣耀的场合，并与他一起加冕。与母亲一同再次加冕当然将彻底挫败年轻国王计划中的政治策略，因此他不快地拒绝了这一提议。

复活节节庆按照计划进行，但当天没有任何一位君主在圣墓教堂加冕。富尔克牧首无疑松了一口气，认为避免了两位统治者之间严重的公开决裂。他与梅利桑德相识日久，知道对于这种在她的势力范围中心公然颠覆其权力的行为，她是绝对不会容忍的。诚然，她在耶路撒冷城构建了最为强大的盟友网络，圣墓教堂既是这座城市的中心，也是她亲自修缮、赞助和复原的建筑项目。

次日（1152年3月31日），鲍德温出现在教堂外，戴着有趣的新头饰：那不是一顶皇冠，而是一个罗马皇帝风格的月桂花冠。这不是正式的再次加冕——富尔克牧首对此一无所知，国王当然也没有在头上的花环上涂上圣油，但鲍德温以这种形象出现在教堂中的象征意义显而易见，十分明确。他将掌控一切，准备从象征和实际意义上，行使耶路撒冷王国唯一统治者的权力。这一行动无疑是在挑战母亲的政权。

这一地区的贵族们感到震惊，召集了最高议会，对这一事件及其含义展开辩论。鲍德温三世国王和梅利桑德女王都出席了会议，他们对耶路撒冷王国的君权将是辩论的主题。鲍德温直截了当地要求得到自己的那一份继承权。他希望王国一分为二，以便在完全没有母亲干预的情况下统治一部分国土。最高议会对此进行了辩论，同意了这一请求，因为他们没有任何法律依据加以拒绝。鲍德温二世的遗嘱在此之前一直有利于梅利桑德，但此时却开始对其产生不利的影响。君权曾平等地授予女王、她的丈夫和儿子，现在她的丈夫已经去世，儿子也已成年，没有理由拒绝他的平等统治权。

表面上，议会允许鲍德温决定他在王国中想要统治的地区，但他实际上没有选择。梅利桑德对耶路撒冷和附近的纳布卢斯的政治控制牢不可破，最高议会的裁决不可能削弱她在这些地区的影响。

因此，鲍德温满足于"选择"滨海城市阿科和提尔，他在那里更有根基。事实上，王国的这种分裂在两年前就已经发生了，只不过没有名义上的确定而已。梅利桑德已经建立了自己的制度，在耶路撒冷和纳布卢斯享有压倒优势的影响力，而鲍德温在北部稳步地建立权力基础和势力范围。因此，王国的分裂只不过是对1150年来已实施政策的一种确认。但是，这违反了鲍德温二世遗嘱的意图。老国王如果听说他的王国因为继承人对权力的渴望而分裂，无疑会惊骇不已。

梅利桑德女王同意了这一决定，但她很明显地认为，这是默许了一件不合理的事情，而不是被迫公平地放弃领土。她认真地表示，尽管她将放弃半个王国的控制权，但这个王国从继承权看全部属于她。梅利桑德肯定知道，事实并非如此。父亲保障了她的权益，但从未打算让她为了终生掌握权力而不要丈夫、牺牲儿子。

我们是以事后诸葛亮的视角去看待这些事件的，但当时梅利桑德所看到的，是长子正在积极地企图取代她。她所能做出的最大妥协就是接受王国的分裂，但很快人们就能明显看出，这一分裂只不过是鲍德温攻击梅利桑德统治的计划的第一部分。他打算逐步削弱母亲的势力，然后要求她让出拥有的其余领地。他的司马昭之心显露得太快了，不久，他就开始采取措施，说明尽管他和母亲之间有协定，但他希望夺取纳布卢斯和耶路撒冷，将母亲完全逐出政坛。

梅利桑德听说儿子的计划后怒不可遏，这也是可以理解的。她立即采取行动。她一直在纳布卢斯听政，这是耶路撒冷以北的一个繁荣但没有设防的城市。当前的情况下，她不能留在一个没有高墙的城市里，因此立刻率领忠实的臣属前往耶路撒冷，那里防御坚固，同时也是象征王国中心的城市。在此期间，她的儿子正在采取措施破坏她的稳固地位。他率军开向米拉贝勒，围攻母亲最为信任、但麻烦不断的支持者——耶尔日的马纳赛斯。鲍德温没花多长时间就夺取了这座城市，马纳赛斯遭到了耻辱的流放。他的领地被剥夺，本人也被用船遣送到欧洲，永远不准再踏足海外国家。这样，梅利桑德最有力的支持者之一被清除了，她也失去了王国中的一个关键立足点。

在那里取得成功之后，鲍德温再一次发动对母亲的打击，进军纳布卢斯并迅速占领了这座缺乏防御措施的城市。事实证明，此举是个转折点，许多臣属效忠梅利桑德仅仅是因为便利或者所处位置，而不是出于个人的忠诚，他们在此时便纷纷倒戈支持国王。任何的冲突中，都会有一部分交战者在适当的时候投靠取胜一方，占领纳布卢斯就是这场冲突中的"适当"时刻，此时，冲突已从统治家族成员之间的政治争端升级成了耶路撒冷王国的全面内战。

尽管一些领主离弃了梅利桑德，但她仍有着某些忠诚和强大的盟友，包括她的次子雅法伯爵阿马尔里克、纳布卢斯的菲利普（此时已失去了领地）和老罗哈德。

年轻的国王毫不犹疑地进兵耶路撒冷，打击他的母亲。果不其然，这座城市的大门对他关闭了，城墙上守卫森严，母子二人都开始为一场围攻战做准备。身为基督徒的儿子围攻基督教圣城中同为基督徒的母亲，肯定是一件引人注目的事情，这也说明了耶路撒冷王国统治精英之间的裂痕有多深。

鲍德温试图剥夺自己和最高议会同意母亲保留的土地，借口就是他的国王地位此时已得到确认，必须能够取得王国的全部资源，以履行他的守土之责。控制城市不仅是做出政治决策的问题，也是从这些土地上取得收入和税收的问题。梅利桑德掌握着耶路撒冷和纳布卢斯城以及周边地区，包括撒玛利亚和朱迪亚，对鲍德温可以支配的收入有着显著的影响。但是，鲍德温称自己在提尔和阿科土地上得到的收入不足是夸大之词，因为那是王国中最为富裕、商业最发达的两座城市，与雅法一样，它们都是海外国家最重要的商港。

梅利桑德听说儿子准备以大军围困自己，便撤往雅法门旁边的堡垒"大卫塔"，并尽其所能地加固这一阵地。她无法容忍儿子的背叛。富尔克牧首此前试图在母子两个阵营之间走钢丝，不愿公开支持任何一方，这时却以个人和教会的名义完全支持他们的大施主梅利桑德女王。由于神职人员选择了立场，更多人选择反对国王，内战也就出现了更为严重的局面。不过，作为城内的牧首，富尔克知道自己的职责首先是保护者和调解者，为此，他乘马出城，与顽固的王家对手谈判。

鲍德温确实是一个顽固的王家对手，他不为富尔克的恳求所动，面无表情地听着牧首滔滔不绝地为双方讲和、提出妥协的条件。富尔克带来了一队教士，或许他的口气中有太多责备的成分，也显得道貌岸然了，他告诫国王注意自己的行为，要求他立即停手，遵守之前的协定。

从鲍德温的轻蔑态度可以看出，他已经厌倦了被上一代那些虔诚的中年贵族呼来唤去的生活。他从牧首的表现中清楚地看出，此人完全听命于母亲，如果他因为牧首的请求而放弃政治和军事上的优势，那就会永堕地狱，再次被母亲套上枷锁。自主权和耶路撒冷王国的统治权就在眼前，他绝对不会听信这个老教士的哄骗。

事实上，如果他听从牧首的话，那就是傻瓜。女王已经无牌可打：鲍德温将她团团围住，她也不可能无限期地承受围攻。没有任何部队前来解围，如果鲍德温继续施压，肯定最终能够取得全胜。

鲍德温拒绝听从富尔克的恳求，感到沮丧和耻辱的后者愤怒地回到城里，宣称鲍德温没有头脑，简直像个罪犯。这种激烈的公开抨击，其意义绝不仅仅是一个教士的怒吼，而意味着即便鲍德温取得胜利、成为唯一的统治者，也得不到教会的支持。渴望和平的市民们似乎并不为此而担心。他们发现，实现和平目标的最快方法就是帮助鲍德温取得胜利，这样冲突就可以尽可能快且顺利地结束。为此，他们违抗自己的女王和恩人，向鲍德温的军队打开了耶路撒冷的城门。

国王对母亲的抵抗早有准备，毫无顾虑地围攻自己的国都。

他带来了"弩炮、弓箭和投石机"——中世纪的全套攻城装备，并开始部署军队，对梅利桑德所在的堡垒——大卫王的塔楼——发动猛烈、无情的进攻。进攻开始时，他采取的是对付萨拉森人堡垒的全部凶猛手段：

> 攻击毫不间断，被围者根本没有任何机会休整。他们尽其所能地抵抗，竭力击退一支又一支来犯之敌。他们以与攻城部队相同的方法，毫不犹豫地杀伤敌人，给予敌人同样的伤害。

梅利桑德的损失和取得的战果看来一样大，但机会和资源都对她不利，经过三天的激战，她屈服了。堡垒内部的情况此时肯定已经绝望。梅利桑德和被围困的人们多日无眠，在猛烈的攻击中受到伤害和消耗，想必是在走投无路时才同意投降的。

虽然大部分十字军历史中对这一幕只有寥寥几行的描述，但它绝不是个小事件。大卫塔是一座堡垒，攻城装备必然是从旧城的城墙内升起的。基督徒在圣城中杀害基督徒，这在十字军时代的耶路撒冷历史上没有先例。

不仅如此，这座堡垒规模很小，也就是说不管梅利桑德置身何处，都一直处于激烈的战斗中，随时有被落下的瓦砾和箭矢所伤的危险。她此前从未遭到过围攻，对人到中年的女王而言，这肯定是一个可怕的经历。在无望的处境中坚持了这么久是件了不起的事，也展现了真正的决心、对自己的出身不可动摇的信念以及一定程度上的执拗。

女王身边有人（或许就是梅利桑德本人）做出了一个决定，

虽然国王的进攻没有多大进展，但无限期地抵抗下去是徒劳无益的。这只会以梅利桑德的失败和都城中关键防御设施之一的毁灭告终。一位使者以和平为名，前去与国王谈判。梅利桑德被人们说服，愿意将耶路撒冷交给儿子，但有一个保持尊严的条件：她将"永远"保留纳布卢斯，国王决不能挑战这一主权，或者剥夺这些土地。母子之间达成了一种脆弱的和平，两人或许都为这一事件的结束而松了口气。

梅利桑德失败了，但并不能因此贬低她的统治的意义，以及她对放弃权力的抵制，这是中世纪女王拥有勇气的罕见典范。

霍迪娜伯爵夫人和的黎波里的刺杀事件

黯然下台之后，梅利桑德女王在纳布卢斯安家，仍然是女性政治领域中的强力人物。鲍德温三世显然极力将母亲排除在军事战略事务之外，但仍然允许她保持在家族政治和联姻中的影响，并以她为顾问，保持着密切的联系。无论是外甥女安条克的康斯坦丝、的黎波里的梅利桑德，还是妹妹霍迪娜和伊薇特，梅利桑德都在她们的生活中发挥了积极作用。她对教会的影响依然十分深刻，1157年，她和妹妹霍迪娜及继女佛兰德斯的西比拉成功地操纵了耶路撒冷牧首的选举，确保自己的私人教士内勒的阿马尔里克的地位。

虽然阿方斯在第二次十字军东征期间突然去世，霍迪娜和雷蒙德二世在的黎波里的主权没有受到挑战，但两人在一起并不愉快。从实用角度看，他们的婚姻很成功，生下了一位聪明又强壮的男性继承人——的黎波里的雷蒙德三世，以及一位漂亮的女儿——与姨妈同名的的黎波里的梅利桑德。然而，两人在脾气和意愿上并不相合。这对夫妻年龄差距明显，有流言称霍迪娜对丈夫不忠。而且，两人之间肯定还有其他冲突，其根源在霍迪娜高人一等的地位上。作为鲍德温二世的女儿、梅利桑德女王的妹妹和鲍德温三世的姨妈，她的社会地位高于丈夫，后者只是图卢兹的雷蒙德的私生子。霍迪娜与耶路撒冷王国中的家人保持着紧密的联系，有证据表明，她曾多次前往姐姐的宫廷拜访，并没有带丈夫同去。

1152 年，两人的关系迎来了一个紧急关头，夫妻俩爆发了一场激烈的争吵，以至于梅利桑德在访问的黎波里时认为有必要居间调解，以便达成某种和解。这场争吵的核心是"源于婚内嫉妒的敌意"。女王的努力没有取得成功，她决定让夫妻俩分开，带着霍迪娜回到耶路撒冷，她可能认为一段时间的分离可以弥合婚姻的裂痕，也可能是想让他们长久分开。霍迪娜的两个孩子似乎陪着她离开了的黎波里。

雷蒙德二世伯爵护送妻子和女王一行出城，看到他们安全踏上前往耶路撒冷的大路后，他与这对王室姐妹告别，返回的黎波里。当他靠近城门时，遭到了一群人的伏击，被刺成重伤。

这些人不是普通的杀人犯或者匪徒，而是臭名昭著的尼扎里·伊斯梅利派成员。这个教派从那时起就有了另一个名字：阿萨辛派。

阿萨辛是个宗教政治团体，他们以这种针对性且高调的刺杀作为政治工具，以弥补他们在军事力量上的不足。"Hashashin"一词在中世纪的法语和拉丁语中沦落成了现代英语中仍在使用的"Assassin"（刺客）。这个名字起源于杀手们在执行其可怕任务之前吸食印度大麻（Hashish）的习惯，对他们来说，这是一种宗教和职业行为，并非罪恶。他们的教派一直蒙着神秘的面纱，加之他们的刺杀行动突如其来且令人震惊，又驻扎在高山深处远离社群的坚固堡垒里，这种感觉更加强烈。

现代读者可能认为这些刺客是受人雇用的，但实际上不是。"刺客"一词已经成了"职业杀手"的同义词。但是，阿萨辛派有自己的政治意识形态和目标，那就是确立伊斯梅利派对伊斯兰的统治，以及伊斯兰对东方的统治。他们的行动无法预测、难以发现，因此令12世纪和13世纪的人们深感恐惧，他们的活动也就笼罩着恐怖和神秘的色彩。

刺杀雷蒙德——有针对性且突然，以地位很高的受害者为目标——是这个伊斯兰教派的典型行动，但以基督徒为目标不同寻常。雷蒙德二世是该教派有记载的首个非穆斯林受害者，他的遇刺造成了广泛的影响。此事一出，的黎波里的拉丁基督徒发动了对该城本地居民的屠杀——基督徒，犹太人和穆斯林都未能幸免——其野蛮程度不亚于穆斯林对埃德萨基督徒的屠

杀。在一座平静的十字军城市里,这是史无前例的种族暴乱,提尔的威廉笔下或许隐含着一点羞耻感:

伯爵遇害的消息令全城人激愤。人们纷纷拿起武器,用刀剑对付所有语言或服饰不同于拉丁人之人。他们希望用这种方式找到作恶者。

威廉觉得有必要在最后一句话中对大屠杀加以解释,但恰恰说明了这种无差别的杀戮实际上毫无用处。

这种恐怖局面意味着霍迪娜意外地得到了新的权力。由于丈夫身亡,她和两个孩子成了继承人,她也发现自己与富尔克死后的梅利桑德有着类似的处境。12岁的儿子是伯国无可争辩的继承人,在他成年之前,霍迪娜至少可以在三年里享有摄政权。就这样,的黎波里由一位伯爵夫人统治。阿萨辛派为何选择杀害雷蒙德二世伯爵,甚至凶手是不是阿萨辛派,都无从知晓。

听闻雷蒙德二世的死讯,鲍德温三世立刻给母亲和姨妈送信,让她们调转马头返回的黎波里,他则在那里主持大局。霍迪娜抵达后,鲍德温三世建立了一个"三人统治集团",与他的祖父鲍德温二世在病榻上建立的制度没有什么区别。他命令所有的黎波里贵族宣誓效忠霍迪娜、她12岁的儿子雷蒙德三世和更小的女儿的黎波里的梅利桑德。贵族们对此似乎并无异议,也没有任何为霍迪娜考虑另一位追求者的记载,说明鲍德温三世接受霍迪娜在没有丈夫的情况下统治的黎波里的现实。这意味着,在霍迪娜的儿子成人之前,她就是实际上的统治者。这种决定在欧洲或海外国家都不罕见，但鲍德温三世对这种情况的支持，与他的父亲和祖父对待安条克亲王夫人艾丽丝的方式形成了鲜明的对比。霍迪娜的姐姐艾丽丝在安条克的这种权力遭到了否决。

鲍德温三世显然相信，与他的母亲一样，霍迪娜将是一位有能力的统治者，因此他乐于在她的儿子成年之前，将的黎波里伯国留在她的手中。不过，历史铭记的并不是她的这一特质，她在13世纪得到了传奇性的地位，后来又成了著名游吟诗人乔弗雷·鲁德尔性幻想和潜意识中的缪斯。鲁德尔是个中层贵族，来自法兰西西南部的布莱，在新兴的奥克西顿语浪漫文学体裁中开创了"远方的爱"这一主题。他写下了成百上千行如痴如醉的歌词，讲述他深爱的一位遥远国度的公主。大约五十年后，他的传记作者错误地断言，这些歌曲的主题完全不是寓言，而是现实中的的黎波里伯爵夫人霍迪娜。这部传记声称，乔弗雷从安条克返回法兰西的朝圣者那里听说了霍迪娜的美丽传说，萌生了爱意，为了有机会见到爱人，他跳上了一艘前往海外国家的船。然而，他所计划的爱情并没有如其所愿：抵达的黎波里岸边时，这位传奇爱人已经在船上染病，来到了死神的门边。霍迪娜听说了他的挚爱和困境，优雅地从的黎波里城堡的高塔下来，照顾这位即将死去的男人，并在乔弗雷去世时握着他的手。

这个故事几乎肯定是杜撰的，但可能有一些部分是事实。乔弗雷可能随第二次十字军前往东方，在的黎波里登岸并在那里去世，他爱慕霍迪娜、后者在他临终时到来也都有可能。然而，除了这位可疑的 13 世纪传记作者的叙述之外，没有多少证据支持此类说法。这个故事带给历史学家的，是可以一瞥欧洲对海外国家贵族女子魅力和浪漫的承认，以及不断发展的浪漫体裁的一种品味，它将对许多中世纪女王的历史记述产生很大的影响。

狄奥多拉——耶路撒冷的新王后和拜占庭联盟

最高议会从对雷蒙德二世遇刺的震惊和内战结束中回过神来，立刻将注意力转向国王的婚姻。鲍德温三世此时已确立了在耶路撒冷的最高权威，他母亲的影响已令人满意地得到了削弱，是时候为他安排一场婚姻，让他能够生下一个继承人，确保统治延续。鲍德温三世本人并不着急，因为他婚前似乎有许多风流韵事，而且有整整的一生来为婚生子女做准备。1157 年，最高议会对此事进行了辩论，决定最好的方案是稳固和恢复法兰克人与拜占庭皇帝的联盟。当前掌握帝国的是曼努埃尔·科穆宁皇帝，也就是安条克亲王夫人艾丽丝曾考虑为康斯坦丝公主选择的夫君。

耶路撒冷王国派出一个使团前往君士坦丁堡宫廷，希望得到一位拜占庭新娘和一大笔嫁妆。经过几个月的商谈，双方选中了一位新娘，定下了婚约。新的耶路撒冷王后将是曼努埃尔的侄女、12 岁的狄奥多拉公主，一位"显赫的女子"。她将带来 10 万枚"超纯金币"（Hyperpyra，拜占庭新货币，与第纳尔、旧拜占庭金币或苏勒德斯相当）的嫁妆，另有 1 万枚金币用于在耶路撒冷举办有史以来最辉煌的婚礼。

提尔的威廉很少为女性之美所动，但却为狄奥多拉而倾倒。他写道，她是"体型和五官均有非凡之美的少女，所有见到她的人无不对其外表留下良好的印象"。她带来的服装和个人用品也都是上品——镶满珍珠和宝石的丝绸衣物，以及堪称无价之宝的挂毯和名贵的酒具等。威廉估计仅她的行李就 14000 枚超纯金币。

这桩婚姻对鲍德温国王是极佳的选择，他正在寻求继承人、现金注入和美丽的新娘。狄奥多拉于 1158 年 9 月乘船抵达提尔，伴随她而来的是拜占庭宫廷中出身最高贵的一群希腊人，以及展示帝国财富的大量物品。一行人继续前往耶路撒冷，她和鲍德温三世的婚礼将在安条克牧首主持下于那里举行，她将受膏加冕为耶路撒冷王后。

狄奥多拉给她的丈夫带来了戏剧性的影响。根据记载，从结婚那天起，鲍德温三世就完全放弃了之前沾花惹草的癖好，彻底忠诚于他的新婚妻子，对她爱惜有加，改过自新的他成了真正的男人和国王。

尽管鲍德温对妻子宠爱有加，狄奥多拉可能是因为年纪尚

拜占庭皇帝科穆宁的约翰二世在狩猎。提尔的威廉所著《历史》中的微型画，15世纪60年代。

1095 年，克莱蒙会议期间，罗马教皇乌尔班
号召第一次十字军东征。提尔的威廉所著《⋯
中的微型画，15 世纪 60 年代。

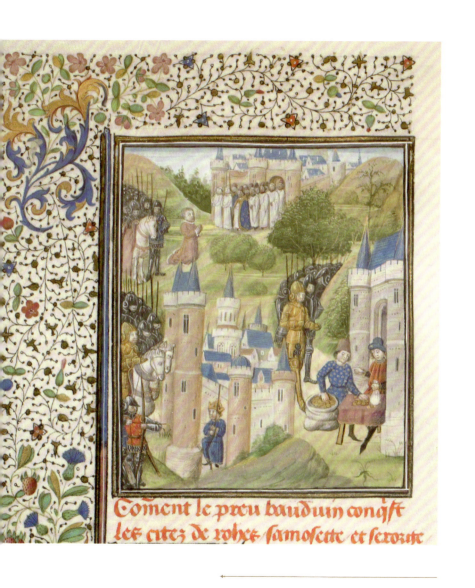

Coment le preu bauduin conqist
lef citez de robes samofette et ferozife

1098 年 2 月，布洛涅的鲍德温进入埃德萨。提
尔的威廉所著《历史》中的微型画，15 世纪 60
年代。

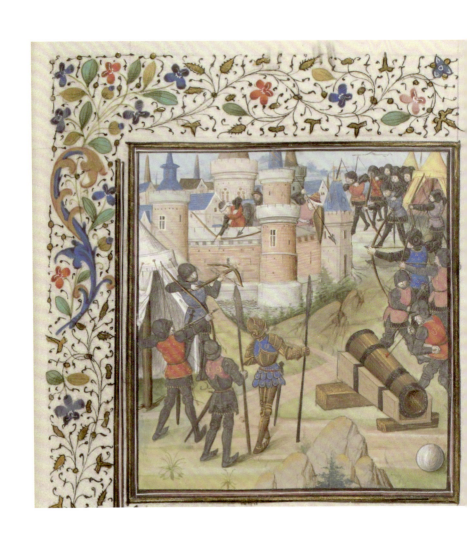

1097—1098 年，安条克围城战。提尔的威
著《历史》中的微型画，15 世纪 60 年代。

耶路撒冷之围，1099 年。提尔的威廉所著《历史》中的微型画，15 世纪 60 年代。

1099 年 7 月 15 日，十字军占领耶路撒冷之
布永的戈弗雷当着隐士彼得的面感谢上帝。
尔·西尼奥尔（1804—1892）创作于 1847

1100 年圣诞节鲍德温一世的加冕典礼。提尔的
威廉所著《历史》中的微型画，15 世纪 60 年代。

Coment le prince buiamont ala en
france deuers le roy et ql y exploitta
Este estoit desia passe le prnce
Buiamont estoit fort chargie
de grosses debtes pource delibera quil

安条克的博希蒙德一世回到了意大利阿普利
提尔的威廉所著《历史》中的微型画，15世
60年代。

1118 年鲍德温二世的加冕典礼。提尔的威廉所
著《历史》中的微型画，15 世纪 60 年代。

1124 年，提尔围攻战。提尔的威廉所著《历
中的微型画，15 世纪 60 年代。

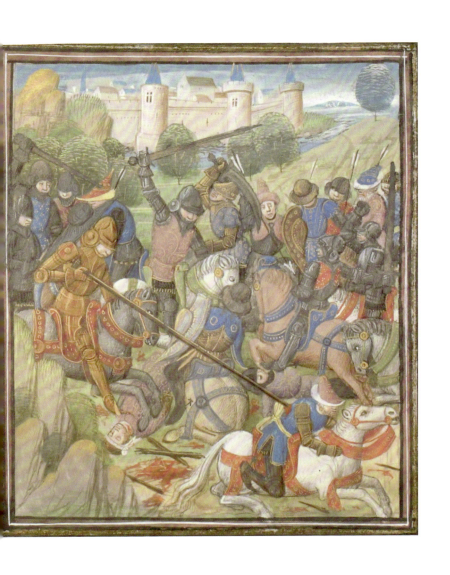

耶路撒冷的鲍德温二世领导下的十字军和萨拉森人之间的战斗。提尔的威廉所著《历史》中的微型画，15 世纪 60 年代。

le braz saint George

Coment lemperez manuel receu hon
nourablement le roy de Iherusalem

皇帝曼努埃尔一世会见耶路撒冷国王阿马尔里
一世。提尔的威廉所著《历史》中的微型画，
世纪 60 年代。

1174 年,耶路撒冷的阿马尔里克一世去世。鲍德温四世加冕典礼。提尔的威廉所著《历史》中的微型画,15 世纪 60 年代。

1187 年，萨拉丁攻占耶路撒冷。达维德·奥贝
所著《编年简史》中的微型画，15 世纪。

耶路撒冷附近的十字军营地。提尔的威廉所著
《历史》中的微型画，15 世纪 60 年代。

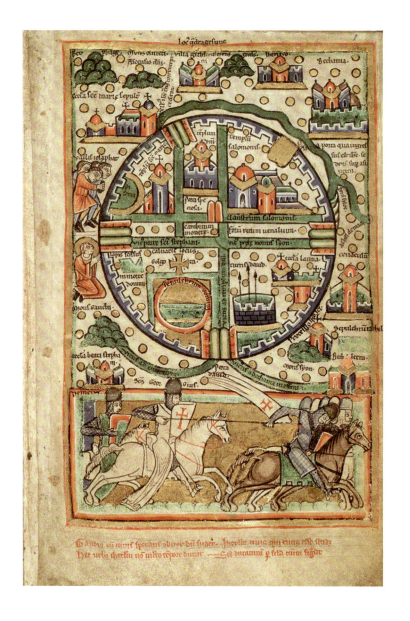

耶路撒冷平面图。《诗篇》残篇，约 1200 年。

小，且在君士坦丁堡宫廷的细心呵护下长大，所以几乎没有参与王国的治理。她毫无怨言地接受配偶的角色，而梅利桑德仍然住在纳布卢斯并发挥着影响力。鲍德温三世是一位活跃、健康的统治者，他没有选择将责任转交给他的小新娘。考虑到与母亲冲突的历史，他可能也对毫无必要地与一位女性分享权力保持着警惕。

的黎波里的梅利桑德、安条克的玛丽亚和新的拜占庭皇后

第二年，曼努埃尔的妻子去世，他决定在海外国家的统治家族中寻找一位新皇后，拜占庭联盟进一步加强了。

的黎波里的雷蒙德二世遇刺之后，梅利桑德更加地关心此时失去父亲的外甥和外甥女的未来。1160 年，雷蒙德去世八年之后，曼努埃尔宣布将在海外国家寻找一位妻子。他让鲍德温三世在王室的亲属中选择一位新娘，这似乎是对后者极大的恭维。

国王选择"的黎波里伯爵的妹妹梅利桑德，一位品格与能力超群的少女"为与曼努埃尔皇帝成婚的法兰克候选人，她也是鲍德温三世的表妹。与她同名的女王梅利桑德此时已近老年，健康状况开始变得不佳。她基本上已退出政坛，但仍然在传统

上的女性外交（如婚姻）方面起着积极的作用。

梅利桑德女王显然十分赞同拟议中的这桩婚姻，因为她亲自投入精力操办此事。她和妹妹一起准备嫁妆，明显是为了回应年轻、可爱的狄奥多拉带来的浮华妆奁：

> 为了这位将要获得崇高地位的少女，她的母亲、姨妈还有兄弟和许多朋友一起，准备了超出王室气派的庞大装饰品阵容：纯金的手镯、耳环、头饰上的别针、脚链、戒指、项链和冕状头饰。她们准备了此等重量和大小的银质器具……缰绳和马鞍……一切都是以极大的热情准备的……【超出了】君王的奢侈程度……

这些珍宝装在 12 艘大帆船上，送往君士坦丁堡。

对年轻的梅利桑德嫁妆的这段描述，除了向我们展示梅利桑德女王对促进女性亲属权益的关心之外，也让我们难得地一瞥耶路撒冷王宫中的时尚世界。多多益善，冕状头饰、面纱、脚链，一切能够用珠宝装饰的东西都用上了珠宝。这也说明，向拜占庭皇帝展示耶路撒冷王国和的黎波里伯国的财富是国家的头等大事。两个王室家族之间的联姻远不只是以爱和善意为基础的政治联姻，在某种程度上，这与交换人质更相近。将一位公主送到君士坦丁堡宫廷，两个王室家族就将融合在一起，但更重要的是，耶路撒冷王室的一位地位崇高的成员将加入科穆宁王朝。与较小的基督教王国联姻，是拜占庭外交政策的重要组成部分。

尽管梅利桑德的嫁妆极尽奢华，这桩婚姻却始终没能实现。

虽有鲍德温三世的建议和浮华的妆奁，曼努埃尔的使者们似乎仍然怀疑两人是否般配。他们表面上同意了婚事，并让海外国家的王室斥巨资进行准备，实则犹豫不决。他们无礼地质疑年轻的梅利桑德小姐的品格和巨资，还要求说明她"身体上最私密的部分"，以便确定她和家人在其处女身份上是否诚实。事实证明，这种解释对年轻姑娘来说是种侮辱，当然也不是正常婚姻商谈的一部分。提出这种要求本身就是对的黎波里统治家族的极大羞辱。

几个月过去了，梅利桑德小姐的哥哥、的黎波里伯爵雷蒙德三世在此期间投入巨资，在他的都城里招待该地区的所有贵族。这些人聚集到这里，是为了送这位少女踏上成为拜占庭皇后的旅程，雷蒙德三世已计划亲自陪她渡海。伯爵和他的宾客们对持续的拖延十分愤慨，要求告知婚事是否确实要举办。提尔的威廉记录道，即便在的黎波里方面提出公开质问和这一最后通牒之后，拜占庭使者的回答仍然模棱两可，企图继续搪塞。失望之余，雷蒙德三世派出自己的使者前往君士坦丁堡，经过一番激烈的唇枪舌剑之后，人们很快就发现，尽管有长达一年的期待和谈判，梅利桑德小姐和曼努埃尔皇帝之间的婚事显然不会继续下去。雷蒙德三世伯爵、鲍德温三世国王和其他的黎波里及耶路撒冷贵族仍然不知道，皇帝为何这么快改变主意，并以这种恶劣的方式羞辱他们。梅利桑德小姐对婚事取消感到特别难过，她已经开始在正式文件中称自己为未来的君士坦丁堡皇后了。拜占庭方面的拒绝对这位年轻姑娘是彻头彻尾的侮辱。

　　与此同时，在北面的安条克举行的会谈，或许可以说明皇帝及其特使改变心意的原因。因不受欢迎而逃离的黎波里后，那些闪烁其词的使者们并没有像之前想的那样返回君士坦丁堡，而是乘船前往安条克。他们与康斯坦丝女亲王认真商谈了迎娶她女儿、安条克的玛丽亚（梅利桑德女王的外甥孙女）的事宜。或许玛丽亚更漂亮，或许的黎波里的霍迪娜不忠的传言使拜占庭方面怀疑她女儿梅利桑德小姐的合法性。无论如何，的黎波里的梅利桑德被抛弃了。经过这番磨难之后，忍辱含羞的她不久之后就去世了。她的哥哥雷蒙德愤怒已极，为了报复，他将为了送妹妹去君士坦丁堡而建的大帆船改成私掠船，骚扰拜占庭沿岸。

　　拜占庭史家对冷酷抛弃的黎波里的梅利桑德一事有不同版本的叙述。根据约翰·金纳摩斯[①]的记录，婚礼一切准备停当，梅利桑德正准备上船前往君士坦丁堡，却得了重病：

　　　　这位姑娘深受重病困扰……过去光彩照人的美丽容貌，很快就变得黯淡无光。人们看到她都不禁满眼泪水，感叹时运不济，

－－－－－－－－－－

① 约翰·金纳摩斯（约 1143—1185），希腊裔历史学家，曾任拜占庭皇室秘书。——译注

令这朵鲜花在此时枯萎。因此，这位少女状况不佳……她又染上了更严重的疾病，一直没能完全痊愈。由于这样的情况反复发生，导致【使者们】无休止地重新考虑。

使者们祈求指引，得到了的黎波里的梅利桑德不是曼努埃尔皇帝合适对象的信号。金纳摩斯继续写道，加上使者们已经听到了"这位姑娘不是合法婚生"的流言，十分震惊，这也导致他们放弃了这桩婚事。随后，使者们还考虑了安条克的雷蒙德的两个女儿，她们都非常美丽。他们都是安条克女亲王康斯坦丝所生，康斯坦丝在8岁就嫁给了母亲的征服者。玛丽亚被选为皇帝的新娘，金纳摩斯为此写道："在我们的时代里，还从未见识过这样的美人。"

虽然对的黎波里的梅利桑德染病的叙述，以及围绕她身份的流言，都确实是拜占庭人玩弄某种低劣的两面派手法的方便借口，但可能有一丝真实性。约翰·金纳摩斯作为编年史家以不可靠著称，但梅利桑德小姐双亲的婚姻也以不幸福而闻名，这位姑娘又在婚姻协商失败后不久就离世了。然而，皇帝改变心意很可能是因为有关她非法身份的流言，而不是某种神秘的疾病。

比拜占庭皇帝拒绝鲍德温三世选中的候选人、浪费梅利桑德女王筹措王家嫁奁努力更令人吃惊的，是安条克女亲王康斯坦丝在表哥背后的作为，她破坏了耶路撒冷的各种努力，以自己的女儿玛丽亚取代了表妹的黎波里的梅利桑德。康斯坦丝在安条克的生活和统治是本书后面一章的主题，但这一事件揭示了她在政治上的作用，以及叛逆、充满野心和工于心计的个性，这不禁让人联想到她的母亲艾丽丝亲王夫人。

女王之死

事实证明，在耶路撒冷的梅利桑德女王漫长、多彩的一生中，这是最后一件政治丑闻。安条克的玛丽亚登船前往君士坦丁堡的当月，梅利桑德去世。她在1161年初突然病倒，这场大病令她卧床不起，也夺走了她过去的许多能力。两个妹妹对她照顾得无微不至，提尔的威廉写道：

在这段时期，梅利桑德女王这位有着非凡智慧和判断力的女性身患绝症，毫无痊愈的希望。她的两个妹妹——的黎波里伯爵夫人和伯大尼圣拉撒路修道院院长——不知疲倦地细心照料她；她们找来了最高明的医生，尽其所能地使用最好的治疗方法。在三十多年中，不管是丈夫在世时还是儿子即位之后，梅利桑德都以超越大部分女性的力量治理着王国。她的统治贤明而审慎。此时，她身体虚弱，记忆力也有些受损，只能长期卧床、形容枯槁，只有极少数人获准前去看望。

最后，1161年9月，经过长时间的挣扎，她向病魔屈服了：

……他那虔诚的母亲，在迁延日久的病痛折磨下已瘦弱不堪，于9月11日去世。国王收到消息后，悲痛欲绝，他的肺腑之情清楚地显示出他对母亲的爱有多么真诚；实际上，此后的许多天里，他都无法自拔。

国王真诚地哀悼母亲，并将梅利桑德埋葬在约法沙谷的圣母教堂，与她的母亲和圣母神龛为邻。

同年，大马士革的祖姆鲁德也去世了。赞吉于1146年去世后，祖姆鲁德一直归隐圣城麦地那，摆脱了血腥的大马士革政坛，独自虔诚地敬拜神灵。

第 5 章　阿基坦的埃莉诺

埃莉诺是一只雄鹰，张开翅膀翱翔于英格兰和阿基坦两国上空；而且，她凭借着惊世美颜，摧毁或者伤害了各个国家。

——巴黎的马修[1]

随着梅利桑德的去世，海外国家一个强盛的时期结束了。她的儿子们治国得法，但十字军国家正在走向崩溃。梅利桑德染病死去之前十多年，这种衰弱的趋势就已经形成了。在她统治时期遭受的第一次惨败——埃德萨失陷和第二次十字军东征失败——就已经清楚地预示了耶路撒冷王国的灭亡。

许多个世纪以来，历史学家就这次失败的真正根源进行了

---

[1]　巴黎的马修（1200—1259），英国本笃会教士、编年史作家，著有《大编年史》。——译注

激烈而又令人厌烦的辩论。糟糕的组织、食物和饮水短缺、军队缺乏经验、纪律性差和军队中存在女性，都成了他们归咎的对象。

这场灾难发生后的几十年里，历史学家们沉迷于一种说法：是军队的罪孽导致法兰西和德意志君主失去了上帝的宠爱和取胜的权利，而他们与女人厮混恶化了这一局面。与军队同行的女人中，最为重要的是法兰西王后阿基坦的埃莉诺，她也是第一位参加十字军东征的王后。

埃莉诺的故事和与海外国家的瓜葛并不是从埃德萨、安条克、的黎波里或耶路撒冷的坚固堡垒中开始的，而是发端于向西数千英里法兰西广阔大地上蔓延的阿基坦公国。

埃莉诺作为十字军中王后的经历与统治海外国家的其他女性有根本的不同。她是参加过东征的王后，在穿越欧洲的旅途上与男性一起经过艰难险阻，而不是出生在十字军国家的王后。

对于海外国家的女士们而言，埃莉诺肯定是个迷人、具有异国情调的女人，正如她们在埃莉诺眼中那样。她是本书中的十字军王后里足迹最广者。虽然莫菲娅的女儿或孙女们都活力四射、激情满满，但没有人到过比君士坦丁堡更远的地方，大部分从未离开过海外国家。

那么，埃莉诺是如何加入这次旅程，是什么使她遇到耶路撒冷的梅利桑德和安条克的康斯坦丝？ 1147 年，法兰西和德意志国王集结军队展开东征，表面上是响应号召，协助解放埃德萨。

法兰西国王路易七世可能因为无法承受夫妻分离之痛，也可能是为了生下更多孩子或者怀疑妻子的忠诚，决定带上妻子一起东征。他的妻子就是阿基坦的埃莉诺。

　　人们对埃莉诺的真实外貌知之甚少，只知道她非常美丽，这无疑也是路易决定带上她的原因之一。在丰特弗洛修道院的葬礼画像上，她有一头金发，而在希农的一幅可能是描绘她与丈夫、儿子同行的壁画上，她的头发是红色的。一位同时代的史家写道，她"不只是美丽"，游吟诗人旺塔杜尔的贝尔纳描述她三十出头的样子时写道，她"优雅、可爱，是魅力的化身"。事实上，这位王后的美貌和个性在所有编年史中都常常被提起，迪韦齐斯的理查德①就曾称她为"无以伦比的女子"。这些都使埃莉诺在一代又一代人中成为了神话。实际上，人们对埃莉诺的真正面目没有多少认识，但我们接下来将试着把已知的细节拼凑起来，叙述她在东征中的经历，以及作为十字军王后产生的影响。

埃莉诺的早年生活

　　埃莉诺生于 1124 年初，她所在的家族以耽于声色、丑闻不

---

① 英国编年史家、教士，著有《理查一世事迹编年史》。——译注

断而著称。有朝一日，她也将证明自己并不会辜负所在王朝的肮脏名声。她的祖父威廉九世在她出生时仍在世，是著名的诗人和登徒子，也是一位十字军骑士，曾于1101年第一次十字军东征成功后东行。威廉的骑士生涯乏善可陈，但游吟诗人却当得不错。他创作的歌词是幸存下来的为数不多的12世纪歌曲典范，受到广泛赞誉，人们认为这些歌曲是有影响的成就。人们不禁要问，埃莉诺是否在孩提时就接触过祖父的作品，这种新兴的中世纪浪漫文学体裁是否影响了她成年后的生活。

埃莉诺的祖母图卢兹的菲利帕做出了明智的决定，完成生下继承人的责任后离开丈夫，归隐丰特弗洛修道院，那里也是埃莉诺最终安息的地方。威廉九世立即找到了替代者：他的情妇、附近一位领主的妻子当热勒前来与他同住。尽管育儿室里禁止传播某些家庭新闻，年幼的埃莉诺也不可能不注意到祖母的离去和这个新女人的到来。毫无疑问，祖父留下的诸多丑闻是围绕埃莉诺自身各种流言的催化剂。

埃莉诺对祖父几乎没有什么印象，她才三岁，祖父就去世了。尽管如此，由于他的个性远比儿子威廉十世公爵（埃莉诺的父亲）更多彩、更跋扈，所以他必然留下了一个赫然耸立的形象。在一次不幸的朝圣之旅后，威廉十世于1137年死于圣地亚哥–德孔波斯特拉，由于他的妻子去世得更早，幸存下来的两个女儿成为这个欧洲最富庶行省的继承人。埃莉诺和彼得罗尼拉突然成了孤儿，而且是拥有巨大财富的孤儿。此时埃莉诺13岁，如果找到了合适的候选人，就可以出嫁了。

阿基坦和在其控制下的相邻领地是法国最富裕的地区，面积大于北面的诺曼底和安茹公国的总和，这块领地的重要性远超过法兰西国王在法兰西岛周围的土地。它延伸到阳光充足、土地肥沃的法兰西西南角，包括加斯科尼和普瓦图，东临图卢兹伯国，北接安茹。阿基坦名义上是法兰西国王的领土，但实际上法兰西卡佩王朝的诸位国王从未冒险进入这块领地，更不用说试图控制它了。这个公国在语言、文化和传统上都是独立的，阿基坦人讲的法语与巴黎的法语没有多少共同点，他们讲的是奥克西顿语，这是一种西南法国仍有人使用，但已濒临失传的语言。

阿基坦的重要性不仅在于广袤的土地，还在于它的出口贸易：整个地区宽广的大西洋海岸都产盐，加斯科尼和波尔多的葡萄园盛产红酒，时至今日仍是如此。这些产业使阿基坦十分富庶。洛布斯修道院院长这样描写 11 世纪的阿基坦："富饶的阿基坦如同花蜜一般甜润，森林中遍布着葡萄园，盛产各色水果，到处都是牧场。"这些土地的统治者确实是幸运的。

埃莉诺的父亲下葬后，消息一传到年老的法兰西国王"胖子路易"耳中，他立刻决定，让埃莉诺尽快与自己的儿子结婚，以便使他对阿基坦有名副其实的控制。法兰西国王与阿基坦公爵的关系类似于耶路撒冷国王和安条克亲王之间的关系；也就是说，双方的地位和关系取决于个人。如果阿基坦有一位软弱的公爵，法兰西国王就可以对他行使严格法律意义上的权力，暗暗地在这块南方领地上加强影响力，而一旦阿基坦有了一位强大的统治者，国王对这块领地行使真正权力的机会就不多了。听说这个至关重要的地区的控制权如今到了一位年仅13岁、尚未婚配的孤女手中，路易国王想必心花怒放。如果他的长子（也名叫路易）能够迎娶并控制她，阿基坦将最终落入卡佩王朝手中，这一野心持续了许多代人，却始终没有得逞。

埃莉诺在这件事上似乎没有什么选择的余地，而且，如果她反对就太愚蠢了。从政治层面上说，这堪称天作之合，与年龄相仿、有卡佩王朝的实力作为后盾的男人结婚，她就不会被剥夺继承权。她婚后能设法获得何种自主权尚有待观察，个性又一次决定了实际的权力。有的妻子努力地获得臣属的忠诚，并在结婚后保持下去；而其他人则保持沉默和被动。

就这样，父亲去世后仅仅三个月，14岁的埃莉诺就站在了宏伟的波尔多大教堂中，这座中世纪的大殿，至今仍矗立在充满生气的法国城市中央。向年轻的路易王子说出结婚誓词后，埃莉诺成为了未来的法兰西王后，也确保了自己阿基坦女公爵的地位。

年轻王子前往普瓦捷南部的波尔多迎娶埃莉诺，是一件引人注目的事件，标志着法兰西的权力变化。在此之前，从没有一位卡佩王朝的国王在阿基坦领地里走了这么远。他的这段旅程以及相关的风险，正说明了埃莉诺的价值和这桩婚姻的重要性。

法兰西王后

在波尔多天主教堂的穹顶下庄严宣誓之后不久，埃莉诺的新公公突然去世。这对新婚夫妇被推到了法兰西最崇高的位置上，成为了法兰西国王和王后，同时又是阿基坦公爵和公爵夫人（女公爵）。他们一同站在了一块广阔无边且令人敬畏的领地顶端。

这一新荣耀也意味着住所的变化。埃莉诺挥别波尔多和普瓦捷，以及儿时的绵延群山，向北前往巴黎和法兰西岛——丈夫所统领王国的中心。当埃莉诺刚与路易结婚时，她可能希望和期待着两人婚后可以在阿基坦生活几年，像她父亲一样在波尔多和普瓦捷施政。路易的父亲去世之前，他们最主要的地位是治理阿基坦的公爵和公爵夫人。相反，法兰西国王传统上居住在巴黎，因此，与之前的许多王家新娘一样，埃莉诺收拾行装，被送到一块没有任何朋友、语言也不相通的陌生土地上。幸运的是，她的妹妹彼得罗尼拉获准陪她北行。姊妹俩看起来十分亲密，埃莉诺对妹妹利益的维护很快就使她和丈夫陷入了困境。

从普瓦捷到巴黎当然算不上是中世纪王家新娘最漫长的旅程，但同样很孤独。埃莉诺的幸运在于一直都在法兰西的疆界之内，但北方的语言和习俗对出生和成长在南方的姑娘来说仍然很陌生。而且，作为父亲公国的继承人，埃莉诺在家中享有很高的地位，可现在作为法兰西王后，虽然在贵族阶层上有所提升，但她成了法兰西国王的妻子，自由度上显然不及在自己家乡的时候。事实证明，对埃莉诺来说，巴黎并不是一个充满梦想的可爱城市，而是一座寒冷、肮脏的城市，她来这里只不过是为了嫁给一个苦行僧般的虚弱男子。

第二次十字军东征的开始，将永久打破埃莉诺在巴黎的单调生活。

地狱之路

教皇收到埃德萨大屠杀的消息，或者圣贝尔纳向路易宣扬十字军东征之前，埃莉诺的东方之旅早就已经奠定了基础。不过，这的确始于一场基督徒的大屠杀，但发生在离家更近的地方，且是在她丈夫的唆使下进行的。

1142 年，埃莉诺的妹妹彼得罗尼拉匆匆地与国王的表弟拉乌尔结婚。这桩婚姻从每个方面看似乎都很完美，除了一个小小的困难：拉乌尔已经结婚了。身体强壮、出身贵族的原配妻子香槟的埃莉诺是一个极大的障碍。为了给彼得罗尼拉嫁给拉乌尔铺平道路，人们编造了不公正的借口，废除了原来的婚约，将这个女人撇到一边。

由于随时可以找到腐败、顺从的主教，路易执行这项计划很简单，但产生的影响却很深远。虽然主教们可能愿意对这种公然无视教规的做法视若无睹，香槟的埃莉诺的家人可不准备无视这种对其女性亲戚的卑鄙行为，教皇似乎也是如此。

彼得罗尼拉和拉乌尔立刻被教会除籍，王室家族与被抛弃的公爵夫人的哥哥——香槟的提奥巴尔德——发生了激烈冲突。提奥巴尔德不愿意眼睁睁地看着妹妹的幸福和家族声誉毁于一旦，只因为年轻王后和妹妹的心血来潮，想让国王的表弟娶一位十几岁的新娘。

这场冲突始于王室对香槟地区的侵犯，他们在城镇纵火，引起了市民们的恐惧，最终导致了"维特里大屠杀"。路易国王的军队冲进了巴黎以东提奥巴尔德领地中一座相对不设防的小镇维特里-勒弗朗索瓦，居民们躲避着国王骑兵的长矛和刀剑，躲进镇上的教堂，以为在圣所里能保住平安。但是教堂的围墙被火把点燃，他们被活活烧死在里面。这究竟是场事故，还是士兵们在战斗的血雾中有意为之的杀戮，都不得而知。无论如何，大约有1000名无辜的基督徒惨死在起火的教堂中，这一暴行及其象征意义成为了路易七世统治的一个污点，不仅在他的一生中，在整个历史上都是如此。

路易在这场灾难后极力忏悔，也就难怪这位虔诚的国王看到有机会通过十字军东征洗刷罪过时，立刻紧紧抓住。埃莉诺也为遭到屠杀的维特里市民而深深负疚。尽管许多人认为她铁石心肠，但听到如此骇人的悲剧，任何人都难以无动于衷，而且，鉴于从一开始就是她的影响才导致香槟的埃莉诺遭到抛弃，她当然也参与其中。

维特里事件后，法兰西国王夫妇成了整个基督教世界谴责和恐惧的对象，克莱沃的贝尔纳非常愤怒，比任何人都更直截了当地加以痛斥，也正是这个人曾反复写信给梅利桑德，既有溢美之词，也不乏责备。贝尔纳当然认为，看到基督教世界的王室有所懈怠，自己一生的责任就是指责他们。

贝尔纳在告诫冥顽不灵的王室成员时毫不留情，即便路易已经悔过，他仍然充满怒气地加以批判。毋庸置疑，一心清修的贝尔纳没有多少时间理会堕落的埃莉诺，这个女人在适当的时候将一次又一次地证明她对教规的蔑视。不过，在这个当口，虽然两人有许多方面的不同，但两个人都以警惕而尊重的眼光注视对方。他们都是上天赐予国王、对他产生巨大影响的人物。

1144 年 6 月 11 日，路易和埃莉诺与贝尔纳在巴黎城郊重新恢复使用的圣丹尼斯大教堂会面。路易的耳边仍然回荡着维特里受害者们的惨叫声，而埃莉诺最迫切关心的却是更为私密的问题。路易不是多情或精力充沛的丈夫，使埃莉诺将他比作一个僧侣而非君主。到 1144 年，他们已经结婚了七年，也到了适合生育的年龄，但这对夫妻仍未能生下一个健康的孩子。埃莉诺后来的育儿经历（至少生下了 10 个健康的孩子，包括狮心王理查）证明，这个问题不能归咎于她，而应归咎于羞怯、虔诚的路易。

在中世纪，这样的事情总是归罪于女人，毫无疑问，一个女人无法履行作为王后和妻子最重要责任可能引起的后果令埃莉诺焦虑又害怕。她亲眼看到，忠诚的妻子可能因为比不育更小的事情而被抛弃。如果埃莉诺不能生下一个继承人，丈夫很可能试图与她离婚，她也可能无法再嫁。同样地，虽然她继承了遗产，也永远不会缺乏财富，但如果她被抛弃或者没有继承人，家族的土地可能被另一个王朝兼并。在证明她的生育能力、确保她的地位方面，时间才是至关重要的。

因此，当埃莉诺与克莱沃的贝尔纳会面时，这两个除了无畏、魅力和直言不讳的意愿之外毫无相像之处的人似乎达成了一个协议。贝尔纳将为埃莉诺祈祷，让她生下一个健康的孩子，而她将尽其所能，对忠诚却不走运的丈夫施加影响，使其国内国外政策更符合教会的教义。

双方都没有食言，或许是恢复了乐观情绪，或许是神的干预，埃莉诺在贝尔纳承诺为其祈祷后仅仅九个多月，就于1145年生下了女儿玛丽。这个女儿也许很健康，但她的降生并不能完全巩固埃莉诺的地位。毕竟，女儿不是儿子，也不是继承人，但确实证明了她的生育能力，也为她争取了一些时间。

玛丽降生不久，埃德萨大屠杀的消息传到了法国，贝尔纳开始在全欧洲呼吁发动十字军东征。我们已经看到，他取得了巨大的成功，不仅贵族，王室也支持这场冒险。

路易投身东征，不仅仅是因为贝尔纳的雄辩和他本人的负罪感。法兰西国王夫妇与海外诸邦有着家族渊源。埃莉诺的叔叔普瓦捷的雷蒙德在艾丽丝最后一次叛乱时偶然来到安条克，凭借三寸不烂之舌娶了康斯坦丝公主，赶走了艾丽丝亲王夫人。路易与安条克也有关系：他的姑姑法兰西的康斯坦丝曾是首任安条克亲王夫人，也是现任女亲王康斯坦丝（雷蒙德的妻子）的祖母。雷蒙德曾派遣使者带着厚礼去见他的侄女埃莉诺和其丈夫路易国王，恳求他们援助安条克。梅利桑德女王也曾写信给教皇尤金，促使他发布诏书，敦促法兰西国王和广袤国土中所有忠诚的基督徒拿起武器，从异教徒手中拯救海外国家。

贝尔纳将埃德萨失陷说成是上帝对人类罪过的惩罚，而十字军东征是上帝赐予人类的生命线——救赎自身、抹除罪过和重夺穆斯林占领的土地的机会。这似乎是路易为维特里屠杀赎罪并体验冒险经历的黄金机会。这位年轻的国王此时只有27岁，几乎从未离开过法兰西。而且，他扩大王国领土的最重要行动是通过与埃莉诺的婚姻实现的，而不是从战场上获得的，因此他也将十字军东征看成是证明自己军事才能的机会。在成长的过程中，他听到的都是第一次十字军东征成功的传奇故事。他的姑姑康斯坦丝嫁给塔兰托的博希蒙德并成为安条克亲王夫人，他无疑也认为自己能够在东方取得类似的荣耀。

不管怎么说，他都大错特错了。这次东征将更加证明，他在军事上一无所用，作为丈夫更不称职。除此之外，安条克发生的事件也为他失去阿基坦——一个世纪里他的家族获得的最重要领地——埋下了伏笔。

尽管路易和埃莉诺没能生下男性继承人，但各种信息来源都肯定，他对妻子是忠诚的，并且满怀嫉妒地守护着她。学术界普遍认为，埃莉诺随夫出征的决定有三个原因。首先，路易宠爱她，希望她能陪伴左右；其次，他担心如果让妻子在法国为所欲为，她可能会不忠于自己；最后，也是因为埃莉诺愿意东行，没有提出任何反对意见。这三个原因很有可能交织在一起。路易没有意识到的是，带她离开刻板的宫廷环境，并不能消除对其忠诚的威胁，而是将自己的婚姻置于危险之中。纽堡的威廉[1]这样描写路易的动机和后果：

最初，【埃莉诺】凭借自身的美貌，完全迷住了这位年轻男子，以至于在那次著名的十字军东征开始之前，他感觉到了对年轻新娘的强烈依恋，决心不将她丢下，而要带着她一起参加圣战。许多贵族也都以他为榜样，携妻子同行；这些没有女伴就无法生存的人，将许多女人带进了本应朴素的基督教军营中，成了我们军中的一段丑闻。

威廉对埃莉诺及她的女士们加入战斗的反应和敌意决不能说是非同寻常，也不是意料之外。十字军东征时并不经常有妻子同行。鲍德温一世曾带着他的首任妻子戈德希尔德参加东征，

---

[1] 纽堡的威廉（1136—1198），12世纪英国历史学家、教士，著有《英国事务史》。——译注

结果她先被掳为人质，后在走完小亚细亚的旅程前死去。其他领袖都没有带上身为法兰克贵族的妻子。有流言称，另一位于1101年东行的贵族妇女在十字军的一场溃败后被俘，成为土耳其军阀的性奴，后来成为了神秘的赞吉生母。这段旅程对于全副武装的骑士都非常危险，更遑论一群贵族女子。此外，事实证明，军队中高价值的贵族妇女是个负担。对于一支以朝圣和作战为焦点的军队，漂亮的法兰西王后和她的侍女几乎肯定会令其分心。但是埃莉诺还是来了。

天堂之路

1145年圣诞节，路易在宫中"透露了心中的秘密"，他和埃莉诺宣布打算响应海外国家贵族们发来的援助请求，比他们和臣属正式承诺支持十字军东征早了三个多月。这一庄严的仪式在地理上很便利的宗教重镇韦兹莱举行。这个小镇位于巴黎和一些法兰西重要的修道院之间，是一条通往欧洲基督徒朝圣中心圣地亚哥－德孔波斯特拉的大路起点，也是中世纪鼓吹十字军东征的方便场所。今天，这里除了方便就没有什么其他特点了。韦兹莱位于勃艮第地区心脏地带一座风景如画的山上，保留了这些中世纪参会者必然能感到的某种气氛。小镇的中心是山坡上的长方形教堂，里面有抹大拉的玛利亚的圣龛和遗物。对现代游客来说，登上这座古老教堂可以俯瞰勃艮第地区的美景，享受那绝佳的宁静感觉，是十分值得的。

前来听贝尔纳说教的法国贵族可能无法体会这种宁静。这场布道会气势宏大，是中世纪历史上最伟大的演讲之一。聆听贝尔纳鼓吹新东征的人数远远超过了镇上任何大建筑的容量，因此在田野上为贝尔纳建起了一座平台。这一定是万人瞩目的情景：一位中年修士身着朴素的道袍，因苦行变得虚弱不堪，却在激情之下发表了历史上最振奋人心的演讲，以其高超的口才征服了一群军人，令大部分人当场同意参加一场远征，为此奔赴数千里外的未知国度，许多人还注定会死亡。

这场激情澎湃的布道会后，路易和埃莉诺跪在这位传教士面前，展示了教皇送来的布十字架，这些十字架缝在他们的长袍上，他们自豪地将长袍披在肩上。人们喧闹着要求将这些十字架分发给热心的听众，有传言称，当这些十字架被一抢而空后，贝尔纳从自己的长袍上撕下布条，做出更多以满足要求。欧洲大陆上又点燃了新的东征狂热。

12 世纪英国编年史家坎特伯雷的杰维斯断言，这次典礼之后，埃莉诺和其他一同誓言参加东征的贵妇们穿得像亚马孙女战士一样，骑着白马在镇上来回奔走，争取人们的支持。这个故事几乎可以肯定是杜撰的，是根据后来埃莉诺和其他十字军骑士的传奇故事编造的。杰维斯的著作成书于二三十年之后，但他对埃莉诺的虚构描写说明在这位女王在世时，人们是如何看待她参加十字军东征这件事的。同时代的编年史家如果不将其当成可恨的"国家毁灭者",或许就会将她看成是非凡榜样引领下的一位精力充沛的斗士。

韦兹莱是中世纪庆典活动的最后一个典范,这一盛会标志着第二次十字军东征的开始。1147 年 6 月,埃莉诺、路易和母亲阿德莱德、叙热院长和教皇本人在法兰西岛的圣丹尼斯大教堂出席了伦迪特集市①。国王在教堂中对着圣殉者的遗物祷告。随后,在大祭坛的面前,叙热院长郑重地将骑士军旗授予路易,这是韦克森伯国的仪式用旗,也是法兰西诸王带到战场上的旗帜。这面旗帜有浓厚的神秘色彩,曾在《罗兰之歌》中提及,据说查理大帝本人也曾带着它在圣地作战。根据传说,旗帜的顶端会冒出火焰,驱赶萨拉森人。路易接过这面旗帜,第二次十字军东征也就开始了。

长期以来一直有种种传说,很大程度上也受到了 1968 年的电影《冬狮》中凯瑟琳·赫本扮演的埃莉诺形象的影响,称埃莉诺将女伴们打扮得像亚马孙女战士,且"袒胸露乳地在通往大马士革的路上纵马飞奔"。现代历史学家明确地驳斥了这些流言。埃莉诺当然不会在任何地方袒胸露乳地骑马,如果她曾经

---

① 伦迪特集市,起源于 11 世纪的一项宗教活动,最初是展示耶稣受难的遗迹,后来范围不断扩大,吸引了为朝圣者服务的商人。——译注

这么做过，当时至少会有一部编年史提到过。然而，提尔的威廉提到过，除了随军的妇孺之外，军中还有多达"7万名"身穿护胸甲的女人。这一数字不太可能是正确的，但说明军中或许有身披甲胄、骑马跟随的女性。尼基塔斯·霍尼亚提斯①和坎特伯雷的杰维斯都声称欧洲军队中的女性穿着像亚马孙女战士。尼基塔斯曾在法兰克军队威风凛凛地抵达时出现在君士坦丁堡宫廷中，肯定见过埃莉诺，而杰维斯在埃莉诺统治末年与之相识，尼基塔斯这样描写逼近海外国家的德意志军队：

> 其中也有些女人，她们没有在马上覆盖毯子或者使用横座的女鞍，而是像男人一样毫无顾忌地跨骑在马背上，并手持长矛和武器；她们身着男装，全然像是军人，比亚马孙女战士更加勇武。其中一人鹤立鸡群，仿佛又是一个彭忒西勒亚②，她的衣服下摆和边缘都镶着黄金，因此被称作"金脚"。

尼基塔斯是鄙视西欧人的传统希腊人，将从德意志到意大利的一切东西都称作"法兰西"。因此，这些随军的妇女完全可能是在法兰西军队中看到的，而不是在德意志军队中看到的。没有人提到在康拉德军队中有类似的装束，但这是同时代史书

---

① 尼基塔斯·霍尼亚提斯（约1155—1217），拜占庭时期希腊官员、史学家，著有记载1118—1207年拜占庭帝国历史的《历史》一书。——译注
② 彭忒西勒亚，希腊神话中的亚马孙女王，曾帮助特洛伊人作战，为阿喀琉斯所杀。——译注

中第二次提到法兰西军队中的贵族妇女衣着奢华，跨骑骏马。

尽管出发时浩浩荡荡、极尽荣光，路易和康拉德的军队还是在小亚细亚遭到了决定性的溃败。法兰西军队从集结地梅斯出发，前往曼努埃尔·科穆宁在君士坦丁堡的华丽宫殿，1147年10月4日抵达。这是埃莉诺第一次真正看到东方的辉煌：她肯定为见到的情景而着迷。君士坦丁堡的浮华盛景与她婚姻早期朴素得令人愕然的巴黎宫廷相比，真有天壤之别。在对路易到访君士坦丁堡的各种描述中，我们没有发现提及埃莉诺的文字，说明她在国王的公开旅行中可能与之分离，由以曼努埃尔·科穆宁首任妻子伊蕾娜皇后为首的希腊宫廷贵妇私下接待。

埃莉诺与虔诚的伊蕾娜皇后不太可能有很多共同点。伊蕾娜出身于德意志，更适合嫁给路易，而不是颓废放荡的曼努埃尔皇帝。尼基塔斯·霍尼亚提斯对这位皇后的描述是："她并不太关心身体之美，更关心的是内在美和灵魂的状态。她对香粉、眼线和眼影不屑一顾，也不愿用胭脂来代替自然的红润肌肤，并将这些化妆品都斥为愚蠢女人的把戏。"他接着写道："不过，在床笫之事上，她对曼努埃尔来说并不合适，年轻的皇帝纵情声色，毫无节制，偷偷与许多女性伴侣【交媾】。"

埃莉诺爱慕虚荣、在服装上颇具品味，可能是皇后不喜欢的"愚蠢女人"之一。不过，率领法国军队的贵族们还是将君士坦丁堡当成了家。埃莉诺似乎很享受那里好客的氛围，以及不同的伙伴，逗留了稍长的一段时间后，她和路易率军进入安纳托利亚。君士坦丁堡和安条克之间的景色多种多样、变化极大。为了避开安纳托利亚中部高原惊险难行的道路、尽可能减少与塞尔柱土耳其人的小规模冲突，法兰西军队走的是更长、更曲折的路线，尽可能地在拜占庭的领土中行军。抄近路将使他们的军队暴露在不必要的危险中，而选择最安全的滨海路线又太远了。他们最终选择的路线代表着在风险控制和效率上的一种妥协。

康拉德所率领的德意志军队在路易和埃莉诺之前出发，按照曼努埃尔皇帝的说法，路易预计在他追上康拉德的时候，德意志统治者肯定已经在土耳其的征程上取得了一系列胜利。这个想法与现实相去甚远。向安条克开进期间，法兰西军队偶然遇见了一群伤痕累累、饥肠辘辘的德意志散兵，他们哀叹康拉德的军队把自己给丢下了。他们还向惊骇的路易描述道，他们的军队在第二次多里莱乌姆战役[①]中被塞尔柱土耳其人打得大败。

康拉德已命令向君士坦丁堡缓缓撤退，但他的军队不断遭到乘胜追击的穆斯林的伏击和骚扰。在洛帕迪翁[②]与路易和埃莉

---

① 第一次多里莱乌姆战役可能更著名，发生在第一次十字军东征期间，是法兰克人的一场大胜。——原注
② 今土耳其乌卢巴特。——译注

诺会合时，康拉德本人头上也带着伤，血肉模糊，路易见到这一情景都忍不住痛哭失声。法兰西人因德意志人失败的消息而"悲痛欲绝"，这或许是他们第一次沉浸在十字军东征的血腥现实和危险中。

在此之前，十字军骑士们一直怀着激情与狂热，这无疑是由第一次十字军东征的荣耀与成功支撑的必胜信念。差别就在于，第一次十字军东征的领袖们不觉得有什么是理所当然的，他们也都不是青涩的少年。在他们当中，有塔兰托的博希蒙德和图卢兹的雷蒙德这样经验丰富、久经战阵的军阀。羽翼未丰的法兰西国王恰恰相反，他此前最具雄心的军事任务就是造成维特里大屠杀的那场失控的战役。路易从小就不习战事，哥哥去世之前，他本来的归宿是成为神职人员。

德意志军队失败的根源是情报和准备不足。他们没有为这次征程准备充足的粮草，真正遇到的抵抗也比预计的强得多。他们的命运是对法兰西军队的提醒，后者也注定将要遭遇溃败。损兵折将的德意志军队与法军合并一处。康拉德的残兵与路易和埃莉诺的队伍一起，于1147年12月抵达以弗所。康拉德和他的部队亟待修整，而路易和埃莉诺却急于进兵。康拉德扬帆前往君士坦丁堡，法兰西国王夫妇则率军开向安条克，这支军队中的幸运儿们将在三个月的艰苦旅程后，于1148年3月抵达那里。

尽管史料中从未直接提及，但从多里莱乌姆出发的三个月行军期间，埃莉诺证明自己的坚韧和决心超出了人们对一位中世纪欧洲最富有公主的想象。这次行军绝非一帆风顺，继续前进后，埃莉诺和随从们很快就看到遍地的尸骨，那都是此前不幸的德意志军队留下的。空气中弥漫着不祥的气息和死尸的腐臭。接近现在的安塔利亚海岸时，法兰西军队遇到了被称作卡德摩斯山的天堑。这座山无法绕过，只能翻越。山路狭窄陡峭，险象环生，携带大量辎重的军队似乎需要将近一整天才能通过。为了越过这座山，法军分成三个独立的部分，第一部分是由有经验的贵族——埃莉诺的家臣郎孔的戈弗雷和国王的叔叔莫列讷伯爵——带领的。这两个人率领军队中大部分战斗人员，将开路并勘察危险地段。紧随其后的是移动较为缓慢的辎重部队，包括驮兽和装满粮草及营帐的马车，以及徒步行军的无武装朝圣者。最后一部分是路易国王率领的殿后部队，包括40名乘马的贵族。

许多历史学家，尤其是那些受大众欢迎的历史学家，都接受了19世纪历史学家阿尔弗雷德·理查德生动却缺乏根据的说法，即埃莉诺和她的贵妇们乘马跟随大军的前锋。这种情况虽然并非不可能发生，但可能性太小了，也没有任何同时代的资料证明。不管埃莉诺是否曾经喜欢过任何亚马孙女战士的服装，但她不是一个作战人员，也没有理由随前锋部队行军。她和贵妇们是大军中脆弱而有价值的一部分，因此很有可能在大部分行程中，特别是在危险区域行进时，都跟随大军中防护最好的一部分。这当然是处于中间的那一部分，它的前后都有武装部队保护。国王的御用教士和编年史作者德伊的奥多也在这一部分里。

卡德摩斯山似乎是很大的障碍，法军当中就最好的解决方案发生了很多争执，最终大家同意花一整天的时间翻越它。事实上它带来的挑战没有预期的那么大，至少在地形上是如此。前锋部队登山时出乎意料地轻松，因此认为应该无视精心制定的计划。他们没有在事先商定的顶峰附近集结点等待后队，而是继续前进，在另一侧的平原上安营扎寨。这一策略短视且草率，使其余部队失去了保护。前锋部队如此之快地下山，唯一的原因是他们通过时没有遭遇土耳其人的骚扰，而且没有笨重的辎重车辆的羁绊，这些车辆在湿滑陡峭的山路上行进远比敏捷的士兵更难。其他两支队伍就没那么幸运了。

完全没有防护的辎重车辆缓慢地越过山岭。这段路程本身就很危险，道路狭窄且十分陡峭。土耳其人严密监视着这支军队的行进过程，等待弱点出现的时刻发动打击，他们将法军前后脱节视为等待已久的良机，向辎重车辆周围毫无防护的这部分法军射出如同雨点般的箭矢，并发动了猛烈的进攻。结果是如同地狱般的混乱景象：辎重车上的男男女女们被困在其中，一边是突如其来的敌方刀剑和从天而降的箭雨，另一边则是万丈深渊。

第二次十字军东征的主要编史者、路易国王的御用牧师德伊的奥多（恰好是个痛恨埃莉诺的人）也跟随着这支受到攻击的部队，王后一定也在这里。在土耳其人的袭击中，许多士兵都被杀死或坠崖身亡，奥多急忙退回国王和殿后部队等待登山的位置。路易迅速前来救援，土耳其人被击退了，但他们已经给这支脆弱的高价值车队造成了严重的损害。

法兰西步兵和贵族都遭受了惨重的损失。路易在通知法兰西大臣惨败消息的信件中写道，以后再向他们提供完整的伤亡名单，这意味着贵族中死者太多，无法在军营中匆忙写就的信里列明。

当两支队伍与擅自行动的前锋部队会合，人们在庆幸路易安然无恙和哀悼死者之余，对遭到如此惨败感到异常的愤怒。前锋部队不仅无视命令，而且没有派出信使，告知辎重队或者殿后部队他们采取的措施。将士们都带着强烈的情绪，认为应该绞死埃莉诺的普瓦捷家臣、前锋部队统帅郎孔的戈弗雷。

埃莉诺看来对这次小规模战斗泰然处之。与其他任何人一样，她肯定也曾为这一幕而震惊，深陷土耳其人的伏击之中，周遭一片惊恐和杀戮，不断有人跌落悬崖，对她而言，这次袭击肯定是骇人的。这也是她在旅途中首次品味到真正的危险，但没有任何迹象表明，她失去了勇气和对十字军东征的信念。

在前往安条克的余下旅程中，十字军骑士们尽管没有遭遇更多的军事失败，但也远谈不上顺利。对一支行进的大军来说，小亚细亚的地形十分严苛，他们仍需要涉过两条河流。而且，由于失去了许多辎重，法兰西骑士们很快就遇到了与此前德意志军队相同的困境：食物短缺。

1 月，大军终于来到了阿达利亚^①海港，争论之后的结论是路易和埃莉诺率一部分随从从海路继续前往安条克，留下步兵走较为危险的陆路。国王和王后带着随从们于 1148 年 3 月 19 日抵达传说中的那座城市。

埃莉诺在安条克

安条克亲王雷蒙德是埃莉诺的叔叔，也是康斯坦丝女亲王的丈夫，他急于给宾客留下好印象。康斯坦丝在法兰西国王夫妇抵达时可能有孕在身，或者正在月子里，但她的丈夫还是倾公国之所有，隆重欢迎他们，在舟车劳顿的客人面前尽显东方的浮华。对埃莉诺和路易来说，安条克肯定是沙漠中的一片绿洲。在埃莉诺看来，普瓦捷领主统治下的一个富庶的东方公国，简直就是天堂了，既有东方的异国情调，又有着熟悉的家乡话和法国南部习俗。

对安条克统治家族的居所，我们找不到任何可靠的图像或

---

① 今土耳其安塔利亚。——译注

者描述。不过，我们能找到许多对伊贝林的约翰所住宫殿的描述，伊贝林的约翰与雷蒙德几乎处于同一时代，是耶路撒冷女王和的黎波里领主的儿子，安条克亲王的宫殿即便不比他的华丽，也可能十分相近。约翰的宫殿是由叙利亚、希腊和穆斯林工匠修建并装潢的。墙上镶嵌着大理石，两侧都有窗户。天花板以浮云壁画作为装饰，大理石地板的设计则让人想起沙滩和流水。耶路撒冷女王们无疑也有同样华丽的住所，这些宫殿也同样融合了东西方设计元素，众所周知，的黎波里伯爵夫人霍迪娜拥有一座被称作"荣耀"的观赏园林。

除了亲戚关系之外，雷蒙德亲王也有充分的理由为他的王家贵客铺上红毯。尽管在卡德摩斯山遇到了考验，但法兰西国王夫妇仍然带来了一支兵力可观的军队和宝贵的资源。雷蒙德热切地希望能说服他们，将注意力从重夺埃德萨转向征服阿勒颇。

阿勒颇是安条克东面的敌人，也是雷蒙德的眼中钉、肉中刺。库特奈重夺埃德萨未果，那里又发生了大屠杀，加之基督教军队败退，使那座城市不再成为十字军骑士的现实目标；但是，如果可以从努尔丁手中夺取阿勒颇，安条克公国和海外国家的北部边境就要安全得多了。

虽然这一方案在逻辑上是合理的，但路易一如既往地保持着不切实际的想法，而且，安纳托利亚的艰难旅程彻底动摇了他的信心，他并不急于与东部的真正对手交锋。相反，他宣称打算平静地进军耶路撒冷，履行他在圣墓教堂祈祷的誓言。听到这一消息，雷蒙德亲王心生反意。

相同的血脉和语言，以及对路易的蔑视，使埃莉诺和叔叔开始形成了一种特别密切的关系。他们私下会面，讨论战术、战略和政治。雷蒙德只在侄女十几岁时见过她，但很快就为她的心智和美貌所打动，清楚地看到她嫁给路易国王是一种浪费。

与碌碌无为的路易相比，雷蒙德是一个令人钦佩、极具吸引力的男人，远比前者更老于世故，军事经验也更为丰富。到东征的这个阶段，埃莉诺和路易自始至终缺乏激情的婚姻已岌岌可危。他们不一同出行，陪伴对方的时间也越来越少。

虽然埃莉诺和雷蒙德年龄差距甚大，血缘上又十分接近，但有关两人私通的流言开始蔓延。这一故事的真相是中世纪最具争议的悬案。许多同时代人相信确有其事，而许多现代历史学家很快就将其视为毫无根据的小道传闻，本书的读者尽可以自己做出判断。下面将讲述当时流传的故事和证据。

雷蒙德亲王是普瓦捷领主，就是他秘密前往安条克，诱骗艾丽丝亲王夫人并与她的幼女成婚，从而确保了公国的统治权。根据威廉的提尔的描写，他"相貌英俊，远超过世界上所有国王和王子"，而且"言语和蔼可亲"。虽然提尔的威廉对贵族男性的堂堂相貌总是不吝溢美之词，但这显然也属于很高的赞誉了。埃莉诺在雷蒙德匆忙迎娶康斯坦丝之后 11 年来到安条克，他仍然不失当年的丰采。

于是，我们看到一位英俊男子和一位美貌少妇，前者妻子可能有孕在身、难以自处，后者则婚姻不幸，与丈夫分离。他们有很多共同点，在一起的时间也更多。中世纪最为冷静的两位编年史家——提尔的威廉和索尔兹伯里的约翰①——都认为确实发生了对婚姻不忠的事情。威廉写道：

> 雷蒙德设想，在【路易】帮助下，他或许可以扩大安条克公国的疆域……当雷蒙德发现无法诱使国王加入自己时，他的态度变了。雄心勃勃的计划遭到挫败后，雷蒙德开始痛恨国王的行事方式；他公开谋划反对国王，采取措施伤害他。雷蒙德还决心以武力或者阴谋夺走国王的妻子。王后乐于支持这一计划，因为她是个愚蠢的女人。她在此事前后的举止说明，正如我们所说的，她远不是个慎重的人。她无视婚姻誓言，对丈夫不忠，也与王家的高贵声望不符。

索尔兹伯里的约翰给出了略有不同的叙述：

---

① 索尔兹伯里的约翰（约 1110—1180），英国作家、哲学家，曾任沙特尔主教，著有《论政府原理》一书。——译注

……在东方的军队被消灭之后，法兰克人中最虔诚的国王抵达安条克，受到了已故普瓦捷伯爵威廉的弟弟雷蒙德亲王的隆重招待。他恰好是王后的叔叔，由于许多原因，他应该忠诚、爱戴和尊重国王。但在他们停留期间……亲王对王后关怀备至，经常（事实上几乎持续）地与她交谈，引起了国王的怀疑。尽管国王已在准备离开，王后却希望留下来，亲王也尽一切努力想挽留她，只等国王同意，这更加强了上述的怀疑。当国王急着将她带走时，她提到了他们的亲戚关系，因为她和亲王有四五代以内的血缘，所以像夫妻那样在一起是不合法的。国王对此深为感动……他几乎毫无保留地爱着王后。……国王的大臣中有一位叫作蒂埃里·加勒朗的骑士……他斗胆劝说国王不要让王后继续在安条克逗留下去，这是因为"在亲属关系的幌子下可能隐藏着罪恶"，也是因为如果在发生的这一切灾难之外，国王又被妻子遗弃，或者被夺走妻子，那将是法兰克王国持久的耻辱。

两位史家对这一事件的动机、煽动者和促成者的看法各不相同，但两人都认为埃莉诺和雷蒙德之间存在着某种不正当的关系。虽然他们都没有明确指出性方面的背叛行为，但都强烈暗示了这一点。索尔兹伯里的约翰含蓄地提到了奥维德的一首名诗，在这首诗中，已婚的老女人菲德拉给继子写了一封饱含激情的信，试图勾引他。菲德拉对希波吕托斯的爱和传闻中埃莉诺与雷蒙德的爱显然是同类的乱伦行为。而且，提尔的威廉和索尔兹伯里的约翰都同意，当路易出手干预，试图将妻子与她的叔叔分开时，埃莉诺以对虔诚、忠实的丈夫最有力的武器威胁他，那就是离婚。

最能说明问题的证据，或许是路易的首席大臣叙热院长寄出的一封信。这位大臣在信中提及了围绕埃莉诺的丑闻，他并没有否认这些谣言，而是劝告国王不要生气，并对他在东方没有过激反应道贺。这说明他已经收到了埃莉诺不忠和 / 或威胁离婚的可靠情报，因为他显然知道这个问题。如果他听到的只是无耻小人的流言蜚语，肯定会断然否认，他不会要求国王忍耐，而会让他不要理会无聊的闲话。叙热院长写道：

关于王后——您的妻子，如果可以的话，请允许我们冒昧地祝贺您，能在一定程度上压抑自己的愤怒，如果您真的愤怒，那就等到您按照上帝的意志回到自己的王国之后再发泄吧。

提尔的威廉以近乎指责的语气，如此描写雷蒙德：

他并不节俭，太喜欢玩危险的骰子和赌彩游戏。除了其他的性格缺陷之外，他还很鲁莽，习惯于在冲动下仓促行事，还常常不加节制或者毫无理由地发怒。

这段文字除了描绘了一位喜欢挥霍和冒险的男人之外，也符合这样的想法：当路易拒绝了雷蒙德的请求，不协助他对付阿勒颇时，雷蒙德十分愤怒，怀着报复的心理。法兰西国王毕竟接受了他铺张的接待，现在却似乎对他的慷慨大方不屑一顾。

除此之外，路易显然完全配不上埃莉诺，雷蒙德可能为家族感情和忠诚所左右，希望帮助不幸的侄女摆脱无能的丈夫。这与威廉断言的雷蒙德试图分开这对夫妻以报复路易拒绝帮助的做法，以及索尔兹伯里的约翰关于埃莉诺希望留在安条克并得以离婚的说法相一致。此举的动机并不一定是她叔叔在性方面的吸引力。雷蒙德可能向她提出过建议应当如何摆脱路易，埃莉诺下定决心要与国王离婚之后希望离开路易，与她的亲戚一起留在舒适的名城安条克，这也是很自然的。

我们此前曾经提到，坎特伯雷的杰维斯描述过埃莉诺乘坐一匹白马在韦兹莱四处奔走，这位史学家在他的编年史中也暗示了埃莉诺的不忠，拐弯抹角地表达了国王夫妇东征归来时因途中发生的事情而关系非常紧张，但不愿意透露细节。通常情况下支持埃莉诺的编年史作者迪韦齐斯的理查德也同样表示，安条克发生的事是欧洲最不为人知的秘密："我希望没有人知道这件事，但许多人知道了。就是这位王后和第一任丈夫前往耶路撒冷时发生的事。别再让人谈论这件事了。"

这段风流韵事究竟是真的发生了，还是没有发生，仅仅是路易嫉妒埃莉诺与她叔叔的关系而导致婚姻破裂，有关于此的最有力证据或许是在路易要求他们离开安条克时，埃莉诺拒绝了，并宣布她将留下来。路易的反应是在寂静的夜里强拉着她离开，把她带到了耶路撒冷。一位史家写道："他伴随浮华与荣耀来到【安条克】；但命运无常，他离去时只有耻辱。"

埃莉诺在耶路撒冷

路易和埃莉诺经的黎波里前往耶路撒冷。当他们和辎重车队抵达时，宫廷上下包括梅利桑德女王都前来欢迎国王夫妇。城里为他们举行了盛大的欢迎游行，所有教士和贵族都等待着他们到来，城里的居民也在街上列队相迎。当路易和埃莉诺率随从人等前往圣墓教堂、在耶稣墓前祷告时，人们唱起了赞美诗和圣歌。

埃莉诺、路易和随从的贵族们畅游圣地之后，在北部的阿科附近召开了一次会议，以决定东方大军的战略。耶路撒冷最高议会成员与指挥德意志和法兰西军队的贵族们于 1148 年 6 月 24 日会晤。

提尔的威廉列出了 40 名与会官员的名字，也清楚地表示梅利桑德在场："耶路撒冷国王鲍德温——一位大有前途的年轻人——和他的母亲，一位睿智、细心的女性，她有着强大的内心，聪明才智绝不劣于任何一位国君"。他没有提到埃莉诺，鉴于他提供的名单如此详细，如果埃莉诺参会，他一定会提到的。看起来，埃莉诺虽然手下也有一帮诸侯，但被排除在这次会议之外，说明她已经失宠。更重要的是，她肯定也会因为这一有意的排斥而感到沮丧和愤怒：她看到耶路撒冷女王参与国事，可自己作为法兰西王后却被排除在外。她们的情况不能直接对比；毕竟，梅利桑德是摄政的女王，而埃莉诺只是王后。

不过，这仍然是令人愤怒的事情，因为埃莉诺本人还是阿基坦女公爵。这件事和被强行带离安条克，肯定使她更加坚定决心要离开丈夫，实现一定程度的个人自主。在埃莉诺缺席的情况下，会议决定东征的军队不像安条克的雷蒙德希望的那样进军攻取阿勒颇，而将前往围攻大马士革。大马士革当然是个更大的目标，但也远没有那么容易攻取。如果两国军队与雷蒙德联手，或许可以成功地对努尔丁在东方的势力发动决定性的一击。

德法两军向大马士革进发，虽然锣鼓喧天、祈祷声不绝，士气总体来说也很振奋，但结果却是惨败。他们没能成功地夺取该城，令这支联军颜面扫地。

欧洲诸王的军队惨遭痛击，一路败退回欧洲。第二次十字军东征对路易来说绝对是个失败。这次军事冒险不仅使他的军队遭到惨重损失，浪费了大量黄金，他的婚姻和国际声誉也毁于一旦。他在耶路撒冷停留到 1149 年春末，在这段时间里慷慨地借款补贴耶路撒冷的防御。此后，他率领军队离去。

归乡之路

满怀愤懑的路易和埃莉诺各自登船返回欧洲，他们已无法忍受与对方结伴走过漫漫旅程。分船而行是埃莉诺或路易单方面的要求，还是相互的意愿尚不清楚，但都为法兰西国王和王后之间爆发冲突提供了更多的证据。

国王的船队顺风满帆，但这次旅程对王后却并不顺利。法国船队遭到了拜占庭战舰的骚扰，埃莉诺的船被俘获扣押，后来才勉强地让她继续踏上旅途。7月抵达帕勒莫时，她已在海上漂流数月，很多人都以为她的船迷失了方向。她在帕勒莫听到了关于叔叔（也可能是爱人）雷蒙德的不幸消息：安条克亲王死于战斗之中。

伊纳伯战役发生于1149年5月，是巩固努尔丁作为强力军事指挥官声誉的决定性时刻。他的军队进击法兰克人把守的要塞并展开围攻。雷蒙德从安条克率军前来解围。法兰克人以熟悉的重骑兵冲锋对付穆斯林对手，努尔丁的队伍佯装退却。他们从中间一分为二，被激怒的十字军骑士冲入这个缝隙之中，却发现自己处于敌人的两面包围之中。在随后的战斗中，安条克军团被击败，雷蒙德与手下一起死于乱军之中。按照一种令人毛骨悚然的传统，安条克亲王的头颅被砍下装在一个银盒子里，连同他的右臂一起送到巴格达的哈里发那里，无疑是要和雷蒙德倒霉的前任、康斯坦丝之父博希蒙德二世的放在一起。埃莉诺听到这一消息时想必面如死灰，因为她没能说服丈夫让法兰克军队留在安条克出征阿勒颇，而是任由他们对大马士革发动计划不周的进攻，这无疑为雷蒙德的失败铺平了道路。他残缺不全的尸体后来被安条克派出的侦察队找到，送回妻子那里安葬。

埃莉诺与丈夫在西西里相会，他们没有直接启航返回法兰西，而是绕道前往罗马拜见教皇尤金，无疑是为了解决他们婚姻中的问题。或许是听到叔叔惨死的消息使埃莉诺感到悲伤，也让她比以往更固执地希望解除与路易的婚姻——也就是她在安条克被强行带走之前做出的威胁。教皇无论如何都不会接受法兰西国王和王后离婚的想法，对此表示强烈反对。他还采取措施延续他们的婚姻，在他们离开之前巩固这份婚姻契约。索尔兹伯里的约翰写道：

> 听取了国王和王后各自对始于安条克的隔阂所做的陈述之后，他对两人进行了调解，并禁止他们未来再提起自己的血亲关系：他从口头上和书面上都确认了两人的婚姻关系，并命令他们赌咒发誓，绝不再说对这桩婚姻不利的话，也不应该以任何借口使婚姻瓦解。这一裁决显然令国王感到高兴，因为他以孩童般的激情深爱着王后。教皇让他们睡在同一张床上，那是一张他用自己的无价之宝装饰的床；在他们短暂的来访期间，他每天都坚持通过友好的交谈来恢复夫妻之间的爱。

约翰有很好的条件，能够写出对这些事件的准确描述。因为他熟识第二次十字军东征的许多关键人物，可能得到可靠的资料。此外，他的著作中描述了埃莉诺和路易对所发生事件的不同描述，显得公正而真实。

埃莉诺的归乡之旅并不愉快：被拜占庭人扣押，在西西里人的帮助下重获自由，为叔叔的死而悲伤，却又被迫在罗马难堪地接受与丈夫的和解。这场折磨之后两年，埃莉诺为路易生下了最后一个孩子——二女儿阿利克丝。第二次生下女儿的失望情绪，最终帮助埃莉诺赢得了渴望的离婚。这是压垮婚姻的最后一根稻草，一位编年史家如此描述路易和埃莉诺归国时的婚姻状态：

当国王携妻子回到故国，因为没能完成自己的计划而蒙羞，他们此前的感情开始逐渐变得冷淡；两人之间屡屡发生争执。王后对国王的行为十分不满，声称自己嫁的不是一位君主，而是个教士。

离婚文件墨迹才干，埃莉诺就又成了欧洲最合适的结婚对象，许多追求者争相向其示好。刚得到自由的王后没有浪费时机，她知道自己的青春、生育能力和阿基坦女公爵的地位有多么大的价值，也知道如果在拥有这些价值的情况下保持单身，就会身处绑架和逼婚的危险之中。她毫不迟疑地嫁给了20岁的亨利·金雀花，与这位未来的英格兰国王在她的祖籍地普瓦捷的大教堂中举行了婚礼。她的一生仍将是动荡与荣耀并存的，她为亨利生下了十个孩子，被丈夫关押了16年，且在有生之年看到儿子狮心王理查君临英格兰，取得了不朽的成就。在中世纪的所有王后中，埃莉诺是丑闻最多、最为著名，也是大众心目中最尊敬的人物。亨利·金雀花不失时机地向埃莉诺求婚这一事实本身就说明了她在同时代社会精英中的声誉：如果埃莉诺确实曾被普遍视为无耻的淫妇，那么一位拼命想要持续王朝、将继承人合法性奉若神明的英国国王肯定是不会与之接触的。即便阿基坦看起来足以补偿不忠新娘的威胁，但亨利可能只是认为，他比埃莉诺的前任丈夫更能控制住这个桀骜不驯的女人。确实，他为此付出了巨大的努力，两人婚姻的末期，他将埃莉诺软禁在家中16载。

　　尽管关于埃莉诺的文字叙述甚多，但她仍是中世纪最神秘的女人之一。她去世之前就已经被载入了中世纪的浪漫作品。她很大程度上被神化和虚构了，以至于难以分辨事实和传奇。关于她不忠的说法为谣传提供了丰富的素材，没过多久，各种故事就以文学作品和口口相传的形式流传开来，除了与叔叔的暧昧关系之外，故事中的埃莉诺还试图与萨拉丁本人私奔，在丈夫将其领回的时候，她的一只脚已踏上了一艘萨拉森人的船，准备向夕阳奔去。值得注意的是，埃莉诺前往圣地时，萨拉丁才不过12岁。

　　中世纪浪漫传奇体裁的诞生，对于全世界的文学研究者和作家而言是一份大礼，却是历史学家们的眼中钉肉中刺。在中世纪，历史与虚构文学之间没有真正的界线：历史学家同时也是诗人和说书人。他们接受了古典史诗的教育，并任由它们影响自己的作品。在历史作品中引用维吉尔、奥维德、荷马和贺拉斯的诗篇，是成熟作家和伟大学者的标志，因此历史与神话之间的界限变得模糊不清。

埃莉诺在这种潮流下受害尤甚。从19世纪的歌曲到20世纪的电影《冬狮》，她都被描绘成地道的悍妇和勾引男人、使其失去雄心的女人。巴黎的马修写道，她的美貌毁掉了好几个国家，而莎士比亚形容她是"毁天灭地的怪物"。她究竟是谁，她的真实想法、行为和感情，已经难以分辨。我试图将最可靠的同时代编年史中的说法拼凑起来，但即便如此，诠释起来仍有很大的空间。

埃莉诺的真正遗产笼罩在神秘的面纱之下。她本人就是一个传奇，她的国际名望和历史声誉超过了本书中其余女性的总和。在一定程度上，这是因为她寿命最长、儿女最多，而且一生当中两次戴上后冠。正因如此，才有那么多描写她的电影和戏剧。

埃莉诺在世时就已经是个名人了，也已经是民歌和游吟诗人作品的主题。然而，她的一生是在东行时才成为万众瞩目的焦点。如果埃莉诺没有参加十字军东征，她可能还是一位不幸的法兰西王后，生下她并不想要的女儿，终日困于阴冷的城堡里。事实证明，是在东方见识到的自由和接受的激励造就了她。在君士坦丁堡、安条克和耶路撒冷度过的时光使她焕发生机，也孕育了意志的力量。正是这股力量促使她与路易离婚，也为嫁给英格兰国王亨利二世打下了基础。她在合适的时间里生下了狮心王理查，对东征的痴迷令他声名大噪。理查是埃莉诺最宠爱的孩子，想必是母亲其人以及亲口讲述的东方之旅的故事，使他逐渐迷上了东方，渴望着冒险，这一经历也在他作为英格兰国王和安茹帝国之主的十年生涯中占据了主导地位。

第6章　安条克的康斯坦丝

然而，女亲王对婚姻的桎梏心怀恐惧，更愿意过自由、独立的生活。

——提尔的威廉

安条克的康斯坦丝是雷蒙德亲王的妻子，却备受忽视。大部分历史学家在试图确定埃莉诺和雷蒙德之间所谓的风流韵事是否可能时，都将重点放在路易与埃莉诺之间的婚姻问题上。没有多少人注意到雷蒙德也有妻子的事实。她就是过去的小公主康斯坦丝，在母亲艾丽丝1136年第三次叛乱之后，雷蒙德用诡计娶了只有8岁的她。埃莉诺于1148年访问安条克时，康斯坦丝不再是孩子了：她已经长成了20岁的妇人，生下了两个女儿，很有可能还怀着两人的第一个儿子，或者尚未从生育中复原。这些孩子名叫菲利帕、玛丽亚和博希蒙德三世。

在一生的大部分时间中，康斯坦丝都被排斥在政治舞台的中心之外，由丈夫和儿子先后主政。她注定比母亲更为成功，因为她采用的是被动抵抗的策略，而不是母亲选择的积极进攻，这使她成为 12 世纪统治海外国家最巧妙、最成功的女性。康斯坦丝在一生的两个时期中都设法为自己取得了某种实权，本章的主题就是这两个自由、自主的时期。

从中世纪的角度看，康斯坦丝与雷蒙德的婚姻是成功的。他们没有像霍迪娜和的黎波里的雷蒙德那样公开的婚姻问题，他们的孩子以美貌而闻名，两人也都得到了同胞和对手的尊重。康斯坦丝魅力十足，从她怀孕的次数也可以看出，他们的婚姻肯定比埃莉诺和路易的婚姻要和谐得多。而且，提尔的威廉对雷蒙德的描述包括这样的评论——他忠诚于妻子。这不是威廉随意写下的细节；事实上，他更有可能指责男人的不忠，而不是赞誉他们的克制。他这样描写雷蒙德："婚后，他小心翼翼地遵守和保持着婚姻关系中的忠诚。"

尽管如此，埃莉诺在安条克宫廷逗留期间，康斯坦丝似乎很少受到关注。在自己的城市里，她不管在地位上还是丈夫的感情上都被来访的法兰西王后超越了。编年史家没有告诉我们，康斯坦丝对雷蒙德亲王与其侄女的亲密关系和传言中的奸情作何反应。在路易和埃莉诺途经安条克的一个多月中，康斯坦丝可能暂别公众生活，因为埃莉诺停留的时间恰好与康斯坦丝第三个孩子博希蒙德三世出生的大致时间吻合。在怀孕后期以及分娩后的恢复期，贵族妇女的习惯是远离公众生活甚至家庭生活，避免对孩子造成风险。中世纪缺乏现代医学手段，大部分母亲的年龄也相对较小，因此怀孕和分娩比现在更危险。与经期一样，怀孕、哺乳期间和分娩后的四十天中，妇女在仪式上被视为不洁净。在这段不洁的时期里禁止性行为，也就意味着雷蒙德可能在这段时间里被挡在康斯坦丝的床榻之外。

1148 年的春季对康斯坦丝来说是十分焦虑和紧张的一段时间：她可能在准备分娩或者从中复原，而安条克因为邻近的埃德萨陷落而处于极度危险的境地，丈夫不同寻常地与一位漂亮、老练的女子共度许多时光的流言四起。

此外，如果全城都在谈论关于法兰西国王和王后离婚的传言，康斯坦丝也有理由担心自己的婚姻。这场婚姻破裂有种种原因：她结婚时没有到法定年龄，也没有得到父母的许可。正如后文中将看到的康斯坦丝一位表亲的情况，如果有一方想要寻找新伴侣，从字面意义上说，揭起这个伤疤就足以毁掉婚姻。在海外国家，围绕婚姻誓言的法律正在变得越来越宽松，妻子们有充分的理由为此感到担心。

随着路易决定从安条克带走埃莉诺，实质上将其软禁，上述危局得以解决。安条克在法兰西王后离开后并不稳定，仍然容易遭到阿勒颇的袭击。埃莉诺离开一年之后，雷蒙德在伊纳伯战役中阵亡。正如富尔克国王之死给康斯坦丝的姨妈梅利桑德带来了夺取权力的机会，雷蒙德的死也给她带来了独掌大权的机会。

雷蒙德的死使康斯坦丝成了一位地位不稳的寡妇，但也给了她一切可以利用的条件。鉴于她是公国创立者唯一的成年后代，且生下了健康的继承人，她在安条克的地位可以确保，但未来却远不能确定。梅利桑德曾经为鲍德温三世摄政，康斯坦丝的母亲艾丽丝也曾经试图这么做，但康斯坦丝不太可能得到这样的地位。由于埃德萨失陷，安条克成为了边境邦国，需要一位强有力的军事统帅。康斯坦丝得到了牧首的支持和指导，但他们两人都没有受过统率军队的训练。她的表哥、耶路撒冷国王鲍德温三世无疑希望看到她很快改嫁给一位经验丰富、性格驯良的将军，以便为他镇守安条克，抵抗阿勒颇。

　　身为一名新寡妇，康斯坦丝是很理想的新娘，但她至少在那段时间并不想选择婚姻。这并不令人吃惊，因为她的第一段婚姻是年幼时被强加的，结果是直到那时，她的人生中几乎没有任何自由。康斯坦丝在如此小的年龄嫁给雷蒙德，自然会遇到很多困难，此外，两人年龄与经历的差距也意味着她不可能从婚姻中得到地位或者平等，因为她丈夫一直是夫妻关系中占据优势的一方。雷蒙德是被有意请来与她结婚，以便占有她的遗产、代替她统治安条克的，而不是要与她共治。由于母亲艾丽丝的所作所为，安条克女亲王的野心得不到多少人的同情。康斯坦丝的出身使她在雷蒙德统治时有摄政女亲王的权威，但实际上没有什么权力，只能尽到一个妻子的责任。

　　康斯坦丝是合法的安条克女亲王，是博希蒙德一世的孙女、博希蒙德二世的女儿和博希蒙德三世的母亲。这肯定有利于她确保公国内部的忠诚度。然而，她在丈夫去世时得到的各派支持和真正政治影响力有多大，这是一个值得争论的话题。雷蒙德统治期间，并没有给康斯坦丝多少政治地位。他在位时留下的宪章中，只有大约一半提及康斯坦丝，而它们都不是在她确切的支持下颁发的，这与梅利桑德和富尔克共治时期大不相同，也说明她可能被授予了权威，但并没有转化成权力。

雷蒙德直到合适的时候，才承认康斯坦丝安条克合法继承人的地位，这似乎还只出现在他统治时期颁发的一份公文中。1137年，他与拜占庭皇帝约翰·科穆宁达成了一个不明智的交易，放弃了安条克公国的许多土地。当约翰·科穆宁试图执行这项协议时，雷蒙德拒绝履约，声称这些土地是康斯坦丝所继承遗产的一部分，而不是他自己的财产，他无权自行处分，并宣布协议无效。

写给拜占庭皇帝的这封信声称安条克亲王无权在没有该地区贵族明确同意的情况下，将康斯坦丝的土地转赠他人或者用于交易，从而确保了他不能试图强迫康斯坦丝签约放弃土地。虽然这封信确实表示雷蒙德了解康斯坦丝的法律地位，但实际上并不能证明她在这座城内有任何地位或权力，只不过是对某种令人厌恶的两面派做法的方便托词而已。

雷蒙德一死，康斯坦丝既失去了丈夫，也摆脱了压迫者。提尔的威廉写道，雷蒙德死后，安条克公民沉痛哀悼他，康斯坦丝也要承担"对这个公国的某种责任"。鲍德温三世名义上担任安条克摄政，但他实际上正忙于海外国家其他地方的事务。雷蒙德死后的第二年，孀居的康斯坦丝自称"康斯坦丝，上帝恩赐的安条克女亲王、博希蒙德二世之女"。借此，她明确了自己公国统治者的身份，强调了她作为博希蒙德现存继承人的遗产和统治权。她还确保了子女的权益。

一位穆斯林编年史家记载这段时间安条克由一位女亲王统治。看起来，康斯坦丝最终成功地成为安条克的在位女亲王。虽然她确实有可能发布了宪章等文件，但统帅军队仍然超出了她的能力范围，刚刚陷入脆弱状态的安条克急需一位军事指挥官。只要康斯坦丝担任摄政，这个公国就完全依赖于耶路撒冷公国的军事援助。因此，康斯坦丝再婚的问题十分迫切。

海外国家的寡妇不会长期守寡。尽管法律规定领主必须等待一年才能强迫寡妇再嫁，但这段服丧期很少有人遵守。康斯坦丝的母亲艾丽丝亲王夫人和姨妈梅利桑德女王是例外，而这种例外也正是康斯坦丝希望效仿的。女性一直希望拥有的最大自由就在寡居当中，因此康斯坦丝试图尽可能久地保持这种游离于男性领主之外的快乐状态，也就不奇怪了。

提尔的威廉对康斯坦丝在安条克的统治不以为然。他哀叹道，安条克和埃德萨死后，这些领地被"丢给女人们统治"。他谈到康斯坦丝在安条克摄政的时期，并将其与乔斯林的遗孀埃德萨的比特丽阿斯相比："就这样，作为对我们的罪恶的惩罚，这两个地区都找不到更好的执政者，只能靠自身存活下去，凭借女人的判断力来治理。"至少在这些例子中，威廉不仅认为女性摄政和缺乏男性继承人不是理想的政局，还认为这是上帝的惩罚。

尽管有这样的微词，康斯坦丝仍然巧妙地在四年时间里避开了再婚的话题。这一阶段中，她实际上就是安条克的摄政，独自统治着公国。拜占庭皇帝曼努埃尔·科穆宁于1152年为她推荐了一位恋爱对象。这个人是他的女婿、诺曼血统的拜占庭贵族凯撒·约翰·罗杰。罗杰有着骄人的血统和社会地位，是康斯坦丝第二任丈夫的现实人选，而且还不辞辛劳地从康斯坦丁前往安条克向她求婚，但没能取得成功。康斯坦丝要求拜占庭皇帝为其推荐一位丈夫并加以考虑，是对皇帝的恭敬，但拒绝这个男人却是极大的侮辱。表面上，她拒绝罗杰的原因是他年龄太大，个性也无趣。拜占庭编年史家约翰·金纳摩斯写道：

凯撒·约翰前往安条克，但一无所成（因为他年纪太大，康斯坦丝认为他不讨人喜欢），只得返回拜占庭；当时他正受疾病困扰，剃掉了头发，身穿黑袍。

康斯坦丝正在向世人表示，她是一个性格刚强、意志坚定的女子，就像她的母亲和姨妈一样。

康斯坦丝的表哥耶路撒冷的鲍德温三世是她最亲近的男性亲属，也可能是安条克的宗主，他行使了自己的权力，推荐了三位婚姻对象供表妹选择。这是中世纪海外国家婚姻法的特点之一，寡妇在有人催促的情况下不能拒绝再婚，但必须让她在三个候选人中选择一个（直到60岁，那时她的高龄可以帮助她摆脱这种束缚）。鲍德温三世向康斯坦丝提出的候选人是苏瓦松伯爵伊夫、法尔肯堡的瓦尔特和默尔的拉尔夫。这三个人都因不同原因而被人视为很有吸引力的人选，也有能力履行安条克亲王的使命。伊夫是一位"高贵的男人，睿智、谨慎、势力强大"；瓦尔特是"一个谨慎的人，谦逊有礼，智勇双全"；拉尔夫则是"最高等级的贵族，行兵布阵方面经验丰富，以杀伐果断著称"。尽管他们在很多方面上素质超群，是适合的对象，但康斯坦丝却一个都没有接受，因此遭到了许多批评。人们认为她推迟婚事是出于固执和自私，许多人将此举视为有意危及安条克稳定的行为。

对于康斯坦丝拒绝这些追求者的行为，提尔的威廉既有同情，又给予了谴责：

> 然而，女亲王对婚姻的桎梏心怀恐惧，更愿意过自由、独立的生活。她罔顾人民的需求，更关心享受生活的愉悦。

对康斯坦丝拒绝求爱的这一解释表明，提尔的威廉理解婚姻制度强加于中世纪妇女的困境和压迫。对她们来说，这种制度是枷锁。女性居于从属地位，她们只是财产，在这段话中，威廉某种程度上承认了这一事实。他在编年史中至少一次引用了奥维德的《女杰书简》，这部著作表现了女性对逼婚、强奸和战争的观点，因此同情女性命运的想法对他来说并不陌生。

然而，他和许多编年史家一样，也掉进了这样的陷阱：将思想独立的女性等同于反常、淫荡的女人。在他的心目中，康斯坦丝不可能只是希望单身或者按照自己的方式生活，因此，他以描绘阿雷特的相同方式去描绘康斯坦丝，在他的笔下，鲍德温一世的第二任妻子在离婚后前往君士坦丁堡，以近乎淫妇的方式生活。他认为寡居的康斯坦丝也有着类似的贪欲。

对有反抗精神的女性（尤其是寡妇）的此类责骂并不鲜见。毕竟，寡妇已不再是处女，因此被视为对性欲贪得无厌的操弄者。在中世纪教士的眼中，不受男子控制的女性是危险的。此外，再婚是女性统治者的责任之一，许多人认为，康斯坦丝为所欲为地长期保持单身是忽视责任的做法。

由于康斯坦丝的反抗，在的黎波里召开了以为她安排婚姻为目的的专门会议。与会者有她的两位姨母——梅利桑德女王（此时已交出权力）和的黎波里的霍迪娜。提尔的威廉写道：

国王深知【康斯坦丝对自由的】这种渴望，在的黎波里召开了耶路撒冷王国和安条克公国贵族的全体大会，【……】无论是身为国王或伯爵的亲属，还是身为姨母的女王或的黎波里伯爵夫人，都无法让她屈服。

事实上，很可能是梅利桑德在与儿子发生内战后黯然下台，才促使康斯坦丝考虑自己的候选人问题。只要梅利桑德作为女性统治者的地位稳固，康斯坦丝就有望在她的公国里得到相同的地位和自由。她的血统与梅利桑德一样高贵，然而，她缺乏梅利桑德所拥有的训练和派系支持。梅利桑德从儿时起就受到统治的训练，以父亲继承人的身份参加议会、为宪章作见证。相比之下，康斯坦丝仓促地嫁给一位势力强大、专横跋扈的丈夫，在统治上没有直接经验。

不过，安条克牧首为康斯坦丝而战。利摩日的艾默里是她已故的丈夫任命的，他激烈地反对康斯坦丝再婚。这可能是出于对女亲王的忠诚，也可能是出于私利——或许他很享受公国中最高地位男性的感觉。教会支持寡妇是一种传统，艾默里在这方面做得很好。他的观点显而易见，康斯坦丝已履行了为公国提供男性继承人的主要职责，她和牧首一起管理政府或多或少也有些效果。如果新的亲王出现，不仅康斯坦丝的权力受到限制，牧首的权力也同样会受影响。

尽管有这样的支持，康斯坦丝也只能暂时保持单身。虽然她在的黎波里会议上明显表现出令人敬畏的气概，挫败了强加给她一个丈夫的目标，但在某个平静的时刻，她的表哥和其他王家亲属就会再一次将全部注意力转移到她的婚事上。下一次，打败他们可能就没这么容易了。

康斯坦丝无疑意识到了这一点，使出了一个妙招：她先发制人，抢在家族之前选择了自己的丈夫。此人是这场竞争中的一匹黑马，甚至没有出现在候选人名单上。他是曾随第二次十字军东征的一位年轻的法兰西骑士，以国王雇佣军的身份逗留此地。他曾于 12 世纪 50 年代初的某一阶段到访安条克，与寡居的康斯坦丝相识。他们的会面给女亲王留下了深刻的印象，虽然他的地位相对较低，但事实证明这并没有妨碍两人相爱。他是一个有魅力的人，个性强烈且颇具胆识，周围的人对他印象各异，有的人对他钦佩有加，也有的人对他感到恐惧和失望。这个人的名字是沙蒂永的雷纳德（或称雷诺），他在海外国家赢得的名声流传了几代人。无论公正与否，他都是十字军东征中最常遭人唾骂的人物。

历史并没有记载康斯坦丝是如何得到耶路撒冷国王的同意、成就这件婚事的，但她做到了。提尔的威廉满怀惊惶地写道，安条克居民"惊叹于这样一位杰出、显赫且有权势的女人，竟然屈尊下嫁给如此平凡的骑士"。需要强调的是，沙蒂永的雷纳德不是一名步兵，而是有高贵血统的骑士。尽管如此，他不是王室，并不富裕，手下也没有军队。因此，虽然他混迹于上层，与社会精英来往，但经济或社会地位绝对与康斯坦丝女亲王不在同一层次。人们普遍对康斯坦丝的选择感到震惊，可能更多的是因为，这个丈夫是她自己选择的，而不是拜占庭皇帝或某位男性亲戚提出的候选人。

鲍德温三世默许婚事，可能只是为了避免丑闻的发生。两人之间显然已生情愫。这一婚事找不到任何其他理由解释，如果这种消息已成了大众的谈资，最明智的做法就是让他们迅速结婚。提尔的威廉清楚地说出了两人关系的私密性质：

安条克亲王雷蒙德的遗孀康斯坦丝夫人以女性的时尚方式

拒绝了许多显赫的贵族，秘密地选择国王雇用的骑士沙蒂永的雷诺为丈夫。

《赫拉克利乌斯的历史》强调了他们的浪漫爱情：

> 康斯坦丝倾心于一位未婚的法兰西男子，他并不是非常富裕的人，但相貌英俊，是一位出色的骑士。……雷纳德返回安条克，立即与这位渴望得到他的贵妇结婚了。许多人对此十分吃惊，流言蜚语传遍了这片土地，但不管人们怎么说，沙蒂永的雷纳德还是成为了安条克亲王。

雷纳德和康斯坦丝的婚姻是一个浪漫和社会变迁的故事，肯定能取悦那个时代的游吟诗人和浪漫作家。

鲍德温三世究竟为何如此轻易地被说服同意这桩婚事尚不清楚。经历了她和牧首在的黎波里会议上造成的尴尬局面之后，他可能只是乐于看到表妹同意结婚。除了社会上的反对之外，雷纳德作为安条克的保护者也不算是太糟糕的选择。对两人而言，康斯坦丝已足够高贵，安条克只需要一个具有能力和经验的军事统帅，而不是一个夸夸其谈的花花公子。雷纳德是训练有素的骑士，也是一名雇佣军战士，他见识了第二次十字军东征的失败并从中得到教训，见过他的人都对他的活力印象深刻。与雷纳德同时代的伊玛德丁很可能在雷纳德被萨拉丁囚禁时与之见过面，他这样描述：

> 雷纳德是最背信弃义、最邪恶的法兰克人。他极其贪婪，最坚决地搞破坏和作恶，违反一切协议和庄严的誓言，也不守

承诺、撒谎成性。

因此，这位新亲王并没有讨好他的穆斯林对手，但这显然不是他的当务之急。雷纳德能激起对手如此强烈的仇恨，说明他是黎凡特穆斯林的眼中钉，他的军事记录当然也证实了这一点。他曾在鲍德温三世国王的面前证明了自己在战场上的能力，那就是阿斯卡隆围攻战，此役也是鲍德温统治期间最重要的胜利之一。阿斯卡隆一直在埃及法蒂玛王朝（就是雅法的于格数十年前与富尔克发生冲突时的盟友）的掌握之中，并持续地被当作袭击法兰克人领地的基地。鲍德温于 1153 年集结海外国家最重要的多位领主，从海上和陆上同时攻击该城。十字军骑士最终取得了胜利，但这一胜利来之不易，花费数月时间，也损失了许多的生命。编年史家叙利亚的米海尔断言，在这次突袭中，雷纳德自始至终都表现出了强大的勇气，亚美尼亚编年史家格里高利神父也有同样的说法。

在阿斯卡隆城前扎营时，雷纳德向鲍德温三世请求迎娶康斯坦丝，他跪在鲍德温脚下，恳求后者不要拒绝。他匍匐于尘埃之中，诉说对康斯坦丝的爱，并发誓在上帝帮助下，他将捍卫安条克，并将成为忠诚、顺从的亲王。

雷纳德选择的时机和措辞都恰到好处，国王同意了这桩婚姻。之所以说时机正好，是因为雷纳德显然刚刚表现出了自己的勇力。他的言辞很有说服力，恳求之中，他本质上承认国王是安条克的宗主，从两个国家建立以来，这一争议性问题就是耶路撒冷国王和安条克亲王之间紧张关系的重要根源。鲍德温三世肯定将此视为一次选择：究竟是继续与表妹和安条克公国保持冲突、不和，还是借此机会，一举为安条克带来一位能干的军事统帅，安抚桀骜不驯的表妹，消除婚外情传闻并实现对安条克的控制。他很快默许了这桩婚姻，派雷纳德前往安条克正式完婚，挽救康斯坦丝岌岌可危的声誉。事实上，最反对这桩婚姻的并不是鲍德温，而是安条克牧首艾默里。尽管此前支持康斯坦丝，他对这件婚事却毫不掩饰地反对。

康斯坦丝选择雷纳德可能归因于两个动机。首先是爱情。从这件婚事发生时的情况和编年史中的证据，都可以看出是爱的结合。康斯坦丝确实倾心于雷纳德，在更有资格的候选人之外选择了他。雷纳德是否爱康斯坦丝很难说清，他不是第一个勾引富有女继承人的男人，尽管伴装浪漫，眼睛却一直盯着她的财富。康斯坦丝有着巨大的财富，对于一个没有土地的骑士，寡居的安条克女亲王肯定是整个基督教世界最耀眼的潜在新娘。康斯坦丝是一位年轻女子，出生于一个以魅力著称的家族，无须多做想象，就知道她的个人吸引力一定不会太差。

其次，康斯坦丝也从与新丈夫关系中的地位不平衡上获得了个人利益。如果她与拜占庭皇帝或她的表哥耶路撒冷国王提议的追求者成婚，那她的丈夫又会是一位地位很高的领主，后者会因这桩婚姻感激皇帝或者国王，而不是感激她。她很有可能在政治上遭到架空和贬斥，就像第一次嫁给雷蒙德时一样。

而嫁给一位相对寂寂无闻的骑士，他们的婚姻就完全归功于她，康斯坦丝在家中的地位就可以得到不可估量的提升。丈夫只会仰视她，而不是反过来。

康斯坦丝此时二十出头，有两个男性继承人、两个可以出嫁的女儿和多年的从政经验，处于前所未有的有利地位。除此之外，她还得到了牧首艾默里的支持。不难看出，她为何不急于因为一场安排好的政治婚姻而放弃这种权力地位。她自主选择一位阶层较低的男子作为丈夫，是为了保障婚姻中的地位，并且有更大的机会与丈夫分享权力。

如果这是康斯坦丝选择雷纳德的因素之一，那么这场赌博显然在某种程度上得到了回报。雷纳德发布的每一部宪章都有康斯坦丝的名字和背书，与她的第一任丈夫统治期间现存宪章中只是零星提及亲王夫人的情况形成了鲜明的对比。不过，这究竟只是对她的权威的一种承认，还是她拥有权力的有形证明，就比较难分辨了。

两人于1154年成婚后不久，康斯坦丝为雷纳德生下了唯一的孩子——女儿艾格尼丝。他们的婚姻显然是有感情基础的，但在雷纳德担任安条克亲王期间，康斯坦丝很可能不止一次地后悔自己对丈夫的选择。雷纳德热衷于在新得到的公国中显权威。

雷纳德成为亲王后的初步举措之一就是对牧首艾默里进行残酷的迫害，后者一直以来都是康斯坦丝的坚定盟友。在公国范围内，这位牧首也是雷纳德权力和影响上的主要竞争对手。两人之间结下仇怨的另一个原因是艾默里直言不讳地反对雷纳德和康斯坦丝的婚姻。牧首不仅在雷纳德的公国里有权有势，而且经常随意批评这位新亲王，使其成为后者的大敌。此外，牧首拥有安条克城中教堂里的黄金，是十足的富人，而即便考虑到新得到的亲王地位，雷纳德相比起来也要穷一些。

亲王的收入甚丰，但维持城中防务的支出可能更高。在不止一个场合下，雷纳德都发现自己需要牧首金库中的黄金。当艾默里合法地拒绝雷纳德进入金库时，康斯坦丝的新丈夫对她旧日的盟友施暴。牧首惨遭毒打，并在惨叫声和拳脚之下被拖到安条克城堡中最高的塔楼上，这座塔楼位于远比城中地势高的山坡上。遭受残害的教士在叙利亚的烈日下被丢在塔楼顶上，赤身裸体，新伤口上涂满了蜂蜜，以引起毒虫的注意，进一步地折磨他。一些插图和资料表明，雷纳德对牧首的虐待还不止于此，后者被赤裸着吊在塔楼的侧面。

这件事发生在雷纳德统治安条克不到一年之后，说明矛盾从他执政伊始就已激化。这样对待一位高级教士在海外国家闻所未闻，雷纳德很快就遭到了鲍德温三世和梅利桑德女王的谴责，女王对外甥女选择丈夫一事肯定也一直不满。收到国王措辞强硬的来信后，雷纳德释放了艾默里，允许他逃往耶路撒冷，但他必须先交出雷纳德一直寻找的钱。

身为安条克的军事领袖，雷纳德十分活跃，他应拜占庭皇帝曼努埃尔·科穆宁的请求，与奇里乞亚亚美尼亚王国展开激战。曼努埃尔承诺将对这场战役的开支给予慷慨的补偿。1155年，雷纳德在亚历山大勒塔击败亚美尼亚军队，并将在贝伦山口占领的土地让给了圣殿骑士团。但是，皇帝承诺用于换取这些军事努力的黄金并没有送到。扣留这些资金不仅是一种侮辱，也使雷纳德处于困难的境地，因为他必须向士兵们支付军饷。皇帝象征性的轻慢和造成的实际困难都令雷纳德愤怒已极，他将注意力转向了一生中最事与愿违的一场军事远征。他决定教训一下曼努埃尔皇帝，于是与奇里乞亚国王托罗斯结盟，袭击拜占庭占领的塞浦路斯岛。

雷纳德以极其凶猛的气势发动这场战役，对此的责难将一直困扰着他，直到生命的尽头。法兰克和亚美尼亚联军扬帆开往塞浦路斯，迅速登陆并在全岛展开，所到之处烧杀淫掠，无所不为。

岛上一片混乱，庄稼、房子、教堂和女修道院都一起陷入火海之中。居民饱受骚扰，敢于抵抗的人遭到屠戮。最终，当有流言称一支皇家舰队正在快速靠近该岛，雷纳德的手下允许塞浦路斯公民出钱赎回自己的生命和自由。值得注意的是塞浦路斯统治者、曼努埃尔皇帝的侄儿约翰·道卡斯·科穆宁是个例外，他和另外一些人被扣为人质。

雷纳德和他的军队对无辜的塞浦路斯基督教社群的所作所为不仅令拜占庭人骇然，也使整个海外国家为之震惊。倘若这样的暴行加诸敌对的穆斯林社群，引起的注意或许相对较少，但基督徒对基督徒作恶，引起了整个基督教世界的愤慨。正史中并未提到康斯坦丝对这场战役提出过任何反对意见，或者对此有特别的悔过举动。

这次野蛮攻击的最直接后果是曼努埃尔皇帝的报复。他不可能允许对其权威发动如此野蛮、公开的挑战而不受惩罚。曼努埃尔史无前例地展示了拜占庭帝国的力量，率军越过安纳托利亚进入安条克领土。这是海外国家建立以来拜占庭首次以如此规模调动部队入侵法兰克人的领地。曼努埃尔驱逐了奇里乞亚的亚美尼亚领主，在马米斯特拉镇设立宫廷。他在那里召见雷纳德，这位受到责罚的亲王遵从了命令。

雷纳德在拜占庭帝国集结的强大武装面前胆怯了，匆忙赶到那里谦卑地悔罪，并向曼努埃尔皇帝致敬。为了表示深切的悔恨和顺从，雷纳德穿上了简朴的奴仆服装——短上衣、裸足，脖子上挂着一条铁链。他手握白刃，爬到皇帝面前，俯伏在曼努埃尔的脚下。曼努埃尔在朝臣簇拥当中，全身披挂着象征帝国荣耀的镀金服饰：这直观地体现了他的权势，也预示着不服从拜占庭皇帝的人会有什么样的命运——即便沙蒂永的雷纳德这样无畏的国王也难以幸免。曼努埃尔享受着雷纳德奴颜婢膝的样子，希望给予他更大的羞辱，因此对匍匐于脚下的身影佯装无视长达数分钟，雷纳德别无选择，只能在安条克和拜占庭贵族的面前脸朝尘土，等待皇帝的回应。最终，曼努埃尔才屈尊看了他一眼，接受他献上的剑和效忠之词。

　　这样的场面对于雇佣兵出身的亲王是极大的羞辱和贬损，但雷纳德咬紧牙关屈服了，因为这样能够保住他的王冠。他仍将是安条克亲王，但现在成了曼努埃尔皇帝的臣属。做出这一退让后，雷纳德无法重新确立安条克的独立地位了。普瓦捷的雷蒙德曾于1145年向曼努埃尔效忠，康斯坦丝和城中的居民可能一直希望他们精力充沛的新亲王能够抵制类似的退让。如果此事属实，那他们在这个典礼上只有失望。

　　在此之后，雷纳德与拜占庭的关系似乎更为有利。1159年4月12日，曼努埃尔洋洋得意地策马进入安条克，后面是欢欣鼓舞的游行队伍，向他屈服的安条克亲王和耶路撒冷国王也在队伍中徒步相随，标志着他们低人一等的地位。曼努埃尔带着朝臣们在城里待了至少一周，与法兰克宫廷成员聚会，并与鲍德温三世国王一同出猎。很可能在这次访问中，他会见了康斯坦丝的长女、安条克公主玛丽亚，或者至少曾一睹芳容。两年之内，曼努埃尔就抛弃的黎波里的梅利桑德，转而青睐玛丽亚。此时，玛丽亚只有14岁，但已展现出后来名扬天下的美貌。玛丽亚将在16岁时乘船前往拜占庭与曼努埃尔结婚，成为他的皇后，从而巩固了安条克和拜占庭统治家族之间的友好关系。

　　拜占庭皇室婚礼是罕见的盛大活动：赛马场举行各种游戏和竞赛，整个君士坦丁堡一片辉煌景象，宫廷成员身穿的长袍就像宝石和大颗珍珠组成的宝库，皇宫里也以金银打造的家具装饰。提尔的威廉描述若干年以后曼努埃尔和安条克的玛丽亚之子阿历克塞与法兰西的艾格尼丝结婚的场面时写道，"用语言无法"形容"婚礼的盛况"。本书曾经描述过安条克的玛丽亚的女性亲戚们的婚礼，但无疑全都难以望其项背。

在这场浮华的婚礼举行之前，安条克公国遇到了一个更加令人不安的新情况。康斯坦丝又一次因为安条克和阿勒颇之前的持续冲突而被夺走丈夫。努尔丁再次发动进攻，不过这次康斯坦丝的丈夫没有死于战斗中，也没有被枭首，而是成了人质。雷纳德于1161年11月在马拉什地区的一次小规模战斗中被俘。他被押解到阿勒颇城堡，那里以囚禁法兰克俘虏的可怕条件而著称，他在黑暗的监牢中苦熬了15年。

雷纳德被俘和囚禁之后，康斯坦丝又一次失去丈夫，带着一个未成年的儿子，也有可能再次控制安条克。她的处境很危险，雷纳德被俘也必然促使她努力地通过女儿玛丽亚的婚姻巩固与曼努埃尔·科穆宁的联盟。

康斯坦丝本人曾被视为同一个皇帝的潜在新娘，因此当她考虑将长女送去与皇帝结婚时，想必也是五味杂陈。然而，她不可能忽视这样的事实：她的女儿和一位横跨东西方的帝国皇帝结婚，能够极大地改善她的处境。而且，如果曼努埃尔迎娶玛丽亚，也就更有可能为她的继父雷纳德支付赎金。曼努埃尔以富有著称，如果他有此打算，很容易就可以将雷纳德救出牢笼。康斯坦丝地位的加强令安条克的贵族们感到惊恐，这些人希求一位经验丰富、有独立思想的男性统治者的稳固统治，而不想要一位无法领兵打仗的女性统治者，更何况支持她的盟友还是安条克多年的宿敌拜占庭皇帝。

提尔的威廉相对较少提及雷纳德被俘后造成的权力真空，只是说牧首在公国等待博希蒙德三世成年时暂时控制大局，这样的情况持续了不到一年。不过，叙利亚东正教牧首米海尔曾在这一地区游历，并于12世纪60年代在安条克度过了一年光阴，他所讲述的版本更为复杂，包括康斯坦丝传承母亲的衣钵，试图亲自担任该城的摄政。

米海尔说，康斯坦丝企图夺取权力。这种局面很微妙，她的丈夫并未死去，因此她也就不可能再嫁。安条克的贵族和公民可能还记得她母亲叛乱造成的灾难，因此希望有一位男性统治者，而不是由女亲王执政。似乎有人担心，她将为了巩固地位而与曼努埃尔皇帝结盟。因此，尽管博希蒙德三世还要一年才是成人，城里的贵族仍决定加速他继位的进程，而不愿意忍受拜占庭帝国的权威。

为了实现这个目标，贵族们做了一件令人吃惊的事。年轻的王子和支持他的贵族背着母亲求助于亚美尼亚的托罗斯。他们与托罗斯及其军队一起"将亲王夫人赶出了城，确保她儿子继位"。1234年的编年史确认了这件事，称"雷蒙德的长子在赶走母亲后统治了安条克，他的母亲去了拉塔基亚"。

这次下台之后，丈夫被囚、与儿子反目成仇的康斯坦丝再

228

无任何消息。她似乎退隐拉塔基亚，过着安静的生活。她去世的时间难以确定，但人们都知道她死于 1176 年之前。她没有插手 1164 年安条克发生的骚乱，因此很有可能她的去世时间更早。

雷纳德被俘、康斯坦丝被逐出安条克后三年，另一场灾难降临海外国家。阿马尔里克国王在位的大部分时间里都卷入了争夺埃及土地控制权的斗争，在他缺席的一场战役中，努尔丁与的黎波里、安条克、埃德萨和亚美尼亚组成的联军在安条克以东 25 英里的哈里姆要塞外发生了一场战斗。努尔丁的军队似乎被法兰克军队打了个措手不及，只得落荒而逃。的黎波里、埃德萨和安条克联军不顾亚美尼亚的托罗斯的强烈反对，紧追不舍。

不知道土耳其人从一开始就是佯装撤退，还是重新鼓起了勇气，这支军队出其不意地掉转头来发动奇袭，将十字军骑士们打得一败涂地。除了较为谨慎的托罗斯之外，联军的所有领袖均被俘虏，成了人质，其中包括康斯坦丝的长子安条克的博希蒙德三世，霍迪娜的儿子的黎波里的雷蒙德三世和名义上的埃德萨伯爵库特奈的乔斯林。这对努尔丁来说真是一笔横财：在一次战役中，他就抓住了 4 个海外国家的统治者。他们和沙蒂永的雷纳德一起，都被关在阿勒颇要塞的地牢里。

听到这个消息，阿马尔里克放弃了在埃及的战斗，北进保卫安条克。在随后的事件中没有人提到康斯坦丝，她既没有试图夺权，也没有帮助阿马尔里克强化边境防御，或者协助筹集赎金，谈判接回儿子的事宜。对于这样一个显赫的人物，如此沉寂是不同寻常的。尽管母亲不能相助，博希蒙德三世也是三个地位最高的人质中唯一设法迅速获释的。努尔丁接受了阿马尔里克提供的赎金，博希蒙德三世在一年之内就恢复了对公国的控制。

努尔丁对年轻的亲王如此仁慈，连提尔的威廉本人都表达了惊讶，并提供了两个可能的解释。第一个是，由于博希蒙德三世的姐姐刚刚成为了拜占庭皇后，努尔丁担心难以承受拜占庭皇帝的干预；其次，他认为博希蒙德三世是个软弱的安条克亲王，担心如果一直囚禁博希蒙德，阿马尔里克可能会用一位更有能力的将军代替他，这将对努尔丁不利。不管是哪一种原因，博希蒙德三世获释，而的黎波里的雷蒙德、库特奈的乔斯林和沙蒂永的雷纳德则被关押在阿勒颇，直到 12 世纪 70 年代中叶基督教 – 穆斯林外交中的变化促成许多人质获释。

博希蒙德三世并没有恢复到轻松的状态。除了军队欠下的债务之外，在他自己的宫廷中心，一桩丑闻正在发酵。博希蒙德三世的三个姐妹已离开安条克前往君士坦丁堡，其中两个是出嫁，另一个前往服侍皇帝，但他的姐姐菲利帕仍待字闺中。没有母亲用警惕的目光监督着她的行为，弟弟的注意力又放在公国的军务上，菲利帕似乎没有受到公主们应有的严密监管。

有个叫作安德洛尼卡·科穆宁（他的生平将在后文详细说明）的人来到了安条克。他是拜占庭统治家族成员，但在一场涉及堂兄曼努埃尔皇帝的侄女优多西娅公主（也是安德洛尼卡本人的侄女）的性丑闻之后，遭到皇帝的驱逐。安德洛尼卡受到了博希蒙德三世的欢迎，但到达安条克后不久，他就背叛了主人，以他令人着迷的个人魅力勾引了博希蒙德的姐姐。尼基塔斯·霍尼亚提斯这样描写安德洛尼卡在安条克的日子：

> 在安条克，安德洛尼卡放浪形骸，把自己打扮得像个花花公子，在街头炫耀……从此以后，安德洛尼卡追逐猎物，用爱的魅力迷惑她。他毫不吝惜地表现自己的感情，而且有天赐的可爱相貌……菲利帕被彻底征服了……不顾故土和家人，追随在爱人身后。

安德洛尼卡抛弃了菲利帕，就像勾引她时那么突然。不幸的姑娘为此伤怀了一段时间便匆匆结婚了——这桩婚事似乎有违她的意愿——对象是比她老得多的鳏夫、耶路撒冷治安官托伦的汉弗莱。这当然不是像她的姐妹们那样般配的婚姻，显然是为了匆忙平息她年少时的丑闻。两人的婚姻没有持续太长时间，不久夫妻二人都因病去世。

这一事件后十年，沙蒂永的雷纳德终于在 1176 年获释。他在监牢中度过了 15 年，回到了与离开时大相径庭的政界中。康斯坦丝已经去世，雷纳德亲王对安条克的权力也随之消亡。博希蒙德三世已控制了这座城市，雷纳德自己的女儿艾格尼丝已扬帆前往君士坦丁堡，与匈牙利国王贝拉三世成婚，康斯坦丝的第二个儿子鲍德温也陪同她前往。

雷纳德可能不再是安条克亲王了，但比起刚来东方时那个没有土地的法兰西雇佣兵，他的处境仍然要好得多了。他已因果断、无情而享誉海外国家，这将使他在耶路撒冷王国接下来的动荡中处于有利地位。在阿勒颇地牢中历经 15 年仍能幸存，本身就是一个不小的成就，而在地球上最为动荡不安的公国中勾引一位有王室血统的女亲王，也同样了不起。此外，他的继女玛丽亚现在是拜占庭皇后，这无疑与他的赎金有关，他自己的女儿艾格尼丝则已前往君士坦丁堡与同母异父的姐姐会合，成为匈牙利王后。

康斯坦丝去世并不是雷纳德生涯的终结。他获释之后再次结婚，这次的对象几乎和康斯坦丝一样著名。米利的斯蒂芬妮曾两次守寡，是外约旦的女继承人，与雷纳德成婚后，她带来了这块海外国家中最荒凉、最大的领地。外约旦大部分是荒漠，定居者相对较少，但对一位好斗的统治者来说充满了潜力。此地危险且不稳定，主要的城堡有卡拉克和修巴克，这两座雄伟的要塞位于高山顶上，直至今日仍是那里的主要景观。基督教定居者不得不与穆斯林朝圣者和商人合作，在大多数情况下，他们都是这么做的。但是，雷纳德将为自己赢得和平破坏者的恶名，他骚扰和平的商队，成为了穆斯林的主要对手。

雷纳德与有名无地的埃德萨伯爵乔斯林三世，以及的黎波里的雷蒙德三世大约同时获释。这三个人都得到了很高的地位或者有权势的新娘：雷纳德得到了斯蒂芬妮和外约旦；雷蒙德三世迎娶加利利的艾丝奇瓦夫人，她带来了重要的城市太巴列；库特奈的乔斯林三世则成为了耶路撒冷的执事。

雷纳德获释时不得不面对的关键变化之一是伊斯兰世界的权力变迁。他的宿敌努尔丁（赞吉之子）于1174年去世，这一事件无疑对勒索法兰克人质赎金的决定起了作用。现在，东方最大的穆斯林势力是苏丹萨拉丁。萨拉丁是第一位埃及和叙利亚苏丹，他利用了基督徒的不团结，继续着努尔丁惩罚海外国家基督徒的战役。

萨拉丁生于伊拉克城镇提克里特，是该城行政长官的儿子。他是库尔德族人，但几乎成为了整个伊斯兰世界的英雄。直到21世纪，这一地位仍没有减弱的迹象。萨达姆·侯赛因就曾经自比萨拉丁。真纳和阿萨德也将自己与萨拉丁的遗产联系在一起。几个世纪以来，他一直是伊斯兰势力和军事实力的典型代表。

萨拉丁的出身相对卑微，但迅速崛起，成为努尔丁的一名下属，后又成为埃及哈里发的维齐尔。他敏锐地意识到统治埃及和叙利亚的政治原则，狡猾、灵活地调整自己的立场，以统一和统治这两块领地。他利用了不团结、努尔丁死后留下的权力真空、宗教狂热和婚姻，统一并控制了此前相互分离的阿勒颇、大马士革和埃及。

"萨拉丁"是他的穆斯林绰号的西方化叫法。努尔丁的名字翻译过来是"信仰之光"，而萨拉丁的意思则是"信仰的正义"。他出生时取名优素福，但编年史家们很快放弃了这个名字，改用这个头衔，以强调他是对抗海外国家基督徒的圣战领袖。

无论是西方还是东方的编年史中，萨拉丁都是以高贵、荣耀的形象出现的，是一个敏锐、狡黠且极富军事才能的人。这种印象的准确程度难以捉摸。西方资料希望将他塑造成大反派、狮心王理查值得尊敬的对手，后者在以后的岁月中将成为萨拉丁的宿敌。伊斯兰史料则热衷于将其描写成一位复仇的救世主，恢复了秩序和穆斯林在圣地的主导地位。萨拉丁总是被描写成一位彬彬有礼的主人、温和的谈判对手和杰出的战术家。作为历史学家，我们肯定希望这些资料能保留一些准确的信息，考虑到这些编年史保持着相对的一致，对此我们可以抱有希望。

萨拉丁也被称为顾家的男人。除了有许多妻妾之外，他与女性的关系并不为人熟知。他的第一个儿子于1170年生于开罗，1177年，他和同一个女人生下了另一个孩子。到1178年，萨拉丁似乎已是12个儿子的父亲，他的一生中共有17个儿子。史书中还提到了一个女儿，很可能还有更多，只是编史者认为不值得一提罢了。这些子女是至少15位不同女性生下的，她们的名字也同样没有在正史中记载。

编年史中缺失的女性中，最惹人注意的是伊斯玛丁·可敦。这些名字只是敬语；伊斯玛丁意为"信仰的纯洁"，而可敦大致可翻译为"公主"或者"高贵的女士"。她的名字已无人知晓。这个女人是萨拉丁的妻子，从情感上和政治上说，她可能都是他生命中最重要的女子。

萨拉丁不是伊斯玛丁·可敦的第一任丈夫，两人相遇之前，她的丈夫正是萨拉丁原来的主人努尔丁。努尔丁在1154年夺取大马士革控制权时与她结婚，目标是造成与前统治家族合作的假象，安抚城中居民。努尔丁去世时，萨拉丁也怀有相同的想法。与努尔丁的遗孀结婚，萨拉丁就象征性地与旧政权结为了盟友。

　　就这样，伊斯玛丁·可敦嫁给了中世纪中东最强大的两位军阀。她是同时代两位最令人钦佩、最有权势的男人的伴侣和红颜知己，对影响海外国家伊斯兰教命运的两位领袖必然有着独特的理解。尽管关于她的个性、外表和生活都缺少可用的信息，但她仍是历史上的重要人物。与她的婚姻相比，更引人注目的是她在努尔丁死后、与萨拉丁结婚之前，曾在巴尼亚斯围攻战期间，以外交官的身份与耶路撒冷国王阿马尔里克谈判。由于这一事件，她赢得了提尔的威廉的赞颂，而后者一般情况下都轻视穆斯林和女性。威廉写道：

　　5月，也就是在这次之后的不到一个月，残害基督徒和基督教的强人努尔丁在他统治的第29年中去世了【……】听到他的死讯，国王【阿马尔里克】立即调动王国的所有兵力，围攻巴尼亚斯城。对此，努尔丁的遗孀以超出大部分女性的勇气，给这位国王寄来一封信，要求他放弃围攻，给他们暂时的和平。她承诺以大量的金钱作为回报。但是，国王希望得到更大的一笔钱，因此最初佯装对她的恳求不屑一顾，继续围城。

　　在大约15天中，他以旺盛的精力和热忱发动围攻，并以攻

235

城器械和各种其他办法给敌人造成了很大麻烦。最终，他感觉到土耳其人的抵抗能力稳步增加，开始意识到没有机会取得成功。与此同时，这位贵妇的使者不断地前来求和。他最终决定接受之前提出的条件，并在对方另外释放20名被俘的基督教骑士后，停止围城，准备在以后实施更大的计划。

从这份史料，我们可以了解到这位苏丹王后是高尚、勇武和坚定的人。萨拉丁虽然与其他女人生儿育女，但对她很忠诚。两人分离时，萨拉丁经常给她写信。1186年1月王后去世时，萨拉丁正在指挥一场战役，顾问们十分担心她的死讯给苏丹造成影响，因而将消息隐瞒到了3月。苏丹最信任的顾问之一伊玛德丁·伊斯瓦哈尼负责审查苏丹的信件，以防止他发现，伊玛德丁本人曾说，萨拉丁每天都写长信给妻子。

在萨拉丁爱过的所有女人中，伊斯玛丁·可敦似乎是他最为珍视的，不管是从心灵上还是身体上都是如此。一个不尊重女性意见的男人是不会花时间与之通长信的，尤其是在一场战役中。正如在巴尼亚斯围攻战中表现出来的那样，伊斯玛丁·可敦是个有智慧的女人，而且正如基督教领地中的同等人物一样，她也了解战争。

第 7 章　艾格尼丝和西比拉

　　萨拉丁最终取得了成功，这很大程度上是由于耶路撒冷王国和整个海外国家领导层的崩溃。耶路撒冷王国面临一系列的危机，原因是梅利桑德之后，没有一位在位君主能够生出健康的男性继承人。梅利桑德留下了一位继承人和一位备选者，而鲍德温三世和阿马尔里克都没有健康的儿子。这导致王位最终传给了阿马尔里克的长女西比拉，她并不很适合摄政女王的角色。批评者将这种不幸看作上帝所为，目的是惩罚耶路撒冷国王们在每件事上的不敬之举——从夺取"耶路撒冷国王"这一头衔到他们对婚姻神圣性的漠视。

　　西比拉于 1186 年到 1190 年担任耶路撒冷女王。她生于1159 年左右，是父亲第一任妻子、绰号"恶魔"的库特奈的艾格尼丝所生。在西比拉的一生中，多次重大灾难降临耶路撒冷王国，事实上也打击了整个海外国家。

　　西比拉本人在编年史中是个命运凄苦的神秘人物。她在位期间历经苦难，青春期和成熟期中不是在怀孕，就是在分娩后的恢复期和失去孩子的哀痛中度过的。她有五个孩子——一个儿子和四个女儿，但都夭折了，没能向她展示自己成人后的样子。西比拉是在父亲、弟弟和唯一儿子的尸体上继承王位的。她登上王位时，阿尤布王朝首任苏丹萨拉丁已做好了入侵的准备。她是在位女王而非王后，在一个政府将要分裂的时期，她在耶路撒冷王国中拥有权威，面对外部压力，此时险恶的国内政治已经到了沸点。当萨拉丁对海外国家的控制越来越紧之时，西比拉和幸存的两个女儿只能在一个个要塞之间疲于奔命。

西比拉的个人生活也不比政治生活更稳定。对海外国家的统治家族而言，家庭和政治有着紧密的联系。西比拉与最亲近的人之间的关系充满着矛盾与冲突，其中最甚者可能就是她备受指责的母亲——库特奈的艾格尼丝。艾格尼丝晚年时对女儿施加了相当大的控制，提尔的威廉认为她在耶路撒冷王国的崩溃中起到了很大作用。威廉在证言中对艾格尼丝极尽讽刺，对此我们仍然要谨慎看待，因为威廉曾将职业生涯中受到的最大冒犯——1180年牧首选举中的失败——归咎于她。西比拉的后半生比本书中介绍的其他女性都更难以捉摸，因为威廉于1184年厌恶地放弃了写作，并于不久后去世。因此，他的编年史没有涵盖西比拉在位期间最大的不幸，历史学家必须寻找记载这一时期的其他史料。

艾格尼丝尽管有许多缺点，但可以说得上是一个颇有心机、野心勃勃的女人，她拒绝因为生活中的不幸而改变道路。她曾遭受许多不公正的对待，早年的生活也和女儿一样饱受困扰。想要充分理解西比拉在位期间所做的种种选择，就必须理解这位母亲，她是西比拉的引路人，西比拉也下定决心，为母亲所受的苦难复仇。西比拉父母的婚姻是不幸的，甚至可以说艾格尼丝不过是个人质。西比拉目睹父亲对母亲的虐待，肯定对她后来的选择产生了影响，包括允许艾格尼丝在宫廷中发挥影响力，以及西比拉本人对婚姻的看法。

艾格尼丝——无冕女王

艾格尼丝出生于 1136 年，也就是梅利桑德与富尔克在位期间，是埃德萨统治家族——库特奈家族——成员。刚出生的那几年，她享受着一个重要十字军国家公主的特权地位。她的父亲乔斯林二世秉承埃德萨法兰克统治者的传统，一直寻求强化与亚美尼亚邻邦的联盟，迎娶了亚美尼亚公主比阿特丽斯："一位地位显赫，性格更为高尚的女性"。这段婚姻很成功，夫妇俩迎来了三个孩子：艾格尼丝和乔斯林三世尽管有亚美尼亚血统，但都有一头金发，他们的次女则鲜为人知。

与梅利桑德、艾丽丝和霍迪娜不同，艾格尼丝和姐妹们的童年不是在埃德萨中心的城堡里度过的，而是在向西大约 80 英里的图贝塞尔城。图贝塞尔的风景比埃德萨更好，位于肥沃的乡间，有许多机会从事狩猎和休闲活动。乔斯林更喜欢远离都城的喧嚣烦扰，因此将家人迁居到此，事实证明，此举正是他失败的原因之一，同时代的人也几乎不做掩饰地加以批判。

库特奈的王朝是安全的，但土地却并非如此：埃德萨是海外国家中防卫能力最弱的邦国。这个 12 世纪的内陆伯国位于当今的叙利亚和土耳其境内，西面和南面与盟国接壤——这两个邻国分别是奇里乞亚亚美尼亚王国和安条克公国——但东面和北面却是穆斯林领地，容易遭到入侵。正如它是东方第一个落入法兰克入侵者手中的邦国那样，它也将是穆斯林收复的第一片领地。

如前文所述，埃德萨都城——艾格尼丝的故乡和出生地——于 1144 年被赞吉占领并血洗。这在整个海外国家和西欧造成了极大的震惊，也是第二次十字军东征的催化剂。

年轻的艾格尼丝被迫逃离家乡，甚至不到十岁就匆匆嫁给了比她大得多的领主雷纳德。雷纳德是一位有才能的军事统帅，也是亚美尼亚人的另一片重要领地马拉什的领主，这场婚姻是为了强化联盟，巩固艾格尼丝的父亲的地位，以便重夺埃德萨。与海外国家的许多王家婚姻一样，这场婚姻仅持续了几年，雷纳德便于 1149 年战死沙场。他与康斯坦丝女亲王的第一任丈夫安条克的雷蒙德一起死于伊纳伯战役中。艾格尼丝 13 岁就守了寡。

悲剧接踵而来，次年，艾格尼丝的父亲乔斯林在前往安条克途中被土库曼人俘虏。他已第二次失去埃德萨，当时正要前往安条克求援。提尔的威廉将他描绘成一个不负责任的男人，令他高贵的父亲感到失望。据威廉说，乔斯林二世先是因为疏忽而失去了都城，随后又因为轻率而被扣为人质。他去安条克时没有带上合适的卫队，夜里小解时被强盗劫持。赞吉的继任者努尔丁当众刺瞎了乔斯林的眼睛，然后将其丢进阿勒颇城堡的地牢里。这座要塞今天依然屹立，傲视着现代的阿勒颇。在中世纪的建筑中，这座城堡十分幸运，历经几个世纪和最近的内战仍巍然耸立，那是因为作为一个军事据点，它一直有着重要的意义。它的规模和战略意义对现代叙利亚政府和反政府武装都十分宝贵，使其免遭近年来的大肆破坏。阿勒颇从未为基督徒所控制，命运多舛的乔斯林将在要塞的地牢里悲惨地度过余生。

艾格尼丝的早年生活饱受个人灾难的困扰，这是一段她与唯一的女儿西比拉共同的经历。艾格尼丝的母亲、亚美尼亚公主比阿特丽斯在丈夫被俘并成为残疾后开启了危机管理模式。作为一个单身母亲，带着两个年幼的孩子，她的处境令人同情，但敌对的塞尔柱土耳其人成群结队地来到她的城门前，试图让她继续失血，这一点又使人们不那么敢接近她。她立即采取行动保全剩下的领地，其勤勉程度超出了丈夫，眼光敏锐的提尔的威廉也为此对她保持着尊敬。威廉写道：

【乔斯林的】妻子是个高洁、冷静的女子，她敬畏上帝并在其眼中得到宠爱，为她留下了一个未成年的儿子和两个女儿。[1]在仍留在王国里的主要人员协助下，她尽其所能地治理人民；她以远超一般女性的力量，忙碌地加固这片土地上的各个要塞，为它们提供武器、人员和食物。

做完这一切工作之后，她评估了自己的处境，采取了一项激进的举措，这无疑会让她丈夫的祖先感到震惊。她做出了一个非常实际的决定，与同时代拉丁东方许多人表现出来的浪漫主义狂热，以及夺取土地和头衔的渴望相比，她将年幼家人的安全保障置于荣誉和阶层之上。她将丈夫对埃德萨的世袭权利出卖给拜占庭帝国，以换取黄金。

她的理由简单直接。卖掉儿女的继承权当然是一种牺牲，但她必须先保障他们短期的安全，才能寻求长期的前景。短期保障先于长期获益的可能性，并不是海外国家那些喜欢冒险的骑士们流行的观点。然而，比阿特丽斯处境艰难：她从各方面看都像是个寡妇，失去了丈夫和保护人，可是她面临一个限制性条件，就是不能再婚，因为那位"失去"的丈夫仍然活着。比阿特丽斯没有个人财富，也没有嫁给新领主以得到财富和保

---

[1] 这是唯一一次提到第二个女儿，可能威廉弄错了比阿特丽斯子女的数量，也可能第二个女儿童年就夭折了。——原注

护的选择权，显得脆弱无助。她和孩子们需要立刻得到能够买来安全的资金。没有记录显示她试图为乔斯林筹措赎金，后者深陷阿勒颇要塞、严重残疾，在人们眼中可能已经没有多大用处。尽管如此，其他一些王室女性成功地从伊斯兰军队那里赎回了丈夫。即便比阿特丽斯确实做了这种尝试，现代读者也看不到任何记载。

拜占庭皇帝相信自己能够重夺埃德萨，为比阿特丽斯提供了一笔不菲的年俸，可以让她和孩子们一直过着舒适的生活，条件是她交出剩下的土地和要塞。尽管遭到了贵族们和耶路撒冷国王的抵制，比阿特丽斯还是接受了这个条件。她打算带着家人迁居安条克公国的索恩要塞，那是她从第一段婚姻中继承的。鲍德温三世亲自护送伯爵夫人、她的随从，以及被割让城市中所有愿意离开希腊人控制的土地、前往法兰克领地的公民。

这是一个令人难过的场景，人们哭泣着离开祖辈留下的故土，满载着家具和个人物品启程。前往法兰克领地的道路艰险，虽然有耶路撒冷王国的骑兵保护，难民们还是不断遭到努尔丁部下的骚扰。

比阿特丽斯和子女们熬过了这段旅程，按照计划退隐索恩。躲在这座城堡的高墙之后，她保护了当时年仅14岁就孀居的艾格尼丝，使她在八年的时间里无须再婚，可以在相对平静、安全的环境下走完破碎的青少年时代。

我们所掌握的历史记录中，比阿特丽斯和家人下一次出现是在 1157 年的耶路撒冷，此时 21 岁的艾格尼丝已成为海外国家中最令人倾心的女子。她的家人利用了这一点。没有了土地，美丽、有生育能力且在教养上无可挑剔的女人就是他们最有价值的商品，为他们提供了提升社会地位的最佳机会。有许多追求者可供选择，但最受喜爱的候选人似乎是伊贝林的于格。

于格是同时代最具吸引力、最令人中意的贵族。他无疑是没有土地的艾格尼丝的合适对象。尽管伊贝林家族来到海外国家时没有显赫的背景，但他们已经崛起为该地区最强大的宗族之一。他们通过军功和投机成就了这一切，对于冒险家们来说，这条路在东方远比西方更容易行得通。

经过协商，艾格尼丝即使没有真的嫁给伊贝林的于格，至少也订婚了。关于两人婚约的性质有不同的记载；这究竟是有法律效力的婚姻，还是只是订婚，都不得而知。

艾格尼丝和于格的这场暧昧不清的婚礼之后不久，后者就在巴尼亚斯的战场上被俘。在他被囚禁期间，梅利桑德女王宠爱的次子阿马尔里克爱上了极富魅力的艾格尼丝。鉴于阿马尔里克的地位，艾格尼丝别无选择，只能答应他的求爱，两人于 1157 年结婚。史书上并没有说明艾格尼丝究竟是心甘情愿，还是众多受到胁迫和诱骗的新娘中的一位。梅利桑德女王肯定直接插手了这场婚姻，并亲自到场见证婚礼。艾格尼丝对阿马尔里克很有吸引力，不仅因为她以美貌闻名，还因为通过她的父母，她不仅与海外国家中的几乎每个贵族家庭都有亲缘关系，还与亚美尼亚统治者是亲戚。这场婚姻带来的任何一个孩子都将是这片土地上有最多血缘联系的人。

伊贝林的于格终于获释，回到家却没有看到一位耐心等待的未婚妻/妻子，而是发现自己已被王子所取代。等级差异若此，他除了吞下苦果别无他法。

考虑到这段婚姻所处的背景，对其不幸也就没有什么可吃惊的了。虽然婚姻持续了六年，夫妻俩生下了两个孩子，后来都成长为耶路撒冷君主，但这场婚姻最终还是以灾难和耻辱告终。

1161年，梅利桑德女王因病去世，她的长子鲍德温三世如其所愿地继续执政。但意外的是精力充沛的鲍德温也在两年（1163）后去世。他在的黎波里伯国被一种无法解释的疾病击倒了：提尔的威廉认为原因是中毒。鲍德温三世没有子嗣，他的小新娘、拜占庭公主狄奥多拉17岁就成了寡妇，很快就退出耶路撒冷政界，归隐阿科。

就这样，艾格尼丝的丈夫阿马尔里克成了耶路撒冷国王无可争议的继承人，他们的两个幼子突然之间在海外国家里有了新的地位：他们都是王国的继承人。最高议会的贵族们准备接受阿马尔里克为国王，唯一的条件就是要他废除与艾格尼丝的婚姻。他们不愿意让她成为王后，具体的原因不得而知。一位编年史家评论道："她不配成为耶路撒冷这样神圣的王国的王后"，他们给出的理由是，由于血缘关系，这段婚姻是不合法的。贵族们提出异议不太可能基于这个理由，教会对嫡亲表兄妹结婚视若无睹的情况并不鲜见，所以这肯定是表面上的借口，掩盖了拉丁牧首和该地区其他贵族对艾格尼丝无法解释的真正敌意。

艾格尼丝已开始赢得长袖善舞的声誉，贵族们可能将她看成危险的权力争夺者。在随后的几年中，提尔的威廉将她描绘成"最贪婪、最令上帝憎恶的女人"。最高议会也没有忘记围绕他们的婚姻的丑闻，以及伊贝林此前与艾格尼丝订婚的事情。作为国王的弟弟，发生这样的事件可以容忍，但耶路撒冷国王本人不能保持这种不合教规的婚姻。

阿马尔里克从自己和艾格尼丝的利益出发，渴望着避免重婚罪的指控，因此他同意废除婚姻的正式理由就是血缘关系。此外，他坚持不能因为与艾格尼丝离婚，而让两个孩子西比拉和鲍德温的名誉及地位受损。阿马尔里克明确表示，只有他们的合法性得到保障，他才同意废除婚姻。此举既不合常规，也不符合逻辑和教规，但耶路撒冷的教士们历史上就常常以有利的方式引用经文，因此默许了他的要求。这样，三岁的西比拉失去了母亲，同时成为了耶路撒冷王位的第二继承人。

虽然遭到了不公待遇，艾格尼丝还是不失时机地利用了这一不利局面。她立即再嫁。"再嫁"一词在此特别合适，因为她选择的丈夫正是与阿马尔里克结婚之前就和她订婚／结婚的伊贝林的于格，后者已经获释，也愿意迎回她。她在被逐出宫之后这么快就与于格复合，也暗示着她与阿马尔里克离婚的原因是她已经嫁给了于格。她几乎立刻离开耶路撒冷，随丈夫回到他的领地。艾格尼丝在这一系列事件中所起的作用有多大尚不明确，但如果她后来善于操纵局面的声誉可供参考的话，我们可以认为她影响了自己的命运。

艾格尼丝和阿马尔里克分手，以及艾格尼丝在宫廷中失宠，给西比拉和鲍德温个人造成了很严重的后果。两个孩子都失去了母亲的照顾，交给了其他监护人。鲍德温留在宫中，幸运地找到了自己的导师，也就是多产作家、历史学家提尔的威廉，他曾引领着一代又一代的读者了解海外国家的历史。相比之下，由于在耶路撒冷宫廷中没有亲近的女性亲属，西比拉被送到了伯大尼女修道院，就是她的祖母梅利桑德女王为伊薇特公主所建的那所修道院。

伊薇特仍然统治着伯大尼，西比拉在那里由她令人敬畏的姨婆、老练的耶路撒冷公主带大。伊薇特是梅利蒂尼的莫菲娅最后一位在世的女儿，也是西比拉少数几位活着的女性亲属之一。她也可能是莫菲娅的女儿中最为精明的一位。她避开了政治和男性伴侣，统治着海外国家最重要的宗教机构，或许在所有激情四射的姐妹中，她取得了最为纯粹的权力：尽管缺乏其他人取得的世俗权威，但她在女性社群中的权力却是首屈一指的。她无须听命于丈夫和世俗的领主；她比所有姐妹都更长寿，虽然没有子嗣，却在西比拉的成长中起到了关键作用。

西比拉在基督教教义和拉丁文教育中成长，女修道院的围墙后尽管安全，却与世隔绝。在海外国家，由修女养育并非低人一等，特别是在伯大尼。欧洲和海外国家都有贵族妇女在晚年进入女修道院，或者成为孤儿的贵族女性在那里成长的悠久传统。欧洲最著名的例子是丰特弗洛修道院，阿基坦的埃莉诺和许多其他王后都在那里度过一生中最后的日子。海外国家也有多处此类设施因为王室成员居住而成名，包括耶路撒冷的伯大尼和圣安妮修道院。除了伊薇特院长之外，其他一些地位很高的贵族妇女也曾在远隔尘世的伯大尼中生活过。

西比拉来到的时候，生活在伯大尼的下一位地位显赫的女性也名叫西比拉，是她的姑姑、父亲阿马尔里克同父异母的姐姐。此人是富尔克国王第一次婚姻中生下的女儿，1131年陪父亲来到耶路撒冷，从此成为梅利桑德女王的继女。这位贵族女子——安茹的西比拉——于1139年在海外国家嫁给了佛兰德斯伯爵蒂埃里，此后陪伴丈夫回到欧洲。蒂埃里随第二次十字军来到东方时，怀孕的伯爵夫人留下来担任伯国的摄政。这段时间里，她的土地遭到了艾诺伯爵的入侵，根据记载，分娩之后，西比拉重掌军权，驱逐了侵略者。她的顽强精神得到了同时代编年史家的赞颂，滑铁卢的朗贝尔描述她"就像一头愤怒得咬牙切齿的母狮"。她在伯大尼继续发挥着政治影响力，1157年，她支持梅利桑德女王和霍迪娜伯爵夫人操纵耶路撒冷牧首选举的计划。耶路撒冷的西比拉幼年时肯定能在伯大尼找到高贵的同伴。

佛兰德斯的西比拉显然在丈夫缺位的时候声势日隆，尽管后来她同意与丈夫在东方相会，但抵达耶路撒冷之后便与他分手，坚决拒绝以妻子的名义返回欧洲，而是来到伯大尼女修道院与伊薇特同住。佛兰德斯的西比拉到伯大尼时当然见到了侄女西比拉公主，但在后者来到后不到三年就去世了，因此她对公主成长的影响有限。

耶路撒冷的西比拉公主有一位兄弟，父亲还可能生下更多的孩子，因此不太可能继承王位。她7岁那一年，父亲在最高议会的敦促下再婚。阿马尔里克利用耶路撒冷国王这一高贵的新地位，为自己得到了一份政治上更加有利可图的婚姻，迎娶了拜占庭皇帝马努埃尔·科穆宁的侄女玛丽亚·科穆宁娜。鲍德温三世去世后，君士坦丁堡宫廷明显热心于让一位拜占庭公主居于耶路撒冷王位之上，耶路撒冷最高议会也希望维持关系，以便得到拜占庭帝国的军事和财政支持。在婚约条件上争论了两年之后，玛丽亚·科穆宁娜公主来到耶路撒冷，步库特奈的艾格尼丝后尘与阿马尔里克国王成婚。他们于1167年8月29日在提尔举行了盛大的婚礼。玛丽亚当时只有大约14岁——与31岁的新丈夫相比，她与继女的年龄更为接近。

国王与青少年时期的玛丽亚结婚，是为了平息一场具有国际意义的性丑闻，这桩丑闻可能使耶路撒冷和拜占庭之间精心缔结的联盟偏离轨道。玛丽亚的堂姐、孀居的狄奥多拉王后是这一轩然大波的中心。

狄奥多拉与安德洛尼卡——"肆无忌惮的淫行"——基督教世界的丑闻

阿马尔里克忙于与希腊小新娘结婚之时，此前曾从君士坦丁堡乘渡船前往海外国家与一位耶路撒冷国王结婚的希腊公主已开始在该国北部挑起事端。狄奥多拉从君士坦丁堡来到这里时如同天使般纯洁，脸色苍白的她美丽动人，比鲍德温三世小很多岁，令后者心醉神迷，甚至完全改变了性格，全身心地忠诚于她。而此时，狄奥多拉已经 22 岁，开始在阿科的镀金牢笼里坐立不安。

五年前丈夫去世时，狄奥多拉年仅 17 就成了寡居的王后。她的婚约条款优厚且有着坚实的保障。如果丈夫先她而去，狄奥多拉将得到阿科城和那里的土地，与世隔绝地过着奢华的日子。如果一切都按照计划进行，狄奥多拉将以耶路撒冷女王的身份度过一段成功的日子，结交朋友，赢得人们的忠诚，并得到管理一座城堡和一个王国所需的所有技能之后，于中年的某个时刻步入这种生活。她将在为更平静的生活做好准备时，优雅地隐退，有一群儿子统治着海外国家，保卫她的利益，时常来探望她，听取她的意见。

但是，一切并没有如愿。鲍德温三世婚后五年突然去世，狄奥多拉无儿无女，孑然一身，对国事也毫无影响力。这对夫妻没能建立一个王朝，权力从狄奥多拉手中传给了她的小叔子阿马尔里克。虽然阿马尔里克为了不疏远她的叔叔——拜占庭皇帝——而不得不恭敬地对待她，但在个人层面上却没有这样的义务。他遵守狄奥多拉婚约中的条款，将阿科留给了她，并迅速将她送出首都，让她孤身一人去建立自己的家庭，为新国王让路。

阿科不是一座令人愉快的城市，在那里独处不可能得到理想中的爱情。按照提尔的威廉描述，这座城市位于山海之间，周边地区土地肥沃，但这是一位政治家和历史学家的看法，着眼的是收入和防御战略，而不是从一位居民或好奇的游客角度出发的。前文中那位曾记录海外国家基督教婚礼游行细节的安达卢西亚旅行作家伊本·朱贝尔对阿科的描写就大不相同了。他认为这是一座可与君士坦丁堡相提并论的伟大城市，但又说它的街道"拥挤得令人窒息，连脚都无法落到地面上"。他还说城里臭气熏天，污秽不堪，很大程度上因为到处都是粪便。

今天的阿科在以色列的北端，靠近黎巴嫩边境。阿科旧城是饱受战争摧残的历史见证：奥斯曼和十字军时代的尖顶拱门并肩而立，精致的马穆鲁克建筑与远处地平线上的尖塔钟楼交相辉映。海洋的气息扑面而来，海港内千帆云集，提醒人们这里曾是海外国家最重要的海港。天际线上隐约可见医院骑士团堡垒，那是一堵久经风吹日晒的简朴石墙，上面散落着箭缝或垛口。现在的阿科色彩比耶路撒冷更轻快——蓝色，绿色和白色。蓝色的是大海和天空，以及涂上油漆的金属制品和百叶窗；

绿色的是清真寺的穹顶和尖塔；亮白色的则是年代久远的石头。这座城市许多地方都尚未完工，如同一件半成品：古老的拱门之间冒出了许多混凝土结构。与中世纪时一样，阿科现在是以色列城市中人口组成最多样的，包括犹太教徒、穆斯林、德鲁士穆斯林、基督教徒和巴哈伊教徒等社群。

对狄奥多拉·科穆宁娜而言，十字军风格的阿科代表着她不想要的一种命运。人们认为，这位年轻女子将在高墙后无聊、孤独地度过余生。实际上，这种命运与被送到修女院没有多大不同，甚至更加糟糕，因为在修女院里，她可能从一群过着相同生活的姐妹中找到安慰。而在俗世中，狄奥多拉是个异类：一位美丽却没有人能够迎娶的年轻女人。

身为拜占庭公主，狄奥多拉在海外国家一直是个外人，她的母语是希腊语，而不是法语或意大利语。而且，她的小叔子、新国王阿马尔里克从不允许她再嫁。守寡的狄奥多拉王后尽管理论上拥有阿科，但必须向国王效忠，因此王家仍然保持着对该城的控制权。如果她再嫁，阿科的控制权将转到她的新丈夫手中，这将造就阿马尔里克的一个潜在的强大对手。从阿马尔里克的角度看，让狄奥多拉安全、默默无闻地度完余生是更加保险的决定。如果她保持单身、没有子嗣，名下的土地将归还给王室。

因此，狄奥多拉几乎看不到幸福的前景，注定孤独终老。然而，阿马尔里克与她的堂妹玛丽亚结婚后，此前如同一只教堂的老鼠那么温顺的狄奥多拉显露出了隐藏的激情。她不愿意接受强加于己的孤独生活，陷入了一场史诗级的丑闻，这甚至超过了梅利桑德女王和阿基坦的埃莉诺造成的事件。

令她叛逆精神觉醒的催化剂是安德洛尼卡·科穆宁，这是一个体现了典型拜占庭人天赋与恶习的小人。他长相英俊但十分狡猾，表面浪漫却铁石心肠，而且贪得无厌。他魅力过人，善于摆布他人，使其迅速崛起，连续勾引了多位公主，后来成为拜占庭皇帝，最后在一场伊卡路斯①式的运动中惨遭覆灭。

就是这个安德洛尼卡，不久之前曾罔顾安条克的博希蒙德三世的善意，勾引他的妹妹菲利帕，随后将其抛弃。在一生中的这个阶段，安德洛尼卡已经年过五旬，仍没有失去个人吸引力的迹象，他正是凭借这种吸引力，赢得了拜占庭和海外国家无数贵族妇女的芳心。为了躲避安条克和君士坦丁堡的丑闻，他将会进入狄奥多拉的生活，在君士坦丁堡，他曾经勾引过表妹优多西娅，令他们的叔叔曼努埃尔皇帝震怒。他逃脱牢狱之苦后流窜到海外国家，因为有传言称，那里张开双臂欢迎贵族冒险家。果然，他没有失望。

---

① 伊卡路斯是希腊传说中的人物，因使用蜡翼飞行时忘乎所以，过于靠近太阳而坠亡，这里指安德洛尼卡篡位后采取一系列激进的改革措施而引发贵族不满，最终覆亡。——译注

安德洛尼卡利用他好看的外貌和令人陶醉的魅力说服了周围的人，使他们对他显而易见的恶行和威胁视而不见。他在二十多年的时间里几乎为所欲为，造成了一连串的破坏，令许多人心碎。

　　在安条克抛弃了孤独凄凉的菲利帕后，安德洛尼卡前往耶路撒冷，以非凡的魅力和谄媚的言行引起了新国王阿马尔里克的注意，后者授予他贝鲁特领主的地位，并准许他到阿科"家访"侄女狄奥多拉。事实证明，这些大方的举动是严重的误判。

　　虽然血缘关系很近，年龄差距颇大，狄奥多拉还是爱上了这个性格开朗的恶棍，开始了一段不伦之恋。安德洛尼卡是她的叔叔，年龄超过她的两倍，有过臭名昭著的过去，但魅力占了上风。他令人陶醉，而狄奥多拉长居深宫，与其他希腊人隔绝，无法抵御他的影响力。这段关系很多方面上都与传闻中埃莉诺与雷蒙德在安条克发生的情况类似：一位不幸的年轻女子，与亲属隔绝，在一位富有魅力的老男人怀抱中得到了庇护，后者帮助她逃脱悲惨的现实，得到一种亲切感。安德洛尼卡和狄奥多拉用希腊语交谈，正如雷蒙德与埃莉诺用普瓦捷方言交流。个人魅力和乡愁的力量，加上对目前境遇的失望，成功地赢得了狄奥多拉的心。

　　尼基塔斯·霍尼亚提斯写道："滥情的他，就像一匹公马不顾一切地扑向一匹又一匹母马，他和狄奥多拉发生了性关系。"虽然最初的勾引符合安德洛尼卡的行为模式，但这件事与他过去的风流韵事之间的相似之处也就仅止于此。他们是真正的恋爱关系，安德洛尼卡在狄奥多拉的余生中都忠诚相待。

不管感情是否真挚，安德洛尼卡再一次犯下了非常严重的乱伦罪行，也再次让他的堂兄曼努埃尔皇帝的家族蒙羞。狄奥多拉是曼努埃尔的侄女，也是安德洛尼卡的侄女。皇帝被安德洛尼卡又一次勾引与其有血缘关系的公主的行径所激怒。他向叙利亚当局发出一封信，告诉他们安德洛尼卡这种应受谴责的品格，要求将其逮捕并以乱伦罪刺瞎其双眼。这封信送到了阿科，但没有送到该城治安官手中，而是落入狄奥多拉之手，她立刻向爱人示警，安德洛尼卡逃往他控制的贝鲁特城。

虽然有了这次的分离，两人的关系远未结束，只是这对情侣在海外国家的时间有限了。消息已经传到了君士坦丁堡，阿马尔里克国王肯定也会很快知晓，并对他们采取行动。两人设计了一次大胆的逃跑行动。以回报亲戚的殷勤款待为由，安德洛尼卡正式邀请寡居的王后来贝鲁特访问。狄奥多拉率领随从出发，穿越今天以色列北部的山区，进入现代黎巴嫩的南部。路上狄奥多拉只带了少数随从，因为这段旅程理论上是安全的，这些土地上没有敌对的穆斯林会伤害或绑架她。年轻的王后和她的叔叔商定了一项计划，安德洛尼卡得知狄奥多拉的行动和旅行计划后设下"埋伏"。在以色列北部山区某地，他从卫兵手中"绑架"了狄奥多拉，两人一起逃亡。

这对逃亡的情侣在基督教世界里没有容身之所，因此君士坦丁堡皇帝的侄儿和前耶路撒冷王后逃到了敌人的怀抱中，在大马士革宫廷避难。这真是一桩影响难以估量的惊天丑闻。

经努尔丁准许，狄奥多拉和安德洛尼卡在穆斯林的土地上开始了新生活。两人斩断了与基督教世界的一切纽带，牺牲了本可以私自带走的所有财富，放弃了价值巨大的阿科和贝鲁特城。然而，没有个人自由，阿科的财富对狄奥多拉毫无意义，与安德洛尼卡一起逃跑，使她成功地建立了新生活。她成了他的"伙伴和同路人"。

尽管如此，我们肯定会怀疑两人关系的性质。毕竟，安德洛尼卡的年纪比狄奥多拉大得多，惯于坑害不幸的年轻女子。但是，他似乎对狄奥多拉动了真情，关怀备至。看起来，狄奥多拉对她生命中的所有男子都产生了这样的影响。鲍德温三世同样为她而心动，就连提尔的威廉也打破了一直以来对女性的冷静看法，将她描写为"无论从体形还是面容都有非凡之美的少女"。

安德洛尼卡平生第一次忠实于伴侣，在接下来的12年里坚守在狄奥多拉身边。她为他生下一儿一女，分别叫作阿历克塞和艾丽妮。安德洛尼卡对家人的感情很深，两人广为游历，曾在大马士革、巴格达和哈兰居住，最终定居于科洛尼亚附近一位土耳其埃米尔赠予的城堡中。他们在那里平静地生活了多年，养育阿历克塞、艾丽妮以及安德洛尼卡的婚生子约翰，后者已远道前来与父亲相聚。

当曼努埃尔皇帝设法绑架了狄奥多拉和孩子，安德洛尼卡对她的感情经受了真正的考验。他并没有"止损"、寻找另一位可供勾引的公主，而是停止逃跑，恳求皇帝的宽恕，并以动人的方式向皇帝致敬，以便能与情妇和儿女重聚。

两人的私奔堪称胆大放肆、忘恩负义，但耶路撒冷国王阿马尔里克并没有对这对亡命鸳鸯采取任何行动。这一仁慈的态度有几个理由。首先，为了追捕这对情侣而进入努尔丁的领地，不仅徒劳，而且会招惹很多麻烦；其次，两人的逃跑使阿科和贝鲁特的控制权毫无争议地回到他的手中；第三，阿马尔里克正全心全意地与他的小新娘（狄奥多拉的堂妹玛丽亚·科穆宁娜）度蜜月，后者注定要成为最长寿的耶路撒冷王后，直至她的王朝得以确立才死去。

麻风国王的姐姐

父亲再婚时，西比拉七岁，由于年龄相近，她与正在青少年阶段的继母之间的关系十分冷淡。西比拉在父亲再婚后的许多年里都留在伯大尼修女院，由伊薇特照看。玛丽亚·科穆宁娜对继女的厌恶有充分的理由。由于阿马尔里克小心翼翼地保障西比拉和鲍德温的合法性，他们成了玛丽亚自己的孩子继承王位的障碍，也是对阿马尔里克感情、政治野心和财富的主要竞争者。西比拉和鲍德温只要在世，玛丽亚的子女就永远不可能执政。她很快生下了自己的女儿伊莎贝拉，此人将成为西比拉余生中的对手。

西比拉离开耶路撒冷时年纪尚小，对于父母的分离，以及父亲对年幼的弟弟寄予的全部希望理解都非常有限。当她回归耶路撒冷，面对的是只有十多岁、对她非常厌恶的希腊继母和另一个将成为对手的妹妹，而在她离开时被寄予厚望的小弟，如今已被诊断出整个中世纪最可怕、最受污名化的疾病：麻风。

首先诊断出西比拉的弟弟罹患麻风的，正是鲍德温的导师、我们的向导——提尔的威廉。他负责小王子的教育，并写下了对这个孩子病情最初的怀疑和最终的确定。他描写了观看年轻王子与其他贵族公子游戏的情景，他们的游戏转变成了一种虐待：将钉子和针刺进对方的手臂以考验耐受能力。鲍德温虽贵为王子，朋友们也并没有饶过他，当其他孩子因为疼痛而惨叫时，鲍德温泰然处之，这在孩子们当中显得不同寻常。威廉希望这只是因为他有很高的痛阈，但还是觉得非常不安，便将他召来检查。鲍德温的右臂和手几乎完全没有痛感；他对被掐甚至被咬都没有感觉。威廉对这一发现的叙述，至今令人唏嘘：

说到这一巨大的不幸，我们就难以忍住泪水。因为当他长大成人，显然就会因可怕的麻风病而饱受折磨。他的情况一天天变糟，四肢和面部受创尤巨，忠实的追随者们看着他都难免感到同情。

然而，他在文学方面继续取得进步，也越来越有希望发展出令人喜爱的性情。他英俊的外表超出了同龄人，骑术之优秀、对马匹的了解甚至远超前辈们。他有着很好的记忆力，也喜欢交谈。他生活简朴，但总是记得恩惠和伤害。在每个方面，他都与父亲很相似，不仅仅是长相，还有整体的气度，就连走路的样子和嗓音都一模一样。他智力超群，但说话有些犹豫，与父亲一样，他也如饥似渴地学习历史，愿意听从好的建议。

近一千年过去了，威廉就其学生的命运发出的真诚哀叹已回荡了几个世纪。威廉于1170年鲍德温9岁时接管了他的教育，当时西比拉10岁。威廉并没有立即诊断出鲍德温四世的疾病，他可能花了几个月才注意到这个孩子的症状并确诊，也就是说，阿马尔里克得知儿子的病情之后仅几个月就将西比拉召回宫中。这无疑是她回归的原因，对于年少的西比拉来说，这次回家并非吉兆。

弟弟的诊断将对西比拉的命运造成严重的影响。这不仅是王子一家的悲剧，也是整个海外国家的灾难。突然之间，阿马尔里克的儿子和继承人早早地被判了死刑，而且他很明显也永远不会有自己的儿子了。王位继承的问题变得不确定了。看起来，西比拉可能是下一位女王，而她的丈夫将是下一位国王。

照亮王国未来的聚光灯从西比拉的弟弟转向她，一个远离宫廷、在女修道院长大的姑娘。为西比拉选择夫婿，一直都是建立有意义的政治联盟的重要机会，在此时就更显得重要了。

她的婚姻不再是简单地建立一个联盟，还决定着耶路撒冷王国的未来。任何与她执手的人都将得到王位。将她嫁给一位皇室成员不再是可行的选择，因为后者只会将耶路撒冷看成某个帝国的另一片土地。她必须嫁给一位强有力的贵族，这个人不是将西比拉带到自己的宫廷，与他一起执政，而是要来到西比拉的宫廷，与她共治。

为西比拉安排的夫婿是年纪远大于她的桑塞尔的斯蒂芬，他是一位有势力的法兰西贵族，其财富、经验和骑士扈从使之成为值得注意的候选人。斯蒂芬于1171年随大主教提尔的弗雷德里克（威廉的前任）来到东方，后者曾到法兰西筹措资金。斯蒂芬在海外国家度过了几个月，得到了阿马尔里克的礼遇，后者认为他有朝一日会成为自己的女婿、王国的继承人。斯蒂芬应要求决定了多项宫廷事务，为将来的地位做准备。

事情因为未知的原因而发生了古怪的转折，斯蒂芬最终拒绝与尚在青春期的西比拉结婚。尽管受到耶路撒冷王位的诱惑，他回到欧洲仍然是个单身汉。这对西比拉及其家族是个公开的羞辱，乍一看斯蒂芬的决定似乎出人意料，但他决定返回自己在欧洲的领地有多重原因。他可能发现这位小公主不是理想的妻子，或者在短暂协助阿马尔里克管理最高议会时，他可能对耶路撒冷王国的未来失去了信心，更愿意回归自己在欧洲的领地，那里与步步逼近的伊斯兰教大军隔着一个地中海。

在海外国家，耶路撒冷王位是最高的政治奖赏，但对于一个富裕的欧洲人来说，它带来的麻烦超过了价值，只是一个不稳定地区中的高风险投资。而且，斯蒂芬可能完全不希望与耶路撒冷王室结盟。鲍德温四世的麻风病在当时被解释成来自上帝的惩罚，是对这个命运多舛、不虔诚的统治家族的诅咒。阿马尔里克与艾格尼丝离婚，往往与年轻公主的情况和不幸命运联系在一起。

随着斯蒂芬因胆怯而离去，耶路撒冷王国继承人仍然缺位，西比拉也仍然可以选择最合适的夫婿。或许是斯蒂芬离开造成的耻辱所致，阿马尔里克没有急于为女儿寻找新的丈夫。这时他只不过三十五六岁，显然认为还有充裕的时间与年轻的新婚妻子生下一个健康的儿子，确保血统的延续。然而，1174 年与努尔丁发生的一场小规模交战之后，阿马尔里克在军营里患上了痢疾。他尽快回到耶路撒冷，寻求西方、叙利亚和希腊医生的建议，但没有人能治愈他，多日高烧之后，他去世了，终年38 岁。

阿马尔里克留下了三个未婚子女：14 岁的西比拉，13 岁、已诊断出麻风的鲍德温，以及只有两岁的小伊莎贝拉。临终之时，他将纳布卢斯要塞赠予孀妻玛丽亚·科穆宁娜和他们的女儿伊莎贝拉。玛丽亚在成为王后的这段时间里没有掌握任何政治权力，显然知道自己的耶路撒冷王后任期已经结束，丈夫下葬后立即带着女儿逃往纳布卢斯。这是明智之举。鲍德温四世继承王位之后，立刻将遭到贬斥的母亲库特奈的艾格尼丝召回宫中，成为王太后。如果玛丽亚留在宫中，可能被强迫驱离。

王太后艾格尼丝

　　艾格尼丝的生活并没有因为离开耶路撒冷而变得暗淡。她与丈夫伊贝林的于格度过了相对和谐、平静的六年，但后者却有悖常理地于1169年决定离开海外国家前往欧洲朝圣。他启程前往西班牙的圣地亚哥－德孔波斯特拉，但在旅途中因病去世。他死后，艾格尼丝变得非常孤独。她的哥哥库特奈的乔斯林三世已步不幸的父亲的后尘，于1164年被土耳其人扣为人质。她很快再婚，迎来了第四任丈夫西顿的雷纳德，由于这段婚姻，在阿马尔里克去世时，她的身份是西顿伯爵夫人。

　　雷纳德是一个外表平凡的饱学之士，在阿拉伯文学方面颇有造诣，但并不是能够满足艾格尼丝欲望的丈夫。在14年的婚姻中，她开始因婚外情而名声败坏。这些风流韵事包括传闻中与耶路撒冷新任牧首赫拉克利乌斯以及法兰西贵族吕西尼昂的艾默里的私通。抵达耶路撒冷后，艾格尼丝着手重建与其有权势的子女之间的关系。从这时起，她在耶路撒冷政界发挥了重要作用，陪伴儿子鲍德温参加最高议会的会议，尽其所能地施加影响。

　　鲍德温此时已加冕，成为耶路撒冷国王鲍德温四世。他身染疾病，又只有13岁，因此任命了一位摄政来辅佐他。第一位摄政是根据他父亲遗嘱任命的普朗西的迈尔斯。迈尔斯权势很大，通过与米利的斯蒂芬妮结婚，成为了外约旦领主。不过，成为摄政后不久，他就神秘地死去了。代替他担任摄政的是的黎波里的雷蒙德三世，随后又被获释后迎娶斯蒂芬妮、成为外约旦领主的沙蒂永的雷纳德取代。任命雷纳德为摄政是合乎逻辑的选择。他是国王臣属中最有势力者，也是与他关系最近的男性亲属。伊本·朱贝尔当然没有理由喜欢雷蒙德，但他还是写道："他配得上王位，因为他似乎就是为王位而生的，有着非凡的智慧和精明。"提尔的威廉称他是"不屈不挠而又极为正直的男人"。

提尔的威廉是的黎波里的雷蒙德三世坚定的支持者，但他对雷蒙德外表的描述，没有给读者们留下理想的印象。据威廉所说，雷蒙德"身材纤细、极其瘦弱，中等身高，皮肤黝黑，长着一头颜色暗淡的直发。他有一双炯炯有神的眼睛【……】行动迅速有力，天性冷静且富有远见。"他与妻子太巴列的艾丝奇瓦夫人没有子女，但据说很爱妻子，将后者第一次婚姻带来的四个儿子视同己出。

雷蒙德是一个野心勃勃、处事圆滑的人物，同时也十分精明，在政治和军事上都颇有才能。他是海外国家旧贵族的代表，是鲍德温二世的外孙，也就是西比拉和鲍德温的表兄。他可能比其他任何一位贵族都更了解海外国家，曾作为战俘在阿勒颇度过十载，因此对他们的穆斯林敌人有第一手的经验。他在哈兰围攻战失败后被俘，与艾格尼丝的兄弟一起"像最低等的奴隶一样戴上镣铐"。提尔的威廉记录道，他的这段日子是在"乞

263

讨和监禁中"度过的，但就是在这种无可否认的考验中，雷蒙德变得精通文字，这对于世俗领主来说是不同寻常的，他也因此得到了好学的美誉，令基督教和穆斯林编年史家印象深刻。

鲍德温四世开始执政时，雷蒙德和艾格尼丝相互合作。两人都鼓励年轻的国王迅速为西比拉寻找一位合适的夫婿，确保他的继承人。对于不惧冒险和逆境、雄心勃勃的追求者来说，西比拉仍然是基督教世界中最符合条件的公主之一。我们不能过分夸大耶路撒冷王国的重要性，虽然它具有象征意义和宗教意义，但领土只有威尔士那么大，它的公主无法吸引国王或王子。正如梅利桑德嫁给富尔克——引人注目但不过是伯爵的男人——西比拉也不太可能吸引王室成员。话虽如此，对于合适的候选人，西比拉独特的血统和耶路撒冷王国的不稳定状态，都能提供一个令人着迷的机会，可以借此取得更高的地位，或者开启一段刺激的冒险。

下一个被这种前景吸引到东方的是蒙费拉侯爵威廉，他于1176年应雷蒙德和鲍德温之邀来到海外国家，与年轻的公主成婚。威廉没有效仿桑塞尔的斯蒂芬，而是像人们预期的那样迎娶这位公主。结婚时，这对新婚夫妇得到了雅法和阿斯卡隆两郡，这些土地传统上是王位继承人所有。威廉似乎确定了未来耶路撒冷国王的地位，举国上下也为继承人最终确定而松了一口气。

绰号"长剑"的威廉·蒙费拉是可靠、有经验的继承人候选者。他和西比拉似乎很般配，被描述为一个"身材颇高、相貌堂堂的年轻人【……】生性大方开朗，富有勇气"。提尔的威廉自然认为他是保卫耶路撒冷的合适人选，指出他"从幼年就开始练武，以用兵经验享誉。他的世俗地位崇高——实际上，鲜有能与之匹敌者。"尽管"长剑"威廉很适合这个角色，但他从未能戴上耶路撒冷的王冠，也从没有得到机会在这个争议不断的王位上挣扎或取得发展。

威廉与西比拉的婚姻开始得很顺利，西比拉几个月内就怀孕了，但海外国家的条件并不适合威廉，婚后五个月（1177年4月），他就在阿斯卡隆要塞因疟疾去世。威廉死后不到6个月，西比拉生下他的第一个孩子，这个儿子的名字和舅舅、外伯祖父和外曾祖父一样，也叫作鲍德温。西比拉当时不超过17岁。

威廉是蒙费拉侯爵，拥有意大利北部一块庞大而重要的领地，来自一个很有权势的家族。从父亲一方的血缘，威廉是法兰西国王路易七世的堂兄弟，而在母亲这一方面，他又是神圣罗马帝国皇帝腓特烈一世的表兄弟。威廉没能成为下一任耶路撒冷国王对海外国家是沉重的打击。

威廉死后，病中的鲍德温四世仍然需要一位活跃的摄政来协助统治。他任命了沙蒂永的雷纳德，雷纳德是个饱受争议的人物，曾是已故的安条克女亲王康斯坦丝的丈夫，现在因为娶了孀居的米利的斯蒂芬妮而成为了外约旦领主。雷纳德刚刚成功地完成了一项外交使命，从君士坦丁堡返回，他在那里与近20年前曾在塞浦路斯袭击战中令他蒙羞的曼努埃尔皇帝谈判。

人们或许认为，在监牢中的日子使雷纳德的性情变得温和，并教会了他一些外交手段。就连经常批评他的提尔的威廉也不反对这项任命，因为他注意到雷纳德有着不同寻常的忠诚品质。

当年晚些时候，在雷纳德的指挥下，基督教军队在蒙吉萨尔战役中取得了一场伟大胜利，减轻了蒙费拉侯爵去世的悲剧引发的痛苦。十字军在兵力上远不如萨拉丁，但仍取得了决定性胜利，至少暂时将其击退。这次胜利和西比拉与已故的蒙费拉的威廉的儿子出生后，鲍德温四世国王一时慷慨，允许治下的贵族伊贝林的巴利安迎娶寡居的继母玛丽亚·科穆宁娜，后者此前一直带着孤女，平静地居住在纳布卢斯。此举是对伊贝林家族的极大褒奖，也巩固了他们在这个地区的权势。

鲍德温四世在蒙吉萨尔战役中与他的军队一起骑马上阵，但他的麻风病却在无情地发展，确保继承人的问题和以往一样紧迫。所有人的眼睛再一次注视着17岁的西比拉，她刚刚失去丈夫，初为人母。丈夫去世不过几个月，趁火打劫的人就如同兀鹫一样在她的身边盘旋。她的弟弟和提尔的威廉设法阻止了一些较带冒犯意味的提议，比如佛兰德斯的菲利普积极提出的方案——她应该嫁给他麾下某个相对默默无闻的领主。

由于弟弟的怜悯，西比拉在首任丈夫去世后的数年内保持单身。曾经有一项计划，要将她嫁给有权势的勃艮第的于格，但没有取得成果。于格可能是法兰西国王路易七世建议的候选人，是为了回应鲍德温四世给法王寄去的一封言辞凄苦的信件，这封信罕见地揭示了鲍德温本人面对这种绝症时的无助和绝望：

> 一个四肢无法自如使用的人，对政务是不会有多大帮助的。如果我能治好乃缦所得的病，我希望在约旦河上沐浴七次，可如今我找不到能治好我的以利沙。[①]当对阿拉伯人入侵的恐惧每日笼罩在圣城上空，当我的疾病增添了敌人的胆色，以如此虚弱的手去掌握政权是不合适的【……】，因此我恳请您召集法国的贵族们，立即从中选出一位来负责这个神圣的王国。

虽然鲍德温苦苦恳求，不知什么原因，法兰西国王并没有派出任何合适的候选人去协助日益虚弱的鲍德温四世。下一个出场的真正追求者是伊贝林的鲍德温，他是此前迎娶西比拉继母玛丽亚·科穆宁娜的巴利安的弟弟。这样的婚配在该地区贵族中很流行，但西比拉的母亲艾格尼丝却很不欢迎，她担心伊贝林家族的权势过大。

与伊贝林的鲍德温在一起时，西比拉似乎第一次品尝到恋爱中少女的滋味，包括最初的热情与爱慕，以及随后更加帅气、更有魅力的人出现时迅速分手。据编年史作者埃尔努说，当弟弟率军抵抗迅速联合的穆斯林大军时，西比拉爱上了一位岁数是其两倍的鳏夫，此人也叫作鲍德温，她所有男性亲属几乎都

---

① 这里引用了《圣经·列王纪下》中的故事，亚兰王的元帅乃缦得了麻风病，经神人以利沙指点，到约旦河沐浴七次后治愈。——译注

叫这个名字。

鲍德温本来是王位继承人的热门人选，因为尽管伊贝林家族出身相对低微，但这个家族在东方兴旺起来，崛起为海外国家当中最重要的高贵家族之一。除此之外，他成长于海外国家，熟悉该地区的政治与军事策略。西比拉的母亲不喜欢鲍德温，她推迟了两人订婚的日期，收到了很好的效果。艾格尼丝打心眼里厌恶玛丽亚·科穆宁娜，后者在她被丈夫抛弃时取而代之，成为耶路撒冷王后，并试图消除艾格尼丝的影响，颠覆西比拉的继承权。将唯一的孩子嫁给玛丽亚的小叔子是艾格尼丝无法容忍的事情。她的焦虑很快就平息了，没等到两人举办订婚仪式，鲍德温就在泉水谷的一场小规模战斗中被俘。

按照惯例，鲍德温被囚禁以勒索赎金，但西比拉给狱中的他写信，重申她的爱和忠贞。她无法为鲍德温筹措赎金，他的家人们也没有回应这一要求。这并不令人惊讶：萨拉丁索要20万拜占庭金币，这超过了鲍德温二世或的黎波里的雷蒙德的赎金数目，实际上是国王的价码了。筹措这样一笔重金绝非易事，鲍德温被捆住了双手，他躺在监牢中时想必非常痛苦。这片土地上最高的荣耀——耶路撒冷王位——本已掌握在他的手中，待在监牢中的每一天，他都在失去自己的优势。他远离宫廷的每时每刻，都会被西比拉的母亲利用，想方设法地使她背弃鲍德温，同时也会有其他求婚者出现。

不知何故，他通过谈判获释了，并承诺会补交赎金。囚禁他的人肯定认为，虽然不能信任法兰克人，但他在地牢中老去对自己也没什么好处。如果他的亲戚不肯给钱，那么释放他更有意义，希望他能履行承诺，并在未来欠下一个人情。鲍德温赶回耶路撒冷，急切地想让西比拉成为他的新娘，可是迎接他的并不是耐心等待爱人归来、准备投入他怀抱之中的忠实情人，而是一位冷漠的公主。西比拉在他抵达耶路撒冷时对他嗤之以鼻，说她不可能嫁给一个蒙受穆斯林敌人厚恩的男人。

　　鲍德温立刻离开耶路撒冷，火速赶往君士坦丁堡。海外国家不会有人借他这么一大笔钱，让他登上他们的亲戚可能虎视眈眈的王位，而他自己的家人也没有这么多资金。他最有可能获得赠予或贷款的方式，就是恳求君士坦丁堡的曼努埃尔皇帝。皇帝认为，让下一任耶路撒冷君主对自己感恩戴德是明智之举，于是像拜占庭的前辈君主一样，摆足了场面和架势，让这位提出请求的领主坐在椅子上，将支付赎金所需的金币盖在他身上。深受鼓舞而又略显困惑的鲍德温向皇帝表示感谢，支付赎金后又返回耶路撒冷向西比拉求婚。萨拉丁提出这么高的赎金数额，曼努埃尔皇帝同意出钱，都说明人们普遍认为鲍德温已接近迎娶西比拉了。

　　但他来得太晚了。当他最终以无债一身轻的自由人身份抵达耶路撒冷，西比拉已许配给另一个男人。这是一个来自法兰西的无名小辈，据说他的哥哥成了西比拉母亲的情人。这桩婚事是艾格尼丝的手笔，伊贝林家族对此感到非常愤怒，鲍德温四世国王看起来也很不满意。西比拉的行为羞辱了这块土地上最大的家族之一，而且与她结婚的是一个法兰西领主的第四个儿子，不能继承任何土地，对耶路撒冷王国继承人来说，这显然算不上般配。

西比拉和居伊

上文中那位没有土地的老四是吕西尼昂的居伊，是吕西尼昂的艾默里的弟弟，据艾努尔的编年史记载，艾默里是贪得无厌的艾格尼丝的情人。居伊在等级上自然无法与公主相比，但他确有十字军的血统。他的父亲、祖父和曾祖父都是著名的十字军骑士，其中两人死于东方。然而，在当地贵族眼中，这些人都是闯入者，得到了本不应有的地位，以及本没有权利拥有的影响。

虽然西比拉的婚姻无疑是一件国家大事，但她本人也在不断成长和观察。人们发现，她已不再是此前那件任人宰割的"货物"了。此时，她远离伯大尼修女院的围墙已经十年之久，曾嫁给过一位领主并成为了母亲。她在各方面都履行了自己的职责，更了不起的是，她保持着健康的身体。她的地位不断提升，自信心也越来越足。而且，父亲去世之后，母亲艾格尼丝回归宫廷，西比拉从她身上确实找到了利己和打破规则的榜样，仿佛在她要做什么事情时，阿基坦的埃莉诺、她的祖母梅利桑德、姨婆艾丽丝或表姐康斯坦丝就会出现在门边，为她出谋划策。

伊贝林的鲍德温不在时，西比拉受艾格尼丝的怂恿，全身心地投入与居伊的恋爱之中，决意成为他的妻子。豪顿的罗杰这样描写他们的恋爱："国王的姐姐看到俊朗的居伊，选择他做自己的丈夫。但她不敢让弟弟知道心意，悄悄地与他相爱，两人同榻而眠。"

艾努尔也断言居伊勾引了西比拉，她的弟弟鲍德温四世发现此事后大发雷霆，打算因其罪行判处居伊死刑，但母亲巧言劝说，姐姐又含泪恳求，他才回心转意。艾格尼丝、她传说中的情人艾默里以及新来的居伊是如何让西比拉忘却对伊贝林的鲍德温的承诺不得而知，但他们三人似乎取得了相当大的成功。

鲍德温四世被捆住了手脚：公主受到勾引是严重的事件，如果公开承认且惩罚罪人，她就不太可能与一个尊贵的家族再度联姻了。因此，匆匆安排婚事以减少损失才是上策。

听说拟议中的这段婚姻，的黎波里的雷蒙德三世和安条克的博希蒙德三世率军向南前往耶路撒冷。鲍德温四世在顾问们的说服下，相信他们是前来挑战自己的权威，阻止西比拉的婚姻。更有甚者，有些人断言雷蒙德此行的意图是迎娶西比拉。这一计划的证据值得怀疑，但无论如何，雷蒙德三世和博希蒙德三世率军逼近的消息似乎使鲍德温四世感到惊慌，于是他加速这桩婚姻的进程，在复活节之前的圣周举行婚礼，通常情况下，这一周本是用来纪念基督受难的经过，其间不会举行婚礼。不管是否计划干预这段婚姻，可以肯定的是，雷蒙德和博希蒙德都强烈反对二人的联姻。

这段婚姻使耶路撒冷宫廷发生分化。王国内出现了两个明确的派系，它们都竭力地争夺在国王面前的话语权。其中一方是那些不能忍受西比拉和吕西尼昂的居伊统治的人，他们支持由西比拉的同父异母妹妹伊莎贝拉继承王位。这一集团的领袖是的黎波里的雷蒙德三世、安条克的博希蒙德三世和势力强大的伊贝林家族，更不必说还有直言不讳的提尔的威廉了。另一方是西比拉和居伊的支持者，领头的是西比拉和居伊、沙蒂永的雷纳德、库特奈的艾格尼丝及其诡计多端但软弱的哥哥乔斯林，后者获释之后一直是王国的总管。

艾格尼丝的影响力可以通过如下事实衡量：正是她促成了当时两项最为重要（也是最具灾难性）的任命。她不仅干预西比拉的婚事和王国继承人的人选，还干预了耶路撒冷新牧首的任命。同一年，老迈的牧首阿莫里去世，艾格尼丝提议由声誉可疑的凯撒利亚大主教赫拉克利乌斯取代这个王国中最为理性的声音。这一任命是在有更具资格、更为合适的候选人——提尔的威廉——的情况下做出的。有流言称，艾格尼丝的性欲左右了这两项重要的任命，因为人们普遍认为，她和居伊的哥哥艾默里以及赫拉克利乌斯主教都有染。

很明显，这两次选择都令当地贵族震惊。居伊的社会阶层显然低于西比拉，也没有其他足以证明他有资格成为下一任耶路撒冷国王的特质；牧首赫拉克利乌斯被人们普遍认为是基督教世界中最不规矩的教士，他风流韵事不断，而且几乎是个文盲。

吕西尼昂的居伊有一个伊贝林的鲍德温缺乏的长处。伊贝林家族得不到大海彼岸的效忠，而吕西尼昂人可以做到。经历了最近的失败，耶路撒冷王国急需来自西方的又一次十字军东征，以缓解其不断恶化的局势。东方一直存在人力短缺的问题，因此与一位能够从家乡招募兵员的法国贵族进行战略联姻，在军事上很有意义。

虽然遭到反对，西比拉与居伊的婚姻开始得很幸福，她的弟弟对姐夫表现出适度的喜爱，并很明显地将这对夫妇当成自己的继承人来对待。鲍德温一开始就表示了对居伊的信任，允许他在宫廷里享有影响力，见证王家宪章的颁布，在重要的活动中站在国王身旁，甚至将他的哥哥提拔为王国的治安官。

各种资料来源对居伊的性情以及他与西比拉的关系的描述不多，但我们可以从他的行为和成就中推断出，他是一个富有魅力、野心勃勃且意志坚定的人，正是这些特质使西比拉在婚姻中尊重他。鲍德温在世时，他们就至少有了两个女儿，两人之间有着一种不同寻常的纽带。或许在多年的流离失所和丧亲之痛后，西比拉最终寄希望于她认为在居伊身上找到的稳定，紧紧地与他和两人的孩子联系在一起。可是，西比拉的丈夫和她的弟弟之间的关系很快就开始恶化。居伊能力不足、自负和不受欢迎的问题不可避免地开始显露，病情每况愈下的国王开始后悔仓促地允许西比拉嫁给她自己选择的男人。这场婚姻已持续了三年，鲍德温四世意识到大限将至，再次因继承问题而感到恐慌。

此时的海外国家与萨拉丁存在着一项停火协议，这是的黎波里的雷蒙德三世担任鲍德温四世的摄政时谈定的。虽然对某些人来说，这令他们松了一口气，相信自己是安全的，但更有远见的人知道，这只不过是风暴前的宁静。耶路撒冷是块肥肉，在阿克萨清真寺和圆顶清真寺仍处于基督徒控制下且蒙受羞辱的情况下，萨拉丁治下刚刚统一的埃及和叙利亚是不会满足于与基督徒和睦相处的。在十字军东征期间，这个神庙群一开始被作为宫殿，后来变成了圣殿骑士团（最著名、最凶残的基督教宗教组织）的兵营。

萨拉丁利用停战的喘息机会，厉兵秣马，从军事和政治上巩固他的地位。相反，基督徒在这段时间里却相互争斗，撕裂他们的王国，自私而无知地试图获得土地与权力。这种内斗加上资源的严重缺乏，是王国覆灭的原因。提尔的威廉不愿赞美西比拉的原因，或许就是她选择居伊为自己的丈夫、毫不动摇地站在他一边，将她的婚姻置于王国的福祉之上，而这正是她弟弟付出生命去保护的。威廉没有直接批评或赞颂西比拉，但他直言不讳地支持的黎波里的雷蒙德三世，这种溢美之词本身就隐含着对西比拉和居伊的谴责。

以西比拉夫妇、她的母亲和表姑父为首的耶路撒冷王国新统治集团进一步疏远了那些不愿意接受其统治的人。安条克和的黎波里这两个最强大、最重要的领地此前忠于鲍德温四世，如今却到了哗变的程度。西比拉结婚后两年，这种不团结和纷争达到高潮，鲍德温四世的顾问中较为好战者几乎成功地说服他对雷蒙德宣战，而后者是他属下最强大的诸侯，也是此前关系最密切的顾问。根据得到穆斯林和基督教信息来源佐证的传言，雷蒙德三世本人也在觊觎王位。考虑到国王的病情，雷蒙德又是鲍德温二世国王的外孙，在耶路撒冷的权力争夺中，他的确也不是一个无足轻重的人物。他是否真的打算取代鲍德温四世，或者篡夺其继承人的王位已无从查考，但到处流传的谣言足以引起鲍德温四世的忧虑。

提尔的威廉此时对局面几近绝望，决定尽其所能平息正在酝酿的危机。自从遭遇生涯中的最大挫折，看着粗俗无知的赫拉克利乌斯晋升为耶路撒冷牧首，威廉已退出政坛，在相对与世隔绝的环境里编史和研究。但是，当他看到自己热爱的土地面临刀兵之祸，立即重振精神回归宫廷，赶到年轻的国王身边，劝说他保持理智。到1182年4月，这一调解似乎取得了成果，因为国王为威廉备了一份厚礼，并在一份由的黎波里的雷蒙德见证的文件中颁发，这说明雷蒙德也回到了宫廷，且受到了欢迎。

尽管危机在这个紧要关头得以避免，但耶路撒冷的新统治集团并未遭到驱逐，他们日益强化的势力也没有减弱。时间将告诉我们，他们会带来什么样的灾难。

第 8 章　完结的起点

安条克的玛丽亚——运气不佳的皇后

就在海外国家紧张局面升级，敌对行动一触即发的同时，君士坦丁堡发生了对拉丁人更为灾难性的事件。狄奥多拉的情人安德洛尼卡·科穆宁打算重新站上历史舞台。

多年之前的 1161 年，安条克的康斯坦丝最漂亮的女儿——16 岁的安条克的玛丽亚——最后一次离开母亲和生养她的城市。她乘船从圣西米恩港出发，1161 年圣诞夜在圣索菲亚大教堂与皇帝曼努埃尔·科穆宁举行了盛大的婚礼。她特有的美貌引人注目，希腊编年史家尼基塔斯·霍尼亚提斯以最美的词语赞颂这位年轻的新娘："那女人身材姣好，美貌超群，无人能敌。"他还说，玛丽亚有着阿佛洛狄忒的金发，赫拉白皙的双臂和明眸，

以及特洛伊的海伦 ① 那细长的脖子和美丽的脚踝。

　　身为皇后，玛丽亚的主要作用不是展示美貌，而是生养继承人，她从婚姻初期就苦于这项任务。过了五年她才怀孕，1166 年怀上的这个儿子又流产了。三年之后，她终于为皇帝诞下了一个健康的男孩，他也成了皇帝珍视的儿子和继承人，喜悦不已的父母为他取名阿历克塞。

　　君士坦丁堡宫廷为阿历克塞的出生而欢庆，但对另一位出身皇家的玛丽亚来说远不是什么值得喜悦的事情。曼努埃尔此前曾娶过一位德意志公主，也就是曾款待阿基坦的埃莉诺，并在第二次十字军东征时写下鼓舞人心信件的那位夫人。她就是伊蕾娜皇后，曾为丈夫生下女儿"紫衣"玛丽亚。阿历克塞出生之前，这个女儿是皇位的继承人。随着父亲的异国妻子生下同父异母的弟弟，紫衣玛丽亚发现自己掉出了继承人的行列。

　　安条克的玛丽亚的"异国情调"确实很快使她在君士坦丁堡树敌。在希腊语的世界里，人们没有将她称作安条克的玛丽亚，而是叫她玛丽亚·齐娜，大致意思是"外国人玛丽亚"。

　　这些紧张关系在曼努埃尔的牢固统治下得以控制，也因为

---

① 阿佛洛狄忒是古希腊神话中的爱与美女神，赫拉是宙斯的妻子，特洛伊的海伦则是荷马史诗中最美丽的女人，也是特洛伊之战的起因，以上三个人物均以美貌闻名。——译注

他 1180 年的去世戛然而止。丈夫去世后，安条克的玛丽亚不管合法与否，都负责政府事务。此时的皇帝是 11 岁的阿历克塞，他满足于狩猎和体育运动，让母亲和她的亲信统治国家。安条克的玛丽亚理论上应该在丈夫死后进入一家修女院，但很快人们就明显看出，她不打算遵循这一方案。曼努埃尔去世时，玛丽亚只有 35 岁，仍然保持着刚到君士坦丁堡时令编年史家屏息注视的惊世美颜。她没有平静地退隐修道院，而是抓住机会获得自由，以及丈夫死去后留下的权力，开始与在她面前争宠的贵族们调情，随后将曼努埃尔的侄儿阿历克塞·普洛托塞巴斯托斯当作情人。

皇太后这一厚颜无耻的风流韵事令宫廷和君士坦丁堡民众蒙羞。这对大权在握的情侣行事轻率，安条克的玛丽亚允许新情人在政治上为所欲为，后者居然强迫她的儿子、当朝皇帝，在没有阿历克塞·普洛托塞巴斯托斯背书的情况下，不得颁布任何新法律或敕令。很长一段时间，阿历克塞和安条克的玛丽亚仿佛福星高照，两人看起来很可能结婚，确认阿历克塞·普洛托塞巴斯托斯成为年轻皇帝的继父，以便能够在背后操纵他。对这桩婚事的反对很强烈，尤其是因为两人专制的统治风格，他们出售官位换取黄金，将科穆宁家族的其他人排除在外，不让他们分享治国的权力。玛丽亚还无视君士坦丁堡公民的自尊心，公开偏向城中的拉丁居民和商人，而不是土生土长的希腊人。

这样的政权是不可能维系的，1181 年，安条克的玛丽亚那位心怀不满的继女紫衣玛丽亚发动了一次反对继母的叛乱。这次叛乱遭到挫败，紫衣玛丽亚的许多同谋者要么流亡，要么被监禁或处死，她本人和丈夫仓皇进入圣索菲亚大教堂避难。在查士丁尼大帝修建的巨大穹顶庇护下，他们宣布了自己的多项要求，并准备应对围攻。

一些官员来到教堂，要押送这对夫妇去审判，但他们拒绝就范。教会与政府的关系恶化到了相当的程度，以至于1181年的复活节大教堂外爆发了一场争斗，暴动者们展现出了潜力，似乎有可能达到他们的目的，即让拉丁人流血，放逐安条克的玛丽亚和她那该受诅咒的情人阿历克塞·普洛托塞巴斯托斯。玛丽亚和阿历克塞为这场暴乱感到震惊和害怕，派出帝国军队驱散民众，城市的大街小巷都陷入战斗之中。帝国军队将紫衣玛丽亚和她最亲近的支持者包围在索菲亚大教堂里，甚至占领了教堂的入口，但他们不敢冒险闯入，在那些神圣的石头上留下血迹，因为这种亵渎大教堂的行为将引发公众的愤怒。时至今日，索菲亚大教堂的内殿仍是世界上最令人敬畏的圣所之一，总能引来参观者的崇敬和惊叹，如果玛丽亚敢于亵渎这一神圣的空间，那就太过分了。

两个玛丽亚就这样陷入了僵局，双方不情愿地谈判达成和解，紫衣玛丽亚和丈夫得到了赦免。尽管安条克的玛丽亚和她的情人获得了这次"胜利"，但紫衣玛丽亚仍保有民众的支持，这一力量不容小视。

与女主人紫衣玛丽亚一同在圣索菲亚大教堂中避难的忠实追随者当中，有一位也名叫玛丽亚的年轻希腊女子。这个名字无疑很常见，但这个玛丽亚的与众不同之处在于，她是安德洛尼卡·科穆宁与狄奥多拉私奔之前出生的婚生女儿。她是希腊宫廷的宠儿，强烈反对拉丁出身的安条克的玛丽亚。这个玛丽亚从圣索菲亚大教堂逃脱之后，就前往父亲与狄奥多拉及其年幼家人定居的锡诺普。安德洛尼卡尽管不在都城，但却得到该城居民的爱戴和支持。他以过人的魅力，以及作为聪明、勇敢探险家的声誉，为自己赢得了人心。对安德洛尼卡来说，这看起来无疑是个完美的机会，可以利用这种民心的偏向夺取该城控制权。他集结了一支军队向君士坦丁堡开进，一路没有遇到任何抵抗，同时欢迎心怀恐惧的叛乱者加入。来到君士坦丁堡的城墙之下，他提出了如下要求：剥夺阿历克塞·普洛托塞巴斯托斯的权力，并让他为所犯下的罪行负责；迫使安条克的玛丽亚进入修女院；她的儿子、年轻的皇帝阿历克塞应该独自统治国家。

普洛托塞巴斯托斯无视这些要求，但他的防线就在眼前崩塌了。最终他被自己的手下抓住，送到安德洛尼卡那里，刺瞎双眼以惩罚其罪行，然后送到一座修道院里，在耻辱和黑暗中度过余生。

随后是不受控制的恐怖局面。君士坦丁堡公民等待安德洛尼卡到来期间压抑的紧张情绪终于在一场大屠杀中得到释放。

他们在城市的街道上肆虐，杀死见到的任何一个拉丁人。男女老幼都成了暴力活动的受害者，病人就在医院的病床上遭到残杀。拉丁教士尤其被针对，一位著名拉丁教士的头被砍下来，绑在狗尾巴上，拖行于血流成河的大街小巷上。有办法的拉丁人都从海上逃离这座城市。

随后，安德洛尼卡与君士坦丁堡牧首举行会晤。他恭敬地问候这位教士，没有与之发生任何个人争吵。然而，牧首当然不信任他，当安德洛尼卡表示对年轻皇帝阿历克塞的支持时，牧首的回复是，他已经把这个孩子当成死者之一。这几乎等于公开指责安德洛尼卡密谋杀害小皇帝。

此后发生了一场悲剧。安德洛尼卡开始慢慢地、不加掩饰地暗杀任何可能反对他的人。他表面上对紫衣玛丽亚和安条克的玛丽亚很尊重，但两人都在他掌权并担任阿历克塞皇帝的摄政之后不久死去。具有反叛精神、野心勃勃的紫衣玛丽亚和丈夫相隔几个月就因无法解释的原因相继死去，最有可能是遭人下毒。

安条克的玛丽亚被指控与其异父妹妹艾格尼丝的丈夫、匈牙利国王贝拉三世合谋反对帝国。安德洛尼卡"召集了一个同情他的法庭，其中的法官肯定不经审理就会判定这个可怜的女人有罪"，在这场作秀的审判后，他将玛丽亚投入牢狱之中。她在那里遭到了嘲笑和虐待，生活在饥饿和恐惧中，并且被自己将遭到处决的预感所困扰。她的恐惧是有理由的，因为据尼基塔斯·霍尼亚提斯记载，此后不久，安德洛尼卡强迫她的幼子签署死刑执行令，"那上面仿佛有他母亲的一滴血"。安德洛尼卡命令儿子和妹夫赶往玛丽亚的监牢行刑，但两人都以道义理由拒绝，声称皇太后是无辜的，没有犯下所指控的罪行。安德洛尼卡对此怒不可遏，很快就找到了其他不那么有良心的手下，这些人潜入玛丽亚身边，将其勒死。尼基塔斯·霍尼亚提斯以这样的言辞哀叹她的死："她是人们眼中那一道甜美的光，是一个美丽的幻影，如今却埋骨于附近海岸无人问津的黄沙之下。"

这个家族的不幸还没有终结。不久之后，安德洛尼卡从阿历克塞的摄政变成与之共治的皇帝，过了不长的一段时间，年轻的皇帝——安条克的玛丽亚唯一的儿子，安条克的康斯坦丝的外孙——遭到谋杀。他被用弓弦勒死，尸体还被送到安德洛尼卡面前。他的尸体遭到肢解、斩首，并被埋葬在大海中，没有葬礼或哀悼仪式，安德洛尼卡就此成为了唯一的皇帝。经过这些灾难，耶路撒冷王国对拜占庭皇帝的依赖也突然结束了。

康斯坦丝的女儿们在安德洛尼卡手中遭受了巨大的苦难，我们不应该忘记，第一个被他勾引的拉丁公主就是安条克公主菲利帕，也就是安条克的玛丽亚的妹妹。

阿历克塞皇帝虽然青春年少，但已迎娶了年纪更小的法兰西公主艾格尼丝。她来到君士坦丁堡后改名安娜。丈夫去世时，安娜还不到 12 岁。安德洛尼卡挚爱的情人狄奥多拉与安条克的玛丽亚同年去世，安德洛尼卡又成了鳏夫，可以再婚。虽然安娜反复提出抗议，但这个离乡背井的年轻姑娘还是被迫嫁给了安德洛尼卡皇帝——一个比她大五十多岁的男人。这一时期的编年史家难掩对这段婚姻的厌恶，尼基塔斯·霍尼亚提斯写道，安德洛尼卡"不知羞耻、无视礼法，与年少稚嫩的侄媳妇同床共寝，后者还未满 11 岁【……】这个干瘪、虚弱的老头强占了如朝霞初升般的小姑娘"。

安德洛尼卡不久就为他的罪行付出了代价。上述事件发生后，他越来越自大，这座浮躁的城市很快就决定摆脱他。随后发生了一次叛乱，结果就是安德洛尼卡在君士坦丁堡竞技场——这座城市最重要的政治斗争场所——遭到残酷的处决。

与萨拉丁的冲突——步步进逼的苏丹

与此同时，海外国家的局势虽然始终保持着微妙的平衡，但已到了真正危机的边缘。耶路撒冷国王的病情正在恶化，与萨拉丁的停战协议已经到期，也不再能依靠拜占庭帝国的支持，这个国家受到了各种冲突的困扰，既有基督徒和穆斯林之间的冲突，也有他们内部的冲突。

此前与萨拉丁签订的不牢靠的停战协定于 1182 年 5 月到期。

随后，萨拉丁开始向基督教领地挺进。基督教军队在福贝莱特战役中对穆斯林取得了一场决定性战役。虽然此役确实加强了基督教士兵和指挥官的信心，但肯定被视为一系列失败之前的侥幸成功。基督教军队展现了极大的勇敢精神和忍耐力，亲自出战的鲍德温四世也是如此。当时正值盛夏，骄阳似火，对任何人来说都难以忍受，何况这个年轻人已到了麻风病的最后阶段，他留在战场上堪称壮举，也是忍耐力和意志力的象征。根据记载，确实至少有一个人在返回耶路撒冷的途中因为酷热死去——运送"真十字架"残片的一位教士。

此后，沙蒂永的雷纳德担任军队指挥官（他在鲍德温四世与的黎波里的雷蒙德三世闹翻后担任这一职务），对红海沿岸发动了一次大胆的袭击，威胁要劫掠麦加。对萨拉丁领地的这一袭击使他对雷纳德长期怀有敌意。此次袭击、福贝莱特战役和其他几次小规模冲突成为了中世纪军事史和战略上引人入胜的范例，深刻体现了本书中所述多位人物的才能和韧性。

对这些事件的详细描述可以参见哈密尔顿教授或泰尔曼教授的著作，因为他们从专业角度介绍了这些事件，在这些战役中，起到首要作用的是男性，而本书介绍的是女性的功绩。

到1183年，鲍德温的麻风病加速恶化，这位国王此时已经失明，严重的畸形导致他的手脚失去功用。他再也无法像以前一样，亲自出马统帅军队，而萨拉丁正在慢慢加强控制海外国家周围的领地。他占领了阿勒颇，巩固了自己的地位并将叙利亚的穆斯林团结起来。海外国家中的基督教诸邦做好了战争的准备，国王意识到形势严重，自己也来日无多，于是召开会议决定任命摄政和确立继承人的事项。王国的几大巨头齐聚国王的病榻之侧，包括的黎波里的雷蒙德，沙蒂永的雷纳德、伊贝林兄弟以及吕西尼昂的居伊。

由于居伊是法定继承人，鲍德温被捆住了手脚，被迫任命不受欢迎的姐夫为摄政。与此前的摄政雷蒙德和雷纳德不同，这不是一项临时措施，而是永久性的，因为此时鲍德温四世已没有希望康复并再次执政。卸下王国的负担对鲍德温来说是种解脱，也是一种有益的喘息机会，但事实证明，这项决定并不明智。提尔的威廉直率地表示，居伊"在能力和智慧上都不足以"担当治国的大任，鉴于这片土地上半数有权势的贵族都蔑视他，他也确实不适合这一角色。

当居伊就任新职务，萨拉丁发动了攻势。基督教军队和穆斯林军队之间的对峙局面难以控制，居伊也开始显露出他的真面目——不仅是一个忘恩负义的野心家，也是一个糟糕的领导者。身为摄政的他同时是军队的统帅，在这一时期的多次小规模冲突中，由于他不得人心，每到紧要关头都无法得到当地贵族的支持，一系列军事行动（包括在加利利的一次对峙）都没有取得成功，浪费了资源和精力。

其他公主

就在国内政治形势险恶，耶路撒冷王国为战争做好准备的时候，国王的家庭也发生了一些变化。因病退隐阿科的库特奈的艾格尼丝最终去世，她的阴谋诡计由其兄乔斯林继续实施。一代人谢幕之时，下一代人成熟了。鲍德温和西比拉的异母妹妹、耶路撒冷公主伊莎贝拉正在成长。

与许多公主的生活一样，伊莎贝拉的一生在奢华、舒适、安全且充满希望与潜力的氛围中开始。她的母亲是拜占庭公主玛丽亚·科穆宁娜，父亲则是耶路撒冷国王阿马尔里克。尽管血统高贵，伊莎贝拉从未打算继承父亲的王国。西比拉和鲍德温已确认了合法性，因此伊莎贝拉只有从他们的尸体上迈过才能登上耶路撒冷王位。就继承权而言，她是最后考虑的候选人。即便如此，当库特奈的艾格尼丝在国王死后以王太后的身份回归宫廷时，这件事还是令她如鲠在喉。她和玛丽亚·科穆宁娜是竞争对手，两人主要关注的都是在耶路撒冷王国中为后代争取利益，一个人的成功就意味着另一个人的失败，随着阿马尔里克死去，玛丽亚·科穆宁娜的运途转衰，而艾格尼丝则时来运转。

玛丽亚·科穆宁娜带着幼女退隐纳布卢斯，但不久之后耶路撒冷方面做出一个决定，强迫小伊莎贝拉与母亲分开，从而使她摆脱母亲的影响和控制。这一颇具争议的措施是通过与年轻领主托伦的汉弗莱四世的婚约实现的，得到了鲍德温四世的批准，但设计者可能是艾格尼丝。汉弗莱是外约旦领主的继承人，是米利的斯蒂芬妮与首任丈夫的儿子。他是一个软弱、容易受人摆布的年轻人，深受耶路撒冷城中忠诚于艾格尼丝集团的那些人的影响和控制。当时伊莎贝拉只有 8 岁，汉弗莱 15 岁。婚约定下后，伊莎贝拉从母亲家中迁出，与汉弗莱一家住在沙漠中的卡拉克要塞。

对一个被迫与家人分离的小姑娘来说，卡拉克远不是合适的环境。这座要塞是保存最为完好的法兰克叙利亚城堡之一。它高高地耸立在约旦的荒原上，如同一个威风凛凛的石头巨人，栖息于深谷之上的高原，三面都是峭壁。这座城堡是鲍德温二世的臣属、12 世纪 40 年代成为外约旦领主的"仆役长佩甘"所建，所处位置有着重要的战略意义，不仅是与穆斯林领土接壤的边境城堡，还位于古代国王的公路和前往麦加的朝圣路线之上。这意味着该城堡有着控制地区贸易及朝圣活动的独特地位，由于它易守难攻、地形上有着天然的优势，成为了基督教和穆斯林领地之间的一个缓冲区，与耶路撒冷的王宫或不设防的纳布卢斯相比，真有天壤之别。

当伊莎贝拉来到这座沙漠据点，那里有着有史以来最凶猛的统治者——沙蒂永的雷纳德和他那令人敬畏的妻子米利的斯蒂芬妮。雷纳德与汉弗莱的母亲结婚，成了他的继父。他肯定也是一位令人恐惧的继父，很可能就是他将这个年轻的小公子牢牢地控制在手中。雷纳德和居伊很可能为这桩婚事多方游说，因为这能将西比拉唯一的潜在对手与他们影响下的一个男子捆绑在一起。此外，他们更进一步，阻止这个小姑娘与其母亲或继父有任何联系。玛丽亚·科穆宁娜已与伊贝林的巴利安结婚，后者在海外国家势力日盛，通过与寡居的王后结婚，他取得了极大的成功，也得到了一大笔财富。库特奈的艾格尼丝和吕西尼昂的居伊都渴望着削弱这对夫妻的势力范围，从他们手中夺走王位继承候选人只是第一步。

此后的三年，伊莎贝拉在卡拉克长大。1183 年，库特奈的艾格尼丝去世，鲍德温四世的病情每况愈下，有人计划实现她与汉弗莱的婚约，完成这笔交易。汉弗莱此时已经 18 岁，而伊莎贝拉只有 11 岁。新郎的继父沙蒂永的雷纳德提出在卡拉克举办婚庆活动，整个海外国家的贵族和演艺人士都来到这座气势恢宏的沙漠要塞。狂欢的人们并不知道，萨拉丁也来了。

年少的伊莎贝拉朗诵婚姻誓词时，萨拉丁的部队已在城堡外集结。他率领大军带着各种攻城器具抵达，满心打算要围攻这座城市，俘获城中那些宝贵的人质，并教训一下敢于威胁麦加、攻击手无寸铁的穆斯林车辆的雷纳德。雷纳德一生中都以野蛮行径闻名。在围城中举行的婚礼期间，身为卡拉克的女主人、新郎的母亲，素以钢铁般意志著称的米利的斯蒂芬妮显然为这对年轻夫妇的安危忧虑，当投石机猛烈冲击城防之时，她向围城的苏丹做出了友好的姿态。她将婚宴上的美味珍馐送给萨拉丁作为礼物以表敬意。萨拉丁一直注重礼节，曾派自己的医生去照看罹患麻风病的耶路撒冷国王，因此欣然接受了这份礼物，作为回报，他指示他的士兵不要攻击年轻夫妇度过新婚之夜的塔楼。

风向的转变

雷纳德守卫卡拉克不力，耶路撒冷国王为此召开会议，重新安排治理王国和拯救卡拉克的事宜。这标志着国王对宫廷内部人员宠信程度的决定性变化。他不再相信已故母亲的派系，包括雷纳德和居伊，而重新全心全意地对待黎波里的雷蒙德、伊贝林家族和与其结盟的贵族们。这一决定可能比任何其他事件更能说明库特奈的艾格尼丝对儿子的影响。直到她死后，鲍德温才能重新将权力交给值得托付的人。母亲在世时，他对吕西尼昂的居伊的鲁莽和愚蠢视而不见，如今，迷雾已经散去。

尽管健康状况日渐恶化，西比拉也肯定不断提出异议，但鲍德温四世解除了居伊的摄政职务，用自己日渐羸弱的双手重掌王国。国王是一个垂死的麻风病人，无法骑马上阵，双目也几乎失明，但仍相信自己比居伊这个年富力强的贵族更适合治国，这一事实是对后者缺乏能力的公开指责，也清楚地说明，此人不再是继承王国的候选人。

撇开政治和个性不谈，居伊在之前的几年里已经证明自己是个无能的将军，国王必须派出一名高效的统帅去解卡拉克之围。他的妹妹伊莎贝拉是有王族血统的公主，也是他父亲宝贵的继承人之一，如今正困在城中。

鲍德温不愿再用家族和王国的未来冒险了。他采取措施防止居伊动手夺取权力，并做出了一个大胆的决定，让他9岁的外甥、西比拉与首任丈夫蒙费拉的威廉的儿子鲍德温加冕为共治国王以及指定继承人。这是至关重要的一步，为此鲍德温推迟了向卡拉克派出援兵的时间，直到完成加冕典礼。从这时起，鲍德温四世和鲍德温五世以受膏的共治者身份一起临朝。

鲍德温四世力图保存王国，他的下一个目标是西比拉与居伊的婚姻。如果他去世后留下外甥这个小皇帝，居伊和西比拉就很有可能对其施加影响，将小皇帝作为傀儡，自己则独揽大权。鲍德温反对的不是姐姐西比拉的影响，而是吕西尼昂的居伊对小皇帝的影响，除了直接暗杀，让居伊出局的最佳途径就是解除他与西比拉的婚姻。国王开始与耶路撒冷牧首商谈，了解此举是否与教规相合。然而，这是一项长期的计划，更直接、紧迫的关注点是卡拉克的救援问题，伊莎贝拉和新婚丈夫仍然与沙蒂永的雷纳德及其公民一起受困。

鲍德温调动大军前往卡拉克，他本人也克服了巨大的困难，与这支部队一起登上该城的城墙。由于病体沉重，他不能与军队并肩作战，于是任命的黎波里的雷蒙德为指挥官，让他负责行动。然而，并没有发生任何战斗，因为萨拉丁看到逼近的大军和雷蒙德的旗帜后便望风而逃了。未经血战，卡拉克就解围了，年轻公主的安全得以确保。妹妹现在安全了，鲍德温就可以集中注意力，帮助姐姐摆脱无能的丈夫。

鲍德温没有考虑到的是，西比拉并不想摆脱居伊，将抗拒他的努力。她崇拜第二任丈夫，准备要为保住他而战。牧首赫拉克利乌斯是艾格尼丝昔日的盟友，即便在她死后仍忠诚地为其奔走，他显然向居伊透露了国王准备解除其婚姻的计划。卡拉克解围之后，居伊悄悄溜到阿斯卡隆，并召唤西比拉在那里与之相聚。西比拉肯定也感受到两人面临的危险，急忙赶去与丈夫见面。

鲍德温国王传唤这对夫妻到耶路撒冷出庭，验证其婚姻的有效性，但居伊和西比拉拒绝了他的召唤，居伊提出了身体不适这个毫无说服力的理由。在他们缺席的情况下，婚姻无法推翻，因此虚弱的国王让人用轿子抬着他来到阿斯卡隆，要求进城。居伊对他关上了城门，鲍德温四世以耶路撒冷国王的名义叩关，仍然不得其门而入。这是无法容忍的公然悖逆，国王立即剥夺了居伊和西比拉在雅法的领地，似乎还打算率军将居伊围困在阿斯卡隆，此时最高议会的呼吁起了作用，避免了一场毁灭性的内战。

尽管如此，西比拉的丈夫又一次越界了。他不仅藐视国王的权威，拒绝听从召唤、不让后者进入西比拉的阿斯卡隆城，更过分的是还要打破国王的平静。根据王家敕令，非武装的贝都因商队可以在海外国家的土地上自由往来，而在第一次不听从命令之后，居伊攻击了其中一个商队，这无疑是从他的朋友沙蒂永的雷纳德那里得到的启示。本已失去耐心的国王勃然大怒，任命居伊的宿敌的黎波里的雷蒙德为摄政，让他统领这个王国。

这是提尔的威廉在他的编年史中描述的最后一个事件，年纪老迈而又伤心绝望的他就此搁笔。他可能活到了 1186 年，但 1184 年之后没有再书写更多的历史。他已经预见到了深爱的王国的灭亡，不再愿意亲笔记录它的毁灭。他表达了一个希望：雷蒙德能以其智慧成为王国的救星。

1184 年夏季，萨拉丁对卡拉克发起了新的进攻，结果与此前大抵相同。9 月，他进攻纳布卢斯，该城领主伊贝林的巴利安已与阿马尔里克的孀妻玛丽亚·科穆宁娜结婚，此时不在城里，因此指挥城防的是他的妻子。她驻军于堡垒之内，保住了城中居民的生命，直到援军抵达，这座城市得救了。

当萨拉丁集结部队，身体愈加虚弱的鲍德温国王再次召集最高议会成员，决定迫切的王位继承问题。这次会议宣布："我们不希望这个孩子加冕时由他的继父摄政，因为我们知道他不具备管理王国所需的学识和能力。"垂死的国王对此衷心表示同意，因为他剥夺了居伊的摄政权并试图将他与西比拉分开，已经说明了这一点。他吩咐最高议会为鲍德温五世选择一位摄政，他们确认此人应该是的黎波里的雷蒙德。最高议会同意，雷蒙德将代替西比拉的儿子执政，直到后者成年。这是明智之举，因为他们必须任命一位有着钢铁意志、敏锐思想的人，这样才能在十年以上的一段时期里阻止居伊夺取权力。

这些决定得到了在场领主们的确认，他们向雷蒙德和共治的小国王鲍德温五世致敬。接着，这个男孩仪式性地戴上王冠，重申其共治国王和王储的地位，并被伊贝林的巴利安背在肩上。这是王国权力转移的一个物理隐喻，表明从此时起，这个男孩将由的黎波里伯爵和伊贝林兄弟抚养和辅佐，而不是在其继父居伊的控制之下。贵族们还达成一致，如果鲍德温五世去世时没有男性继承人，那么英格兰、法兰西和德意志诸王将同教皇一起，讨论和选择西比拉或伊莎贝拉中的一人继承王位。

此时，耶路撒冷的麻风国王鲍德温四世相信，他终于为这个脆弱王国的未来做了充分的准备，保障它免遭居伊及他的母亲所在派系的影响，1185年4月，他永远闭上了眼睛。在位期间，他表现出了非凡的个性力量和坚忍不拔的精神，或许可以称得上是独一无二的。他的导师、受人尊敬的提尔的威廉写道："虽然他的身体虚弱无力，但精神却很坚强，并以超人的努力掩饰病情，承受国王的重担。"

西比拉的儿子——麻风国王的继承人

麻风国王之死引发了如同山崩地裂般的一系列灾难。不到两年，鲍德温四世为继承权而苦心制定的策略就破产了。小国王鲍德温五世继位，的黎波里的雷蒙德也按计划当上了摄政，但成为唯一的国王仅仅一年七个月，1186年8月，年仅9岁的鲍德温五世就去世了。

这一切究竟是怎么发生的不得而知，关于其中不当行为的谣言迅速传播。詹姆斯一世时期的历史学家托马斯·富勒断言，西比拉谋杀了自己的儿子，人们普遍认为，西比拉是个邪恶的人，为了自己的目的杀害亲生儿子。富勒写道："西比拉【……】为了打败雷蒙德，首先抛弃了身上所有自然的感情，然后毒杀了儿子；这样，她的王位就可以落在丈夫居伊的头上。"富勒的说法经不起推敲，因为没有任何其他证据可供佐证。富勒是在几个世纪后的异国他乡写下这些话的，不知道他是如何得出这个结论的，因为这一时期的任何主要历史著作中都没有记载，甚至连那些批判西比拉的作品中都未提及，所以很可能只是臆测。

纽堡的威廉同意下毒的说法，但认为的黎波里的雷蒙德才是凶手，根据是雷蒙德打算以鲍德温五世最亲近男性亲属的身份篡夺王位。这看起来也不太可能。的黎波里的雷蒙德依法被确定为十年内小国王的摄政，因此无论从哪方面说，他已经统治了这个王国。事实上，鲍德温五世的去世只会使雷蒙德的地位变得不确定了。

中世纪编年史有一种潮流，就是将猝死归因于中毒。当时也有人声称提尔的威廉最终是被其敌人毒死的。今天，除了非常年长的人之外，任何人突然死亡都会被认为是可疑的，而在中世纪并非如此，因为当时的死亡率远高于现在，预期寿命也低得多。

同样，当时还有一种潮流，就是将有问题或者具有反叛精神的女性描述成女巫和悍妇。女性如果颠覆了男性主导的自然秩序，或者激怒了编纂史书的男性神职人员，通常会被描述成不近人情、精神错乱的人，有什么比一个母亲为了政治利益谋杀亲生儿子更不近人情的呢？对西比拉和雷蒙德的这些指控，看起来是他们的敌人和批评者的诋毁。

鲍德温五世被埋葬在饱受丧子之痛的母亲委托下精心修建的陵墓里，长眠于圣墓教堂，与他的历代祖先为邻。他的葬礼由耶路撒冷牧首赫拉克利乌斯主持，他的母亲、继父和专程来到东方保护外孙利益的外祖父到场。到场的贵族相对较少，一位国王的葬礼通常有比这多得多的贵族参加，尤其是那些与他有亲戚关系的贵族。引人注目的是，的黎波里的雷蒙德、鲍德温四世的异母妹妹伊莎贝拉和伊贝林兄弟都缺席了。

鲍德温五世去世后，王国再次发生分裂。西比拉顾不上为儿子哀悼，因为贵族们在的黎波里的雷蒙德带领下已聚集起来反对她。雷蒙德没有参加年轻国王的葬礼，而是召集贵族（包括西比拉、居伊和他们的追随者）到纳布卢斯。这次会议的召开是为了决定引起激烈争论的王位继承问题。雷蒙德最终似乎公开争夺王位，但他的计划没有成功。西比拉牢牢地盯着自己的继承权，并调整策略，志在必得。她和支持者无视雷蒙德的召唤，没有去纳布卢斯，而是留在耶路撒冷，表面上是为了儿子的葬礼，实际上在城中驻扎了一支守军，呼吁所有支持者加入。由于她的母亲艾格尼丝两年前就去世了，这个派系主要包括居伊、沙蒂永的雷纳德、牧首赫拉克利乌斯以及圣殿骑士团和医院骑士团的领袖们。西比拉正在准备一场战斗。

鲍德温五世葬礼上齐聚耶路撒冷的巨头们同意，西比拉是王位的最有力竞争者，他们提议她不经不在场的贵族同意就加冕为女王。这直接违反了此前的协议，即如果鲍德温五世去世的时候没有子女，将由英格兰、法兰西和德意志国王会同教皇，决定伊莎贝拉或西比拉姐妹两人中的哪一位继承王位。的黎波里的雷蒙德及其追随者对这种公然无视法律的行为十分愤慨，拒绝参加加冕典礼，并开始制订取代西比拉的计划。

西比拉的支持者当然支持她，但他们并没有乐观到认为居伊只要戴上王冠，就能成为一个危机中王国的合适领袖。确实，就连西比拉的支持者显然也承认，让居伊作为她的配偶统治国家将是灾难性的。双方达成妥协，贵族们向西比拉提出的条件和 22 年前向她父亲提出的条件非常类似。她登上耶路撒冷王国王位的条件是同意与居伊离婚。西比拉对此的回应是提出如下条件：他们的女儿仍是合法的，居伊可以王国贵族的身份保留其领地，她也可以从该地区的贵族中选择下一任丈夫。这些条件得到了贵族们的同意，他们一致认为没有人会比居伊更不适合当国王了，于是开始筹备西比拉的加冕典礼。

西比拉的加冕典礼可能是耶路撒冷诸女王历史上最具戏剧性的一幕。君王加冕是神圣的时刻，一个凡夫俗子经由这个神圣的仪式，涂上圣油成为上帝在尘世中的工具、代表神权的闪电权杖。宗教是海外国家社会的基石，西比拉将要统治的土地是在宗教原则之上用鲜血铸造的，任何威胁其边境的敌人都是宗教的敌人。人们对这一仪式的庄严性和上述转变将会发生有着绝对的信念，一旦圣油接触到西比拉的身体、王冠戴到她的额头上，她在宫廷中就是不可动摇的，有着绝对的权威。即便其他人对她的女王地位提出异议，加冕之后也大功告成了。

不仅如此，西比拉的加冕还有着前所未有的意义，因为首次有一位女性在没有丈夫陪伴的情况下独自加冕。梅利桑德曾因血统权利而加冕，但与之共同加冕的还有两个男人——她的丈夫和儿子。其他几位则是以王后身份与丈夫共同加冕的，而西比拉开创了一个先例，她是第一位未婚且有权选择配偶的女性君主。

成为女王后，西比拉首先采取了一项大胆的行动，引人注目地宣示了她的自主权和对贵族们的权力。母亲的旧日盟友、耶路撒冷牧首刚刚为西比拉抹上圣油、戴上皇冠，她几乎立刻站起身来。她"祈求神灵的恩典",响亮的嗓音响彻圣母教堂的大厅,众多臣民齐聚这里,见证这一奇迹并向她致敬。她宣布:"我,西比拉,为自己选择国王和丈夫——吕西尼昂的居伊,这个男人一直以来都是我的丈夫。"

贵族们听到这些话肯定是一片哗然。他们既咒骂新女王,也咒骂自己,因为他们没有在协议条款中阻止这一切。西比拉确实非常狡猾,她不仅要求自己从这块土地的贵族中选择下一任丈夫,还确保了居伊可以保留她继承的雅法和阿斯卡隆领地以及贵族地位。她还更进一步,扮演了一个将要与丈夫分道扬镳的女人,坚持她的孩子在离婚后仍是合法的,从而给世界留下一个印象——这个女人打算离婚。根据谈定的协议条款,她有权选择居伊:她巧妙地留下了一个漏洞,在加冕典礼上成功地加以利用。

毫无疑问,在场的人们听到她的话都怒火中烧,但西比拉继续演讲,再次强调她的立场:"他是一个值得尊敬的人,从各方面看都很正直:在上帝的帮助下,他将很好地统治他的子民。我知道当他在世时,我不能在上帝的面前嫁给任何其他人,正如《圣经》中所说,'神配合的,人不可分开'。"

她选择引用《圣经》中的这段话也特别有深意。我们肯定还记得,西比拉是在伯大尼修女院长大的,而她被送到那里的原因,正是与此时相同的情况下,她的父亲为了耶路撒冷的王位而同意与她的母亲离婚,并将其送走。在这段大胆的宣言中,西比拉似乎对她父亲以及耶路撒冷王国的先辈们做出了道德上的评判。

西比拉言之有理，基督教王国的国王为了得到王位而罔顾基督的律法，这不是虚伪吗？鲍德温一世在对待妻子的问题上曾经犯下过这样的错误。讲这番话的时候，西比拉可能想到了死去的母亲，艾格尼丝的失宠摧毁了两个女人的生活，西比拉可能和许多其他人一样认为，弟弟罹患这样令人痛心的疾病是上帝对她父亲的惩罚，因为他与艾格尼丝离婚，并在前妻还活着的时候就再娶。

西比拉不仅宣示了对居伊的爱，也宣示了对母亲和上帝的律法的爱。她清楚地表明，她牢记着婚姻的誓言，包括对居伊忠诚和服从的庄严承诺。加冕典礼举行的地点距离几天前为她儿子新修的坟墓只有几步之遥，旁边还有她稍早之前去世的弟弟的坟墓。她必然想到了自己破碎的家庭，知道她只剩下居伊了。

西比拉的统治以及王国的崩溃

西比拉完成了统治期间第一次自主行动，但这可能也是最后一次。她在位期间多大程度上参与朝政是个有待争论的问题，这个问题的核心是中世纪女王地位和女性政治作用的性质和现实。

西比拉在自己的加冕典礼上将王冠授予居伊，似乎同时将权力转交给了他。统治初期，她看起来完全处于居伊的影响之下。居伊对妻子有很强的控制力，我们不清楚他们之间的爱情是平等的，还是控制与操纵的关系。无论如何，居伊的行动似乎主要从自己的利益出发，他也希望独自统治。西比拉在位期间颁发的宪章中，有些只有居伊的署名而没有西比拉的，但以西比拉名义颁布的宪章都有居伊的名字，这说明他在夫妻关系中居于上风。这与梅利桑德在位时留下的文件形成了鲜明的对比，说明西比拉可能是居伊权威的来源，但并不一定能转化成她对真正权力的掌握。权力等同于统治的能力，而权威是统治的权利。西比拉加冕后有统治的权利，但实际上在位期间鲜有能够稳固行使权力的机会。相反，她的祖母梅利桑德女王在儿子鲍德温三世成年后的权威已经成疑，但仍然在耶路撒冷王国中有着很大的权力。

西比拉的对手们对她的加冕典礼和选择居伊为配偶的噱头不屑一顾，公开宣称反对她和她的丈夫。的黎波里的雷蒙德和他在纳布卢斯的盟友们开始试图组织叛乱，以15岁的伊莎贝拉和她21岁的丈夫托伦的汉弗莱取而代之。这一图谋有很大的机会成功，但他们没有考虑到托伦的汉弗莱脆弱的心理（也可能是他的远见）。就在这个计划策划期间，汉弗莱趁着夜色逃出纳布卢斯，骑马狂奔回耶路撒冷。到了那里以后，他求见国王和王后，坦白了这项图谋，乞求原谅并向西比拉和居伊致敬。

雷蒙德的政变企图还没开始就结束了，耶路撒冷终于还是由居伊掌舵。

的黎波里的雷蒙德无法容忍向西比拉和居伊效忠，但显然暂时受到了挫败，只能返回自己的领地。当他公然不忠于国王和王后且逍遥法外，就是一个暴动的火种。居伊不能无视这一切，否则其他人就会跟雷蒙德联手，将耶路撒冷王国投入内战之中——这是他们无法承受的冲突，因为萨拉丁一直在强化其地位。1186 年 10 月，居伊采取行动对付雷蒙德，以后者拒绝效忠国王的合法理由，率军前往雷蒙德在太巴列的据点，准备夺取其领地。

居伊显然以为这是一件轻而易举的事，因为雷蒙德没有能够在太巴列抵挡耶路撒冷军队的资源。雷蒙德采取了孤注一掷的措施，这在他的家族中并非第一次，他决定与一位穆斯林领主结盟，避免失去领地。他求援的对象不是别人，正是萨拉丁。

后来的历史学家和与雷蒙德同时代的人都马上指出这是叛国之举，但雷蒙德拒绝向居伊效忠本就意味着叛国。他没有向居伊或西比拉誓言效忠，且认为他们是以非法的手段窃据王位的。除此之外，他认为这夫妻俩为人贪婪且无能，将会毁掉王国。尽管雷蒙德有理由拒绝服从居伊的领导，但他允许萨拉丁率军在领地中畅通无阻仍然令人震惊，居伊除了从加利利撤退别无他法。

耶路撒冷与的黎波里之间的裂缝很长时间都未能修复，因为耶路撒冷王国的末日就要来临。1187年，萨拉丁对王国发动了更大规模的入侵，根据与雷蒙德的合作协议，他的军队经过雷蒙德的领地而没有受到阻挡。居伊对此十分恐慌，也意识到没有雷蒙德的帮助有多大的危险，于是派出调停人开始与之和谈。不出所料，这些使者遭到冷遇，直到5月1日，十字军在克雷松战役中惨败，雷蒙德才为了海外国家的更大利益而同意接受居伊的统治。这场战役中由一百多名骑士（大部分来自骑士团）和数百名骑兵组成的基督教军队惨遭屠戮，只有四名骑士得以生还。

然而，克雷松的毁灭性打击只不过是1187年7月4日发生的哈丁战役的预演。在那片荒芜干涸的战场上，西比拉选择居伊为夫的恶果显现得淋漓尽致。哈丁战役标志着东方基督教军队的毁灭，一连串的丧师失地就此迅速展开，并以圣城耶路撒冷的沦陷而告终。

随着萨拉丁的部队迅速通过王国领土，基督徒们不得不设计与之对抗的策略。居伊在西弗利亚集结军队，有超过1200名骑士和"无数"步兵。编年史家埃尔努估计，在哈丁聚集的基督教军队总人数达到4万人。萨拉丁的第一步是继续进兵围攻的黎波里的雷蒙德在太巴列的要塞，那是他从与妻子艾丝奇瓦的婚姻中得到的领地。守卫这一领地的只有艾丝奇瓦本人和少量守军，因为她的四个长大成人的儿子都在居伊军中支援雷蒙德。

尽管太巴列有显而易见的纽带和责任，雷蒙德仍然建议不要攻击那里的萨拉丁军队，认为这是毫无希望的一战。由于对被困的妻子缺乏骑士精神，他遭到严厉的指责，并受到他刚承认的国王的驳斥。事实上，艾丝奇瓦在太巴列围攻战中表现出色，当她交出这座城时，她和居民都保全了性命。

　　居伊调动基督教军队前往太巴列，进入加利利，关键的是这支军队远离水源。他们被迫中断行程，一天晚上，他们在如今臭名昭著的"哈丁之角"扎营时，萨拉丁的部队乘着夜色向又累又渴的他们发动了进攻。"哈丁之角"是加利利南部一座死火山的两座山峰，耶路撒冷的军队就在它们的阴影下度过了最后一个晚上。此时正值盛夏，本已干燥的土地上覆盖着一层易燃的干草，萨拉丁的士兵在夜里悄悄潜入，点燃了这些干草。空气中烟火弥漫，在这种环境下，四周一片混乱，对基督教骑士们来说，那里就像是地狱。遭到伏击的他们因浓烟而窒息，夜色中又难以视物，无法将萨拉丁的部队赶出营寨。即便到了天色破晓，他们也没能集结：那一天，整支基督教大军几乎尽遭屠戮。随军携带、被当成旗帜和象征的"真十字架"在乱军中丢失，数以千计的人倒在血泊中。在基督教领袖中，只有伊贝林的巴利安和的黎波里的雷蒙德逃脱。

　　这一结局在整个海外国家引起了震惊、恐慌和绝望。那里的基督徒们过去曾遭受过挫折和损失，但这次战败有所不同。他们最为珍视的圣物真十字架丢失，他们的军队也遭到了全歼。

海外国家的各个要塞现在都几乎没有希望抵挡席卷这个海岸的萨拉丁大军。的黎波里的雷蒙德虽从战场上逃脱，但这场败仗使他悲痛欲绝，没多久就去世了。他的所有雄心都在耶路撒冷王国上。随着这一战的失败，王国的长城尽毁，很快也就没有什么王国可以捍卫或统治了：他失去了继续战斗的意志。

其他重要领袖几乎都在哈丁战死或被俘。居伊和沙蒂永的雷纳德双双被俘，在众目睽睽下被押送到萨拉丁面前。伊本·艾西尔和其他史学家记载过如下的一幕，它也因为雷德利·斯科特的电影《天国王朝》而名声大噪：萨拉丁给了居伊一杯水，后者又将其递给了雷纳德。这一姿态无疑只是同袍之间的善意，但萨拉丁为此大发雷霆。居伊作为受膏的国王，萨拉丁愿意以外交礼节待之，但雷纳德在他的眼中只是一个土匪和暴发户，曾威胁要洗劫麦加。居伊的行为违反了礼节，因为提供一杯水是象征性而非实用性的动作，萨拉丁愿意保证居伊的安全，但无意给予雷纳德相同的待遇，他此前曾誓言要亲手处决这个人。

萨拉丁给了雷纳德一个选择——皈依伊斯兰教，后者拒绝了，于是他当场用自己的弯刀砍下了雷纳德的头颅。解决了个人恩怨后，萨拉丁率军继续前进。

西比拉比以往任何时候都更孤单，更需要建议。她的母亲已经去世，居伊不在身边，的黎波里的雷蒙德也已经故去，几乎所有重要的贵族都被关在萨拉丁的地牢里。与世隔绝的她被迫承担起守卫王国的责任。

萨拉丁从哈丁向腓尼基海岸进发，征服了一个又一个要塞，包括阿科、雅法、托伦、西顿、纳布卢斯、贝鲁特和朱拜勒等。其中一些城市进行了谈判，并提出了以保证城中居民安全换取进入其他领地通道的条件；其他城市则拒绝谈判，在猛攻之下失陷。这些勇气可嘉但缺乏远见的城市中的幸存者——男人，女人和儿童都一样——被卖到穆斯林领地为奴。编年史家伊本·艾西尔写道，他本人也在阿勒颇奴隶市场上买了一个基督徒奴隶，这是一个失去丈夫和六个孩子的女人。

　　就在萨拉丁攻占这些领地时，一个不可思议的盟友来到了海外国家的海岸。西比拉第一任丈夫蒙费拉的"长剑"威廉的弟弟康拉德乘坐一艘热那亚船只抵达提尔。他以充沛的精力和谨慎的态度，掌握了提尔的指挥权，并为之组织了坚固的城防。在他的指挥下，提尔成为了第一个阻挡萨拉丁沿岸进攻的城市。他不是西比拉和居伊的支持者，来圣地有自己的打算和目标，但第一个目标就是抵抗萨拉丁。

　　苏丹的下一个目标不是提尔，而是阿斯卡隆。这是西比拉婚姻所得领地内的城堡之一，而她就置身这座围城中。不过，萨拉丁巧妙地耍了个花招。对这座严阵以待的城市，他没有采用常规的围攻战，而是将两个最宝贵的人质带到城前，那就是吕西尼昂的居伊，以及圣殿骑士团首领里德福的热拉尔。他向西比拉和协助她守城的圣殿骑士发出最后通牒：交出这座城市，否则他将当场处决二人。

居伊和热拉尔在弯刀之下瑟瑟发抖，或许正是这把弯刀砍下了沙蒂永的雷纳德的头颅，两人都要求守城者向萨拉丁投降。西比拉无疑是出于对居伊的爱，以及服从他的誓言，同意投降。阿斯卡隆城屈服之后，热拉尔获释，但萨拉丁却让居伊多留了一阵子，把他囚禁在穆斯林军队攻破的纳布卢斯和拉塔基亚。献出阿斯卡隆城的举动再次展现了西比拉对丈夫毫不动摇的忠诚，但并非精明的军事战略家所为。不久之后，萨拉丁在一次类似的围攻战中将蒙费拉的康拉德被囚的父亲带到他面前，而康拉德面沉似水、不为所动，直面虚张声势的苏丹。萨拉丁没能以杀死这位老人的威胁通过那个关口。

占领阿斯卡隆后，萨拉丁继续向圣地重镇耶路撒冷挺进，并于1187年9月20日抵达那里。他开始安放强大的攻城器具，穆斯林军队将这座城市团团围住，寻找着防御中的弱点。

丢失阿斯卡隆后，西比拉已前往耶路撒冷，她的继母玛丽亚和牧首赫拉克利乌斯都在那里准备抵抗围攻。局势已然绝望，玛丽亚·科穆宁娜的新丈夫伊贝林的巴利安写信给萨拉丁，恳求允许他赶往耶路撒冷援救妻子，将其带到安全的地方。巴利安是少数与的黎波里的雷蒙德一起逃脱哈丁屠杀、仍然自由的海外国家领主之一。萨拉丁宽宏大量地同意了这一请求，条件是巴利安不能留在城里，也不能拿起武器守城。巴利安接受了这些条件，飞马前往耶路撒冷。

事实证明，苏丹的慷慨之举是个错误。抵达耶路撒冷后，巴利安为圣城无助的困境所动，再次写信给萨拉丁，恳求解除他的誓言，因为良心不允许他抛弃西比拉和这座城市。萨拉丁仁慈地同意了，当玛丽亚·科穆宁娜被送到安全的地方，巴利安与西比拉和赫拉克利乌斯留在了围城之中。这一看似不可能实现的三人组为战争做好了准备。

西比拉在随后的围攻战中对耶路撒冷的战略和防御所起作用存在很大的争议。许多历史学家都不愿意对其作用给予太多评价，但正如她的继母玛丽亚·科穆宁娜在纳布卢斯、的黎波里的雷蒙德之妻艾丝奇瓦在太巴列甚至萨拉丁自己的妻子在巴尼亚斯，妇女在围城中担任指挥的情况并不鲜见，至少有一份史料显示，西比拉参加了耶路撒冷的防御。萨拉丁攻城时，她是在位女王，是城中地位最高的人，因此，仅因为性别就认定她在都城防御中没有起到积极作用，是不合理的。更有可能的是，西比拉、巴利安和牧首赫拉克利乌斯共同指挥城防：西比拉有权威，巴利安有军事专业知识，而赫拉克利乌斯控制着城里的资金。

他们在极其艰难的情况下建立了强有力的防御。这座城市涌入了来自附近地区的数千名基督教难民，因此城内的粮食储备和卫生条件极其紧张，此外他们也几乎没有任何骑士或者披甲武士。居伊在哈丁惨败前集重兵于赛弗瑞亚，耶路撒冷只剩下一支小规模的守备部队。情况确实绝望，基督教军队没有任何取胜的机会：即便他们能暂时抵挡住苏丹的猛攻，也绝不可能击败他的大军，而且没有任何援军能来解围。

关于城内困境描述的一个版本来自修士贝弗利的托马斯，他抄录了姐姐贝弗利的玛格丽特的经历，后者在围攻战期间陷于城中。玛格丽特是在萨拉丁军队来到之前抵达耶路撒冷朝圣的，她生动地描绘了城墙之内绝望和苦难的景象。玛格丽特以一个煮饭的锅充当头盔，在城垛旁站岗。她为作战的士兵们送去饮水，自己也曾被飞来的石头和砖块所伤。她声称自己努力抑制住女性的恐惧，"像愤怒的悍妇一样"战斗。虽然以锅作为头盔听起来像是编造的，但女性在围攻战中于城墙上劳作和缺乏健壮士兵的情况是真实的，对玛格丽特经历的这一叙述是可信的。

城墙上激战正酣，而城内的妇女剪去头发、赤足随着惊慌失措的人们在圣地周围逡巡，她们嚎啕大哭、为所犯下的罪行忏悔，乞求上帝拯救。在一个激动人心的时刻，巴利安为城中每位战士授爵，为他们注入了自豪感和使命感，增强了他们的信心。在苏丹无情的猛攻之下，城墙开始塌陷，抵抗也变得无济于事，三位指挥官决定就投降条件展开谈判。基督教指挥官们和苏丹之间必须举行一次会谈，伊贝林的巴利安被选为谈判的代表。

巴利安作为与萨拉丁谈判的使者，许多史学家以此确认巴利安是耶路撒冷城防的真正领袖。然而，这样的观点过于简单化了。西比拉本人即便是城防的指挥者，也不可能骑马出城与萨拉丁在战场上见面，就算是中世纪最有勇气的公主，这一步也迈得太远了，萨拉丁也不可能准备直接与一个女人谈判。女性指挥官应该派出副手代表本人谈判，就像萨拉丁的妻子伊斯玛丁·可敦在巴尼亚斯所做的那样。除了伊贝林的巴利安——女王继母的丈夫、剩下的贵族之一——还有谁更适合向苏丹传递她的信息呢？

西比拉、巴利安和赫拉克利乌斯最希望的，是城内基督徒的生存和自由。他们在谈判中处境不利，该城居民拒绝了萨拉丁最初提出的不战而降的建议，现在他们已尽其所能地做了抵抗，处于失败的边缘。这是所有人都能看到的事实，萨拉丁也知道他们只能任凭自己摆布。

萨拉丁并不希望仁慈地对待基督徒，他想起了1099年基督徒对城中穆斯林的屠杀，于是拒绝了以投降换取她的自由和基督徒安全的提议。这座城市中战斗人员奇缺，无法抵挡萨拉丁集结的大军。他对巴利安说明了这一切，并说他不会答应他们的条件。巴利安坦然地回应道，如果萨拉丁不答应这些条件，城内的基督徒就不用考虑后果了，倘若萨拉丁不承诺保全耶路撒冷守卫者们的生命和女王的自由，他的人首先要做的就是在城里城外大肆破坏，摧毁和亵渎穆斯林的圣所。他警告道，他们会战斗到最后一个人，当人们看到死期将近，就会孤注一掷地凶猛作战，消灭萨拉丁的军队。

巴利安的话显然很有说服力，萨拉丁受到触动后重新考虑了，耶路撒冷城向他投降，避免了进一步的流血杀戮。他允许城内的基督徒花钱买回自由，巴利安为穷人们提供了赎金。随后，他们可以安全地前往基督教领地，西比拉也获准与被囚禁的丈夫相会。然而，尽管巴利安尽其所能提供财务援助，也不能使每位公民买到自由，许多人仍沦为奴隶。赫拉克利乌斯饱受批评，因为他不愿意自掏腰包，带走了所有能够运走的教会财宝，而战败的基督徒却披枷带锁地走向奴隶市场。

曾顶着饭锅英勇作战的贝弗利的玛格丽特就在这些奴隶中：她在围城结束时设法买到了自由，但随后和其他难民在徒步前往劳迪希亚时被俘虏。最终，一位来自提尔的绅士为她买回了自由，她独自一人穿越崎岖的地形，前往安条克。经过多次的围攻战、被俘、获释和冒险之后，玛格丽特最终回到了英格兰。她的经历帮助人们难得地了解到陷入圣地之战的普通基督教朝圣者的生活。

当居伊最终从萨拉丁的监牢中获释，他将西比拉召到身边，夫妻俩带着剩下的几个随从前往提尔，那是为数不多仍在抵抗萨拉丁的城市之一。西比拉首任丈夫威廉的弟弟、死去儿子的叔叔康拉德乘坐一艘热那亚船来到东方，控制了这座城市，拒绝承认居伊的权威，也不让这对蒙羞的夫妇进入提尔。在哈丁遭遇惨败，又失去了耶路撒冷，居伊已丧失了曾经拥有的那一点信誉和尊重。西比拉的统治已经结束，伊贝林和蒙费拉此时在海外国家中赢得忠诚的名号，在活下来的人当中，只有他们尽了圣地的守土之责。

居伊和西比拉为这种羞辱感到愤怒，动身前往阿科并开始围攻这座城市。狮心王理查和第三次东征的十字军很快抵达海外国家，增强了居伊的实力，并最终成功地夺取了阿科。西比拉没能看到这次胜利，也没能看到第三次十字军取得的进展，以及英格兰和法兰西国王抵达她的王国的情景。1190年，她和两个幸存下来的女儿（艾丽丝和玛丽亚）在阿科城下丈夫的军营里因病去世。她们与数以千计的人一样死于瘟疫，陵墓的位置未见记载。随着西比拉的去世，居伊已无权取得王位，被迫离开耶路撒冷王国，流亡塞浦路斯，并最终统治那里。

提尔的威廉的编年史一反常态地对耶路撒冷女王西比拉的外貌和性情绝口不谈。他没有赞颂或者描述她，报告其行为的方式也极为简略。其他编年史家也效仿他的方式，就连阿拉伯方面的资料也没有在某些围攻战和事件中提到她，可能是因为描述一位面对萨拉丁围攻的女性会对苏丹不敬。提尔的威廉对每个人都有自己的看法，而且清楚地表达给读者。不喜欢某个人（如库特奈的艾格尼丝和吕西尼昂的居伊）时，他不会掩饰自己的轻蔑和厌恶，而会鞭挞这些人的性格。尊敬某个人（如鲍德温四世、阿马尔里克、梅利桑德和的黎波里的雷蒙德）时，他的溢美之词也总是令人信服。

难以相信提尔的威廉对西比拉毫无看法，那可是一位饱受争议的人物，而威廉从西比拉幼年起就熟识她，为什么保持沉默？或许历史学家所能给予的最大侮辱就是忽略，而他在合理的范围内尽可能地忽略了西比拉。从他拒绝描述或纪念她这件事中，我可以推断出，他不能原谅西比拉与居伊结婚的行为，以及给王国带来的灾难，同时他似乎也无法提笔贬损她。威廉在西比拉登上耶路撒冷王位的同一年去世，如果他活得更长一些并且继续写作，可能最终会更直言批判。结果是，威廉停笔之时，西比拉的错误还没有完全显现出来，她也还没有独自执政。可能在威廉写作的时候，他认为西比拉不过是母亲、丈夫和叔父操纵下的一个小卒。或许他只是可怜她，或者因为对她的弟弟和耶路撒冷王国统治家族的忠诚而仁慈地对待她。

为了构建一个西比拉的形象，我们不得不依靠众多互不一致的来源进行推断。尽管有这些障碍，她的形象仍呼之欲出。她不像一些女性祖先那样，如同一股自然的力量或者一柄战斧，也不是浪漫故事的女主角，或者贞洁和美德的榜样。西比拉是一个复杂的人，她犯了很多错误，也总要面对许多厄运。她的童年是一场悲剧，没有接受过军事方面的教育，至少受到两个非常可疑的人物的影响。我们也不应该忽略一个事实：她的孩子都夭折了。失去孩子令人心碎，而西比拉失去了五个。

梅利桑德或者艾丽丝女亲王身上都没有发生过这样的不幸，阿基坦的埃莉诺和梅利蒂尼的莫菲娅也都没有这种遭遇，直接将西比拉与耶路撒冷王位上更为成功的先辈相比，无助于评价她的生活和统治。西比拉去世时年仅 30 岁，她的一生都在家族成员的政治斗争，以及最终吞没她的王国的风暴酝酿过程中度过，没有多少时间能为自己发声，或者发挥自己的才能。尽管如此，她还是展现了刚毅果敢的一面，在加冕的那一天里迸发出勇气的火花。

随着西比拉的死去，土崩瓦解的耶路撒冷王国中出现了一个权力真空。居伊失去了妻子和女儿，同时失去了继承王位的权利：他只被当成女王的配偶，权威完全来自于妻子和女儿的王位继承权。而且，他已经证明自己是一个极不称职的领袖，在这个破碎的王国中，剩下的公民都不希望维持他的统治。人们将目光转向王太后玛丽亚·科穆宁娜再嫁的丈夫伊贝林的巴利安，以及她的女儿——耶路撒冷的伊莎贝拉公主。巴利安已凭借在耶路撒冷防御中所起的作用在海外国家中赢得了赞誉，玛丽亚曾是拜占庭公主，而此时年已15岁的伊莎贝拉公主是耶路撒冷王位最后一位有血缘的继承人，人们都团结起来支持她。

伊莎贝拉在8岁时就嫁给了托伦的汉弗莱四世，这场婚礼就是在萨拉丁猛攻卡拉克城堡时在那里举行的。汉弗莱和居伊一样，都曾在哈丁战役中被俘，虽然他的继父沙蒂永的雷纳德被处决，但经过母亲米利的斯蒂芬妮的谈判，他被释放了。这次被俘和此前向居伊屈服的行为，使汉弗莱失去了过去得到的尊敬或支持，所以，东方的其余基督徒和刚从欧洲抵达那里的战士们都不急于让汉弗莱与伊莎贝拉一起登基。

伊莎贝拉的丈夫和下任耶路撒冷国王的候选人显然是蒙费

拉的康拉德，这位老练的战士从西方抵达这里，坚守提尔，抵御萨拉丁。康拉德得到了玛丽亚·科穆宁娜和伊贝林的巴利安（伊莎贝拉的母亲和继父）的明确支持，由于对伊莎贝拉的影响力，他们已经承担了国王拥立者的角色。康拉德和支持者泄露了一个信息：与汉弗莱结婚时，伊莎贝拉年纪太小，因此婚约并不具备约束力。这一事实加上人们在政治上对汉弗莱的普遍敌意，导致一场取消婚约的闹剧匆匆上演。伊莎贝拉于1190年11月24日与康拉德成婚，这时西比拉的死讯刚刚传出几个月。这桩仓促的婚姻更大的疑点是，康拉德本人已经结过婚了。

尽管欧洲诸王和第三次十字军抵达，康拉德和伊莎贝拉却从没有在圣墓教堂加冕，或者君临耶路撒冷。随后的几个世纪里又发动了几次东征，但基督教军队再也没能重夺这座城市。婚后不到两年，康拉德遭到刺杀，伊莎贝拉在他死后不到一周就匆匆嫁给香槟的亨利。亨利于1197年去世后，她又嫁给塞浦路斯国王①。伊莎贝拉本人于33岁时去世：她短暂的一生中有四个丈夫，留下了五个女儿。

伊莎贝拉的女儿们中有下一任耶路撒冷王位继承人蒙费拉的玛丽亚。玛丽亚和四个姐妹艾丽丝、菲利帕、西比拉和梅利桑德的人生，与梅利蒂尼的莫菲娅同名的女儿和孙女一

---

① 居伊死于1194年，他的哥哥艾默里继任塞浦路斯国王。——译注

样变幻莫测、饶有趣味。艾丽丝成为塞浦路斯王后，菲利帕成为拉默吕的女主人，西比拉成为亚美尼亚王后，梅利桑德则成了安条克女亲王。她们从未停止为其继承权而战，并在此后数十年里从欧洲发动、企图收复耶路撒冷的十字军东征中起到了关键作用。

后　记

　　女性统治者的历史遗产受制于各种不可预测的力量：本书中讨论的每位女性都曾在 12 世纪至 21 世纪的历史学家手中得到大不相同的待遇。有些成了性幻想的对象，有些几乎毫无证据地被归功或归咎，其他的则干脆被忽略了。只有少数几位的生涯得到了准确或带有同情的记录，得到赞美的更是少之又少。

　　这一切正在发生变化，过去五十年中，人们对中世纪女王的地位与身份重新产生了兴趣，学术界开始更多地关注于发掘女性生活，并在叙事中重现她们的声音。如果没有这些最新的进展，尤其是女性历史学家担纲，本书就不可能写成。

　　尽管如此，女性在海外国家基督教诸邦统治中所起的作用一直都被大部分历史学家忽视。这一时期和地区的女王（王后）、公主、女伯爵（伯爵夫人）及领主夫人们在作家笔下沦为无声的夸张形象：品行端庄的少女，诡计多端的泼妇以及不近人情的悍妇。梅利桑德女王是少数得到提尔的威廉赞赏的女性统治者之一，但即便如此，后来者也在他将梅利桑德的领导能力与女性品质一同呈现的决定中发现了错误。在骑士和浪漫文学的时代，对"女性气质"的刻板印象仍深深根植于西方文化之中，他们企图为梅利桑德赋予更广为人们接受的女性美德与贞洁，掩盖威廉对梅利桑德政治才能的描写，使她更符合那个时代的模式。

安条克的艾丽丝一直受到历史学家的指责，伯大尼的伊薇特要么被忽视，要么就被描述成一个强奸受害者，的黎波里的霍迪娜在文学作品中的形象则主要是一个游吟诗人远不可及的幻想。霍迪娜被描写成具有异国情调的性对象，这与阿基坦的埃莉诺在文学中的形象并无不同。这两位女性是政治上活跃的中世纪妇女成为性幻想及东方主义思想受害者的明显例子，无论在中世纪还是现代读者眼中，她们的遭遇都是一样的。只要想一想凯瑟琳·赫本对埃莉诺的标志性描述——称她"祖胸露乳地在通往大马士革的路上纵马飞奔"，或者伊娃·格林在《天国王朝》中扮演西比拉时那种高度东方主义和性感的倾向，就能看出这些陈词滥调多么让人难以忍受。库特奈的艾格尼丝和耶路撒冷的西比拉在不同历史时期受到了不同的对待；西比拉有时候被描绘成谋杀亲子、毁掉王国的母亲，而在其他时期又被视为贤惠、忠诚的典范，坚守着神圣的婚姻。这些不同的描述与证据没有多大关系，而是时代流行品味的产物。

莫菲娅的女儿和孙女们代表了一个可敬女性的王朝，她们具备发挥政治作用的渴望和天赋。这个群体中的所有人都曾在各自的领地中获得过自主的统治权，即便这种统治很短暂。拜占庭公主玛丽亚和狄奥多拉·科穆宁娜虽然只是耶路撒冷的王后，也通过她们带来的陪嫁和政治联盟，在耶路撒冷王国留下了印记。这两位女性在选择第二任丈夫时表现出了不凡的眼光，玛丽亚嫁给了伊贝林的巴利安，狄奥多拉则与安德洛尼卡·科穆宁私奔。

观察这些妇女的生活和统治，使我们有必要思索权威与权力之间的区别。权威等同于政治合法性：统治的权利。权力是通过权威或者颠覆权威实现目标的真正能力：统治的能力。西比拉女王有权威，却没有多少权力。她的祖母曾轮流拥有这两者，也有过兼备和尽失的时候。她的亲戚们则竭尽全力为同时拥有两者而战。在本书中，我一直试图思考权威和权力之间的鸿沟，以及寻求跨越鸿沟的女性们的生活。在海外国家的历史上，女性始终被描述为一种阴影下的存在：我写这本书的目标就是让她们的经历和成就公之于众。

参考文献

资料说明

下文列出了为我的作品提供最直接信息，或者被引用的资料来源。但是，由于这一列表对于普通读者来说可能过于密集——但对学术界来说却过于稀疏——我认为对使用得最多的文本加以说明是有益的。

提尔的威廉和他的后继者是我研究耶路撒冷拉丁王国史时的主要资料来源，其他中世纪编年史家的观点与证词也起到了平衡作用。埃德萨的马修和叙利亚的米海尔的著作对我的埃德萨伯国研究价值非凡，尼基塔斯·霍尼亚提斯和安娜·科穆宁娜是理解君士坦丁堡宫廷及其与十字军国家统治家族间关系的关键素材。伊本·艾西尔的编年史和《大马士革编年史》是我参考的主要阿拉伯资料。本书中未另做说明的引语均来自提尔的威廉的编年史。

在辅助资料中，苏珊·艾丁顿关于鲍德温一世的著作不可或缺，有助于了解鲍德温一世各位妻子以及梅利蒂尼的莫菲娅作为耶路撒冷王后所起的作用。在了解梅利桑德女王继位和统治方面，汉斯·埃伯哈德·迈尔的论文《耶路撒冷女王梅利桑德历史研究》是最为重要的信息来源。至于梅利桑德诗篇和她对文化事业的资助，我参考了雅罗斯拉夫·福尔达和海伦·高德特的著作。对安条克的艾丽丝，托马斯·阿斯布里奇关于她的历次叛乱的论文十分关键；同样地，A.V.穆雷的论文是我研究康斯坦丝的出发点。为了理解提尔的威廉对待这些女性的态度，我关注了下文列出的安德鲁·巴克论文。伯纳德·汉密尔顿的《麻风国王及其后嗣》一书以及他的论文《十字军国家中的女性：耶路撒冷诸女王》对库特奈的艾格尼丝和西比拉女王的研究至关重要，后者简单地概述了本书多位研究对象的生活。海伦·尼克尔森关于西比拉的著作也非常发人深思，颇有教益。对于阿基坦的埃莉诺，所有资料都没有特别突出的作用，但乔纳森·菲利普关于第二次十字军东征的著作是我赖以理解那个时期的资料之一。对于整个耶路撒冷王国和东征时期，克里斯托弗·泰尔曼的《上帝的战争》和《十字军东征的世界》以及马尔科姆·巴伯的《十字军国家》始终是我的帮手。为了进一步理解女性在十字军国家和东征叙事中的作用，我认真阅读了娜塔莎·霍奇森的《历史叙事中的女性、十字军东征和圣地》。

为理解亚美尼亚人在耶路撒冷的存在，以及生活在海外国家中的其他民族，我依靠的是安德鲁·乔蒂希奇和格奥尔基·欣特利安的著作，他们两人还做出了额外的努力，与我多次交流，丰富了我的理解。对于十字军东征的考古和耶路撒冷王国的物理布局/外观，我主要依靠《耶路撒冷城》和阿德里安·博阿斯的《十字军时期的耶路撒冷》。阿德里安在我关于梅利桑德对该城影响的章节中提出的建议和更正是非常关键的。克里斯托弗·泰尔曼阅读并批改了完成后的手稿，剩下来的错误并非出于他的失察，而是我的疏忽所致。

主要参考资料

Anonymi auctoris Chronicon AD A.C. 1234, trans. A. Abouna, ed. J.M. Fiey (Louvain, 1974).

Albert of Aachen, *Historia Ierosolimitana*, ed. and trans. Susan Edgington (Oxford, 2007).

Ambroise, *The History of the Holy War: Ambroise's Estoire de la Guerre Sainte*, ed. and trans. Marianne Ailes and Malcom Barber, 2 vols (Woodbridge, 2003).

Anna Komnene, *The Alexiad*, ed. Peter Frankopan, trans. E.R.A. Sewter (London, 2009).

Baha'al-Din, *The Rare and Excellent History of Saladin*, trans. Donald S. Richards (Aldershot, 2002).

Bernard of Clairvaux, *The Letters of Saint Bernard of Clairvaux*, trans. Bruno Scott James, 2nd edition (Stroud, 1998).

Caffaro, *Caffaro, Genoa and the Twelfth-Century Crusades*, trans. Martin Hall and Jonathan Phillips (London, 2013).

Le cartulaire du chapitre du St Sépulcre de Jérusalem, ed. Geneviève Bresc-Bautier (Paris, 1984).

Cartulaire général de l'Ordre des Hospitaliers de Saint-Jean de Jérusalem, 1100–1310, 4 vols, ed. J. Delaville Le Roulx (Paris, 1894–1905).

Chartes de Terre Sainte provenant de l'abbaye de Notre-Dame de Josaphat, ed. F. Delaborde (Paris, 1880).

Chronique d'Ernoul et de Bernard le Trésorier, ed. Louis de Mas Latrie (Paris,1871).

The City of Jerusalem, ed. and trans. C.R. Conder (London, 1909).

La continuation de Guillaume de Tyr 1184–1197, ed. Margaret R. Morgan (Paris, 1982).

The Conquest of Jerusalem and the Third Crusade, Sources in Translation, trans. Peter. W. Edbury (Aldershot, 1996).

L'estoire d'Eracles empereur, in RHC Occ., Vols 1 & 2 (Paris, 1884–1859).

Estoires d'Outremer et de la naissance Salehadin, ed. Margaret A. Jubb (London, 1990).

Fulcher of Chartres, *A History of the Expedition to Jerusalem, 1095–*

1127, trans. F. Ryan, ed. H. Fink (Knoxville, TN, 1969).

———, *Chronicle of the First Crusade: Fulcheri Carnotensis Historia Hierosolymitana,* trans. Martha Evelyn McGinty (Philadelphia, 1941).

Felix Fabri, *The Book of the Wanderings of Brother Felix Fabri,* trans. A. Stewart, Part of Palestinian Pilgrims'Text Society (London, 1893).

Gabrieli, F., *Arab Historians of the Crusades,* trans. E.J. Costello (Berkeley and Los Angeles, 1969).

Giraldi Cambrensis Opera, ed. J.S. Brewer, J.F. Dimock and G.F. Warner (London, 1868).

Gesta Francorum: Histoire anonyme de la Premiére Croisade, ed. L. Bréhier (Paris, 1924).

Gesta Francorum et Aliorum Hierosolimitanorum, ed. and trans. Rosalind Hill (Nelson's Medieval Texts) (London, 1962).

Gregory the Priest, *Continuation of Gregory the Priest,* in *Armenia and the Crusades, Tenth to Twelfth Centuries: The Chronicle of Matthew of Edessa,* trans. A. Dostourian (Lanham, MD, 1993).

Guibert of Nogent, *Dei gesta Per Francos et cinq autres textes,* ed. Robert B.C. Huygens (Turnhout, 1996).

Guillaume de Tyr et ses continuateurs: texte français du XIIIe siècle, ed. and annotated Paulin Paris (Paris, 1879).

Henry of Huntingdon, *Historia Anglorum,* ed. and trans. Diana Greenway (Oxford, 1996).

Ibn al-Athir, *The Chronicle of Ibn al-Athir for the Crusading Period from al-Kamil fi 'l-ta'rikh,* Parts 1 & 2, trans. D.S. Richards (Crusade Texts

323

in Translation) (Aldershot, 2006, 2007).

Ibn al-Qalanisi, *The Damascus Chronicle of the Crusades,* trans. H.A.R. Gibb (London, 1972).

Ibn Jubayr, *The Travels of Ibn Jubayr,* ed. and trans. R.J.C. Broadhurst (London, 1952).

Imad ad-Din al-Isfahani, *Conquête de la Syrie et de la Palestine par Saladin,* trans. Henri Massé (Paris, 1972).

Itinerarium Peregrinorum et Gesta Regis Ricardi, ed. Helen Nicholson (Aldershot, 1997).

John Kinnamos, *Deeds of John and Manuel Comnenus,* trans. Charles M. Brand (New York, 1976).

John of Ibelin, *Le livre des assises,* ed. Peter W. Edbury (Leiden, 2003).

John of Salisbury, *Memoirs of the Papal Court,* ed. and trans. Marjorie Chibnall (London, 1956).

——, *Historia Pontifi calis,* ed. and trans. Marjorie Chibnall (Oxford, 1986).

Kamal al-Din, *Extraits de la Chronique d'Alep par Kemal ed-Dine,* in RHC Or. Vol. 3 (Paris, 1872).

——, *La Chronique d'Alep,* in RHC Or., Vol. 3 (Paris, 1872), pp. 571–690. Matthew of Edessa, *Armenia and the Crusades, Tenth to Twelfth Centuries:The Chronicle of Matthew of Edessa,* trans. A. Dostourian (Lanham, MD, 1993).

Matthew Paris, *Chronica Majora,* ed. Henry Richards Luard (London, 1872–83).

Michael the Syrian, *Chronique de Michel le Syrien, patriarche Jacobite d'Antioche (1166–1199)*, ed. and trans. Jean Chabot (Paris, 1899–1924).

Niketas Choniates, *O City of Byzantium: Annals of Niketas Choniates*, trans. H.J. Magoulias (Detroit, 1984).

Odo of Deuil, *De Profectione Ludovici VII in Orientem*, ed. and trans. Virginia Gingerick Berry (New York, 1948).

Orderic Vitalis, *The Ecclesiastical History of Orderic Vitalis*, ed. and trans. Marjorie Chibnall (Oxford, 1969–80).

Otto of Freising, *The Two Cities: A Chronicle of Universal History to the Year 1146 A.D.*, trans. C. C. Mierow (New York, 1928).

——, *Gesta Friderici I. Imperatoris auctoribus Ottone et Ragewino praeposito Frisingensibus*, ed. R. Wilmans (MGHSS, Vol. 20) (Hanover, 1925).

Ralph of Caen, *The Gesta Tancredi*, ed. and trans. Bernard S. Bachrach and David S. Bachrach (Aldershot, 2005).

Raymond d'Aguilers, *Le Liber de Raymond d'Aguilers*, ed. John Hugh and Laurita L. Hill (Paris, 1969).

Richard of Devizes, *Chronicon*, ed. and trans. John T. Appleby (London, 1963).

Roger of Howden, *Chronica*, Vols 1–3, ed. William Stubbs (London, 1868–71).

St Jerome, et al. *The Holy Land in the Middle Ages: Six Travelers' Accounts* (New York, Italica Press, 2017), retrieved 29 June 2020 from www.jstor.org/stable/j.ctt1t88tqq

Suger, Abbot of St-Denis, *Vita Ludovici Grossi Regis,* ed. and trans. Henri Waquet (Paris, 1964).

——, *The Deeds of Louis the Fat*, trans. Richard Cusimano and John Moorhead (Washington, 1992).

——, 'The Illustrious King Louis VII, Son of Louis VI', in *Selected Works of Abbot Suger of Saint-Denis*, trans. Richard Cusimano and John Moorhead (Catholic University of America Press, 2018).

Thomas Fuller, *History of the Holy Warre* (Cantabrigiae, 1639).

Tudebode, Peter, *Historia De Hierosolymitano Itinere*, ed. John Hugh and Laurita L. Hill (Paris, 1977).

Usama ibn Munqidh, *An Arab-Syrian Gentleman and Warrior in the Period of the Crusades: Memoirs of Usamah Ibn-Munqidh,* trans. P.K. Hitti (Princeton, NJ, 1929).

Walter the Chancellor, *The Antiochene Wars*, ed. Thomas S. Asbridge and Susan B. Edgington (Crusade Texts in Translation) (Aldershot, 1999).

William of Malmesbury, *Gesta Regum Anglorum*, ed. and trans. Roger A.B. Mynors, completed by Rodney M. Thompson and Michael Winterbottom (Oxford, 1998–9).

William of Newburgh, *Historia Rerum Anglicarum*, in *Chronicles and Memorials of the Reigns of Stephen, Henry II and Richard I,* ed. R. Howlett (London, 1884).

William of Tyre, *Deeds Done Beyond The Sea,* ed. and trans. Emily A. Babcock and August C. Krey (Columbia University Press, 1943).

辅助资料

Asbridge, T., *The Creation of the Principality of Antioch, 1098–1130* (Woodbridge, 2000).

——, 'Alice of Antioch: A case study of female power in the twelfth century', in *The Experience of Crusading,* Vol. 2, *Defining the Crusader Kingdom,* ed. P. Edbury and J. Phillips (Cambridge, 2003), pp. 29–47.

Avray, D. L. d', *Papacy, Monarchy and Marriage, 860–1600* (Cambridge, 2015).

——, *Dissolving Royal Marriages: A Documentary History* (Cambridge, 2014).

Baldwin, M.W., *Raymond III of Tripoli and the Fall of Jerusalem (1140–1187)* (New York, 1936).

Barber, M., *The Crusader States* (Yale, 2012).

Boas, A., *Crusader Archaeology: The Material Culture of the Latin East* (London, 1999).

——, *Jerusalem in the Time of the Crusades: Society, Landscape and Art in the Holy City Under Frankish Rule* (London, 2001).

Boehm, B.D. and Holcomb, M., eds, *Jerusalem, 1000–1400: Every People Under Heaven* (New York, 2016).

Brundage, J.A., 'Marriage Law in the Latin Kingdom of Jerusalem', in *Outremer: Studies in the History of the Crusading Kingdom of Jerusalem Presented to Joshua Prawer,* ed. B.Z. Kedar, H.E. Mayer and R.C. Smail (Jerusalem, 1982), pp. 258–71.

Buck, A., 'William of Tyre, Femininity, and the Problem of the Antiochene Princesses', in *The Journal of Ecclesiastical History,* 70 (4), pp. 731–49.

Cahen, C., *La Syrie du nord à l'époque des croisades et la principauté franque d'Antioche* (Paris, 1940).

Carne, J., *Syria, The Holy Land, Asia Minor &c., illustrated. In a series of views drawn from nature by W. H. Bartlett, William Purser (Thomas Allom), &c. With descriptions of the plates by J. Carne* (London, 1853).

Castor, H., *She-Wolves* (London, 2011).

Chambers, F., 'Some Legends Concerning Eleanor of Aquitaine', in *Speculum*, 16, no. 4 (1941), 459–68. Retrieved 30 June 2020 from https://www.jstor.org/stable/2852844

Diehl, C., 'Les Romanesque aventures d'Andronic Comnène', in *Figures Byzantines* (Paris, 1928).

Downey, G., *A History of Antioch in Syria from Seleucus to the Arab Conquest* (Princeton, NJ, 1961).

Duby, G., *Women of the Twelfth Century,* Volume 1, *Eleanor of Aquitaine and Six Others*, trans. Jean Birrell (Oxford, 1997).

Edbury, P.W., 'Propaganda and Faction in the Kingdom of Jerusalem: the Background to Hattin', in *Crusaders and Muslims in Twelfth-Century Syria,* ed. M. Shatzmiller (Leiden, 1993), pp. 173–89.

——, *John of Ibelin and the Kingdom of Jerusalem* (Woodbridge, 1997).

—— and J.G. Rowe, 'William of Tyre and the Patriarchal Election of

1180', in *English Historical Review*, 93 (1978), pp. 1–25.

Edgington, S., *Baldwin I of Jerusalem, 1100–1118* (London, 2019).

Elisséeff , N., *Nur-ad-Din. Un grand prince musulman de Syrie au temps des Croisades, 511–569H., 1118–1174* (Damas, 1967).

Evans, H.C., 'The Armenian Presence in Jerusalem', in *Jerusalem, 1000–1400: Every People Under Heaven*, ed. B.D. Boehm and M. Holcomb (New York, 2016).

Evans, M.R., *Inventing Eleanor: the Medieval and Post-Medieval Image of Eleanor of Aquitaine* (London, 2014).

Folda, J., 'Images of Queen Melisende in Manuscripts of William of Tyre's *History of Outremer,* 1250–1300', in *Gesta*, 32, no. 2 (1993), pp. 97–112.

——, *The Art of the Crusaders in the Holy Land, 1098–1187* (Cambridge, 1995).

——, 'Melisende of Jerusalem: Queen and Patron of Art and Architecture in the Crusader Kingdom', in *Reassessing the Roles of Women as 'Makers' of Medieval Art and Architecture*, ed. T. Martin, Vol. 1 (Boston, 2012), pp. 429–77.

——, 'Sharing the Church of the Holy Sepulchre During the Crusader Period', in *Jerusalem, 1000–1400: Every People Under Heaven*, ed. B.D. Boehm and M. Holcomb (New York, 2016).

Frankopan, P., *The First Crusade: The Call from the East* (London, 2012).

Friedman, Y., *Encounter Between Enemies: Captivity and Ransom in the Latin Kingdom of Jerusalem* (Leiden, 2002).

——, 'Peacemaking in an Age of War: When were Cross-Religious Alliances in the Latin East Considered Treason?', in *The Crusader World*, ed. A. Boas (New York, 2016).

Gaudette, H.A., *The Piety, Power and Patronage of the Latin Kingdom of Jerusalem's Queen Melisende* (PhD Thesis, City University of New York, 2005).

——, 'The Spending Power of a Crusader Queen: Melisende of Jerusalem', in *Women and Wealth in Late Medieval Europe*, ed. T. Earenfight (New York, 2010).

Gerish, D.E., *Constructions of Royal Identity in the First Kingdom of Jerusalem* (Dissertation, University of California, 1999).

Gibb, H.A.R., *The Life of Saladin from the Works of 'Imad ad-din and Baha'ad-Din* (Oxford, 1973).

Gibbon, E., *The History of the Decline and Fall of the Roman Empire.* Ed. D. Womersley (London: 2000).

Gillingham, J., 'Roger of Howden on Crusade', in *Richard Coeur de Lion: Kingship, Chivalry and War in the Twelfth Century* (London and Rio Grande, 1994), pp. 141–53.

Hagenmeyer, H., 'Chronologie de l'histoire du royaume de Jérusalem: Règne de Baudouin I (1101–1118)', in *ROL*, 9 (1902), pp. 384–465; *ROL*, 10 (1903–4), pp. 372–405; *ROL*, 11 (1905–8), pp. 145–80, 453–85; *ROL*, 12 (1909–11), pp. 68–103, 283–326.

Hamilton, B., 'The Elephant of Christ: Reynald de Châtillon', in

Studies in Church History, 15 (1978), pp. 97–108.

——, 'Women in the Crusader States: The Queens of Jerusalem (1100–1190)', in *Medieval Women,* ed. D. Baker (Oxford, 1978).

——, 'The Titular Nobility of the Latin East: the Case of Agnes of Courtenay', in *Crusade and Settlement,* ed. P. Edbury (Cardiff , 1985), pp. 197–203.

——, *The Leper King and His Heirs: Baldwin IV and the Crusader Kingdom of Jerusalem* (Cambridge, 2000).

——, 'The Old French Translation of William of Tyre as an Historical Source', in *The Experience of Crusading*, Vol. 2, ed. M. Balard, B.Z. Kedar and J. Riley-Smith (Aldershot, 2001), pp. 199–207.

Harris, J., *Byzantium and the Crusades* (London, 2003).

Hintlian, G., *History of the Armenians in the Holy Land* (Jerusalem, 1989).

Hodgson, N.R., *Women, Crusading and the Holy Land in Historical Narrative* (Woodbridge, 2007).

Humphreys, R.S., 'Women as Patrons of Religious Architecture in Ayyubid Damascus', in *Muqarnas,* Vol. 11 (1994), pp. 35–54.

Hunt, L.A., 'Art and Colonialism: The Mosaics of the Church of the Nativity in Bethlehem (1169) and the Problem of "Crusader" Art', in *Dumbarton Oaks Papers*, 45 (1991), pp. 69–85.

Huneycutt, L.L., 'Female Succession and the Language of Power in the Writings of Twelfth-Century Churchmen', in *Medieval Queenship,* ed. J.C. Parsons (New York, 1998).

Huygens, R.B.C., 'Guillaume de Tyr étudiant: Un chapitre (XIX.12) de son "Histoire" retrouvé', in *Latomus*, 21 (1962), pp. 811–28.

Jordan, E.L., 'Hostage, Sister, Abbess: The Life of Iveta of Jerusalem', in *Medieval Prosopography*, Vol. 32 (2017), pp. 66–86.

Jotischky, A., 'Ethnographic Attitudes in the Crusader States: The Franks and the Indigenous Orthodox People', in *East and West in the Crusader States: Context – Contacts – Confrontations,* Vol. III, *Acta of the Congress Held at Hernen Castle in September 2000,* ed. K. Ciggaar and H. Teule (Louvain, 2003), pp. 1–19.

——, *Crusading and the Crusader States* (Harlow, 2004).

Kedar, B.Z., 'The Patriarch Eraclius', in *Outremer: Studies in the History of the Crusading Kingdom of Jerusalem Presented to Joshua Prawer*, ed. B.Z. Kedar, H.E. Mayer and R.C. Smail (Jerusalem, 1982), pp. 177–204.

——, 'On the Origins of the Earliest Laws of Frankish Jerusalem: The Canons of the Council of Nablus', in *Speculum*, 74 (1999), pp. 310–35.

Lambert, S., 'Queen or consort: rulership and politics in the Latin east 1118–1228', in *Queens and Queenship in Medieval Europe – proceedings of a conference held at Kings College London, April 1995*, ed. Anne J. Duggan (London, 1997).

Lawrence, T.E., *Crusader Castles* (Oxford, 1988).

Lay, S., 'A leper in purple: the coronation of Baldwin IV of Jerusalem', in *Journal of Medieval History,* 23 (1997), pp. 317–34.

Lewis, K.J., *The Counts of Tripoli and Lebanon in the Twelfth Century:*

Sons of Sainte-Gilles (London, 2017).

——, 'Countess Hodierna of Tripoli: From Crusader Politician to "Princesse Lointaine" ', in *Assuming Gender*, 3:1 (2013), pp. 1–26.

Mayer, H.E., 'Studies in the History of Queen Melisende of Jerusalem', in *Dumbarton Oaks Papers*, 26 (1972), pp. 95–182.

——, *Bistü mer, Klöster und Stifte im Königreich Jerusalem* (Stuttgart, 1977).

——, 'Jérusalem et Antioche sous le règne de Baudouin II', in *Comptesrendus des séances de l'Académie des Inscriptions et Belle-Lettres, année 1980* (1981), pp. 717–33.

——, 'The Concordat of Nablus', in *Journal of Ecclesiastical History*, 97 (1982), pp. 721–39.

——, 'The Double County of Jaff a and Ascalon: One Fief or Two?' , in *Crusade and Settlement*, ed. P. Edbury (Cardiff , 1985), pp. 181–90.

——, 'The Succession to Baldwin II of Jerusalem: English Impact on the East' , *Dumbarton Oaks Papers*, 39 (1985), pp. 257–65.

——, 'Angevins versus Normans: The New Men of King Fulk of Jerusalem' , in *Proceedings of the American Philosophical Society*, 133 (1989), pp. 1–25.

——, *The Crusades* (Oxford, 1998).

Minella, A.-G., *Aliénor d'Aquitaine* (Paris, 2004).

Mitchell, P.D., 'An Evaluation of the Leprosy of King Baldwin IV in the Context of the Medieval World', in B. Hamilton, ed., *The Leper King and*

His Heirs: Baldwin IV and the Crusader Kingdom of Jerusalem (Cambridge, 2000), pp. 245–58.

Möhring, H., *Saladin: The Sultan and his Times, 1138–1193*, trans. D.S. Bachrach (Baltimore, MD, 2008).

Murray, A.V., 'The Origins of the Frankish Nobility in the Kingdom of Jerusalem, 1100-1118', in *Mediterranean Historical Review*, 4 (1989), pp. 281–300.

——, 'Baldwin II and His Nobles: Baronial Factionalism and Dissent in the Kingdom of Jerusalem, 1118–24', in *Nottingham Medieval Studies,* 38 (1994), pp. 60–81.

——, 'Sex, death and the problem of single women in the armies of the First Crusade', in *Shipping, Trade and Crusade in the Medieval Mediterranean. Studies in honour of John Pryor*, ed. R. Gertwagen and E. Jeffreys, (Farnham, 2012).

——, 'Constance, Princess of Antioch (1130–1164): Ancestry, Marriages and Family', in *Anglo Norman Studies XXXVIII, Proceedings of the Battle Conference 2015*, ed. E. van Houts (Woodbridge, 2015).

Nicholson, H., 'Women on the Third Crusade', in *Journal of Medieval History*, 23 (1997), pp. 335–49.

——, ' "La roine preude femme et bonne dame" : Queen Sibyl of Jerusalem (1186–1190) in History and Legend, 1186–1300', in *Haskins Society Journal*, 15 (2004), pp. 110–24.

Oldenbourg, Z., *The Crusades,* trans. Anne Carter (London, 1998).

Pacaut, M., *Louis VII et son royaume* (Paris, 1964).

Park, D.E.A., 'The Power of Crusaders' Wives in Narrative and Diplomatic Sources, c.1096–1149'. Retrieved 29 June 2020 from http://blogs.reading.ac.uk/trm/fi les/2014/03/GCMSDanielle-Park.pdf

Pernoud, R., *La femme au temps des croisades* (Paris, 1990).

Phillips, J., *Defenders of the Holy Land: Relations Between the Latin East and the West, 1119–1187* (Oxford, 1996).

——, *The Second Crusade: Extending the Frontiers of Christendom* (London, 2007).

——, *Holy Warriors* (London, 2009).

——, *The Life and Legend of the Sultan Saladin* (London, 2019).

Prawer, J., *Histoire du Royaume Latin de Jérusalem,* 2 vols, trans. G. Nahon (Paris, 1969).

Pringle, D., T*he Churches of the Crusader Kingdom of Jerusalem: A Corpus,* 4 vols (Cambridge, 1993–2009).

Pryor, J.H., 'The *Eracles* and William of Tyre: An Interim Report', in *The Horns of Hattin,* ed. B.Z. Kedar (London, 1992), pp. 270–93.

Richards, D.S., 'Imad al-din al-Isfahani: Administrator, Littérateur and Historian', in *Crusaders and Muslims in Twelfth-Century Syria,* ed. M. Shatzmiller (Leiden, 1993), pp. 133–46.

Runciman, S., *A History of the Crusaders*, 3 vols (Cambridge, 1975).

Schein, S., 'Women in Medieval Colonial Society: The Latin Kingdom of Jerusalem in the Twelfth Century', in *Gendering the Crusaders,* ed. S. Edgington and S. Lambert (Cardiff , 2001), pp. 140–53.

Sebag-Montefiore, S., *Jerusalem: The Biography* (London, 2011).

Smail, R.C., *Crusading Warfare, 1097–1193* (Cambridge, 1956).

Turner, Ralph V., *Eleanor of Aquitaine: Queen of France, Queen of England* (London, 2009).

Tutunjian, J., 'Fascinating Jerusalem', in *The Armenian Mirror-Spectator* (July 2017).

Tyerman, C.J., *God's War: A New History of the Crusades* (London, 2006).

——, *The World of the Crusades* (New Haven, 2019).

Walker, C.H., *Eleanor of Aquitaine* (Chapel Hill, 1950).

——, 'Eleanor of Aquitaine and the Disaster at Cadmos Mountain', in *The American Historical Review*, 55, no. 4 (1950), pp. 857–61.

Weir, A., *Eleanor of Aquitaine* (London, 2008).